# 무기가 되는
# 글쓰기

# 무기가 되는 글쓰기

배작가 지음

즉시 판매로 연결되는
마케터의
실전 작문법

달산
북스

# 억대 연봉 서른에
# 퇴사를 선언하다

2023년 1월 9일, 퇴사 의사를 밝혔습니다. 앞으로 저는 고용되지 않고 고용하지 않는 삶을 선언합니다. 타인을 위해서가 아닌 오직 나 자신을 위해 일하고, 언제 어디서 어떻게 누구와 일할지를 내가 정하는 삶 말입니다. 내 일에 내 삶의 형식을 맞추는 게 아닌, 내 삶의 형식에 내 일을 맞추겠노라 말입니다.

저는 올해 서른입니다. 퇴사가 유행처럼 번지는 시대에 살아가는 서른입니다.

"아직 안 하셨어요?"

"네? 뭘요?"

"퇴사요."

뭐 이런 말을 하고 싶은 건 아닙니다. 퇴사를 종용하고 싶지는 않습니다. 회사를 나오고 보니 회사만큼 안전한 둥지도 없다는 생각도 듭니다. 그런데 저는 어쩌고 퇴사를 한 걸까요? 제게는 믿고 지를 만한 플랜 B가 있었습니다. 바로 부업이지요. 저는 글쓰기 부업을 통해 억대 매출을 이뤘습니다. 회사의 힘을 어깨에 업지 않고, 동료의 덕을 보지 않고, 제 이력을, 제 신분을 드러내지 않는 상황에서요. 이 경험 덕분에 저는 오롯이 제 힘으로 이 세상에서 1인분의 자리를 만들 수 있음을 스스로에게 증명했습니다. 결국 이 책은 제가 1인분 자리를 만들기까지 어떻게 글쓰기를 무기로 활용했는지에 관한 내용입니다.

어느 분야든 마찬가지겠지만 늘 인력이 부족한 스타트업에서는 항간에 "1인분 이상을 해내야 한다"는 말이 있습니다. 제가 근무했던 스타트업에서도 어느 날은 기획자였다가, 또 어느 날은 HR 담당자였다가, 동시에 사내 이벤트 매니저의 역할도 해야 했습니다. 톡톡히, 똑똑하게 해내야 합니다. 이 모든 역할을 하루 안에 다 해내야 할 때도 있습니다. 나는 기획자니까 기획만 한다는 마음으로는 버티기 어려운 업계였습니다.

지나고 보니 일하는 인간으로서 돈 주고도 못 살 자양분을 얻고 다질 수 있는 업계에 몸담았다는 생각이 듭니다. 저는 스타트업에서 마케터라는 직함을 달고서도, HR도 해보고, 기획도 해보며, PM도 해볼 수 있는 시간이 썩 마음에 들었습니다. 회사에서 적어도 3인분의 자리를 꿋꿋이 해내고 있었습니다. 내가 이 직무에 생초보일지라도, 무려 월급을 받고 바로 실무에 투입된다는 게 무척 신나는 일이었습니다. 그리고 회사 밖에서의 부캐릭터도 3인분의 자리가 있었으니 저는 6인분의 삶을 살고 있었던 것입니다.

이 업무 저 업무 해보고 나니 어떤 일이든 못할 게 없다고 자신하던 시기가 있었습니다. 그런 만큼 이 일만 하고는 못 살겠다는 생각도 들었습니다. 한편으로는 스타트업이라는 환경에서 계속 일하다가 내 전문 분야라 부를 만한 것이 있을까, 하는 불안감도 자리 잡기 시작했습니다. 사실 저는 스스로 마케터라고 생각해 본 적이 없습니다. 마케팅에 대한 엄청난 열의나 전문지식이 없다고 여깁니다. 지금도 사람들에게 제가 뭘 잘하는지 설명하기 위해 '마케터'라는 단어를 빌려 쓸 뿐입니다.

오히려 저는 글을 쓰는 사람입니다. 저는 글쓰기를 통해 잡다한 일을 할 수 있습니다. 그 잡다함 중 하나로 마케팅에 발을 걸쳤을 뿐입니다. 잡다한 일을 할 줄 알다 보니 무에서 유를 만드는 일, 그리고 그것을 파는 일은 단순히 마케팅을 잘해서가 아님을 깨달았습니다. 제품 기획을 잘해서, 고객 관리를 잘해서 또는 글을 잘 써서도 아니었습니다.

이 깨달음 위에 커리어 고민이 켜켜이 쌓여가던 중 회사 내에서도 제 뜻대로 일을 해내기 어려워졌습니다. 처음에는 저에게 기대치가 낮았는데, 제멋대로 성과를 내다보니 회사에서 저를 주목하기 시작했습니다. 책임이 무거워지면서 팀원들과 함께 더 큰 성과를 내야 했지요. 혼자서 또는 소수로 했던 일을 같이 해내야 한다는 부담보다요. 스스로 확신을 갖지 못하는 일에 팀원들을 설득하고 밀어붙이는 과정이 더 어려웠습니다. 이 시기에 저는 커다란 내적 갈등을 겪었습니다. 번아웃, 우울증, 공황장애 3종 세트와 함께했습니다. 온전히 제 안에서부터 스멀스멀 올라온 감정을 부단히 어르고 달래줘야 했습니다.

그때 저는 글을 많이 썼습니다. 그러면 복잡했던 마음이 한결 가볍고 명쾌해졌습니다. 회사 밖에서 두서없이 제가 쓰고 싶은 글을 쓸 때 비로소 제자리로 돌아온 것 같았습니다. 숨통이 트였습니다. 제가 글을 쓰는 행위를 참 좋아하는 것을 넘어 필요로 한다는 것도 알게 되었습니다. 회사 밖에서도 판매하는 글, 설득하는 글, 나를 노출하는 글 그리고 고객에게 기쁨을 주는 글을 썼습니다. 그렇게 쓴 글의 합이 6억 원이라는 결과물을 가져왔습니다. 그리고 지금 와서 돌아보니 회사에서 제가 한 일도 결국 글을 쓰는 일이었음을 깨달았습니다.

글을 쓰는 일을 업으로 삼아야겠다는 생각은 서른이라는 시간을 통과하면서 더욱 단단해졌습니다. 하지만 지금 커리어를 전향하면 이 커리어가 30대 전반을 물들일 것이라는 두려움도 일었습니다.

그렇다면 더욱 스스로가 믿는 일을 제멋대로 정해야만 한다고 생각했습니다. 이 방향이 사업적 성과를 담보하는 건 결코 아니지만, 적어도 30대에 접어든 제게는 썩 마음에 드는 삶의 방식이 아닐까 하고요.

저는 '좋아하는 일을 하라'는 것이 참 배부른 소리라고 생각했습니다. '좋아하는 일'이라는 표현도 배부른 표현입니다. 진짜 좋아하는 일을 찾았거나 알고 있는 사람이 사실 얼마나 있을까 싶습니다.

하지만 회사 밖을 나오고 보니 그 중간 지점도 있다는 것을 알게 되었습니다. 제가 돈보다 일에 대한 만족감을 더 중요하게 생각한다는 것도 알았고요. 저에게도 좋아하는 일, 제가 필요로 하는 일이 하나쯤은 있다는 것도 알았습니다.

저는 퇴사 후에 일을 하지 않는 백수 시기를 약 6개월간 가졌습니다. 이때 제가 대체 뭘 하는지 좀 지켜봤습니다. 일단 글을 쓰더라고요. 그리고 요가를 하루 2시간씩 하고요. 찬찬히 생각해 보니 제가 직장인 생활을 할 때 항상 이런 생각을 했습니다. '아, 글을 써야 하는데. 아, 요가를 가야 하는데.' 그 생각을 행동에 옮기려 부단히 노력했지만요. 회사 일이 바빠지면 우선순위가 밀리기도 했고, 하더라도 만족스럽게 하기 어려웠습니다. 몸은 요가 매트 위에 있어도, 정신은 회사에 가 있다거나 그랬지요.

20대에 스타트업에서 마케팅과 글쓰기를 포함한 잡다한 일을 하던 저는 회사 밖에서도 꾸준히 비슷한 일을 하고는요. 30대에 퇴사 선언 후 제멋대로 커리어를 바꿨습니다. 그렇게 부러웠던 작가로, 요가 지도자로, 그리고 1인 사업가로 살아가고 있습니다. 그럼 또 3인분의 자리가 아니냐 묻는다면 아닐 겁니다. 1인분 이상 해내야 하는 스타트업을 떠나서, 또 3인분의 자리에 저를 밀어 넣지 않으려 합니다.

스스로 볶아치지 않으려고 합니다. 본업과 부업의 경계도 없습니다. 딱 1인분만큼을 온전히 소화하려 부단히 노력합니다. 3분의 1은 작가로, 3분의 1은 요가 지도자로, 나머지는 1인 사업가로 살아가는 것이죠. 각각의 비중도 자연스럽게 어느 한쪽으로 쏠릴지 모릅니다. 어쨌든 1인분의 삶일 겁니다. 그 점이 재미있게 느껴집니다. 당장 내일 누굴 만날지, 어떤 일을 하게 될지 모르는 이 삶이 두렵고 또 재밌습니다.

"내가 인생에 최선을 다하고 있지 않은 걸까. 이 길이 맞을까. 아직 그래도 먹고 살 만해서 배가 부른 건가?"

다른 사람에게는 제 1인분의 자리가 조금은 아쉽게 느껴질 수도 있습니다. 하지만 저 자신에게 이 1인분의 자리는 딱 알맞게 느껴집니다. 나와 다른 사람이 느끼는 차이가 크게 다가올 때, 저와 비슷한 생각으로 비슷하게 살아가는 사람의 글을 읽습니다. 그게 그렇게 위로가 되덥니다. 저도 언젠가 그 위로를 글로 돌려주고 싶었습니다.

　타인이 아닌 나 스스로에게 증명이 필요한 분들이 이 책을 읽었
으면 좋겠습니다. 나만의 무기가 필요한 분들, 그 무기의 힘을 잘 아
는 분들이 이 책을 마주했으면 좋겠습니다.

　우리가 인생 어느 한 시점에서 교차할 날을 기다리겠습니다.

# 긴 호흡의 판매를 앞두고
# 숨을 고르며

긴 호흡에 대해 생각해 봅시다. 성인 ADHD, 주의 산만, 숏폼 콘텐츠가 판치는 '8초 인류[1]'의 세상에서요. 30분 만에 후딱 읽히는 책이 드높여지고, 90분짜리 영화가 지루한 나머지 15분에 맞춰 편집한 '결말 포함 영화 리뷰' 유튜브 영상을 보는 세상에서요. 비단 MZ 세대만의 일이 아닙니다. 50대인 제 아빠도 텔레비전 프로그램이 지루해 5초를 견디지 못하고 휙휙 채널을 돌리고요. 텔레비전을 눈앞에 켜놓고도 한 손에는 핸드폰을 들고 틱톡과 쇼츠를 소비합니다.

긴 호흡에 대해 생각해 봅니다. 콘텐츠의 경우 짧은 호흡에 자극적인 내용을 훅훅 소비한다고 해도요. 구매 버튼을 누를 때의 호흡은 그리 짧지 않습니다. '속는 셈 치고 한번 사볼까?' 하는 1만 원대 일회성 제품이 아니라면요. 2만 원 이상의 물건을 소비할 때나 샀던 제품을 재구매할 때의 호흡은 숏폼 세상의 호흡이 아닙니다.

광고 한 번 봤다고 사지 않는다는 말입니다. 고객의 구매 여정을 A부터 Z까지 펼쳐두고 보면요. 일단 고객의 눈에 광고가 잘 들어오지 않습니다. 모르는 제품의 광고는 더더욱이요. 올리브영이 50퍼센트 할인하면 눈길 한 번이라도 주는데요. 듣지도 보지도 못한 신생 브랜드가 50퍼센트 할인을 하면 광고를 눈앞에 두고도 보지 못합니다. 여러 번의 시도 끝에 그 브랜드가 인지되면, 그제야 광고가 눈에 들어오고요. 그 광고에 설득돼 들어간 상세 페이지에서도 강력한 설득이 또 필요합니다. 상세 페이지에서 사이트를 로딩하느라 기다리는 2초 만에도 닫기 버튼을 누르는 마당에요. 강하게 설득하지 않으면 고객은 가차 없이 뒤로가기 버튼을 누릅니다.

완벽히 설득까지 됐다고 가정합시다. 당장이라도 살 것처럼 후기를 몇 페이지씩 읽다가도 다른 일에 금방 시선을 빼앗깁니다. 며칠이 지나 '어, 맞다!' 하고는 네이버, 인스타그램, 유튜브에 제품을 검색해 보다가 금세 또 잊어버리고 맙니다. 꾸준히 특정 제품의 광고에 노출되고 내 세상이 해당 광고로 잠식될 정도가 되면 그제야 '아, 이게 그렇게 유명한 거야? 나만 몰랐던 거야?'하고 구매 버튼을 누릅니다.

저같이 유난스러운 소비자를 대상으로 하는 판매는 더욱 고난도 게임이 됩니다. 저는 홈쇼핑을 보면서 절대 안 사겠다는 게임을 혼자 하는 사람입니다. 실제로 다음 제품의 판매로 넘어갈 때까지 무표정으로 지켜봅니다. 매진 임박을 외치는 쇼호스트를 보며 이 문구는 손실회피 성향을 건드린다는 생각까지 미칩니다. 희귀한 것을 영영 놓칠 수도 있다는 손실에 대한 두려움으로 빠른 결정을 하게 만드는 전략임을 인지합니다.

이 전략을 글에 적용해 "매진 임박"과 같은 직접적인 단어를 쓰지 않고도 어떻게 그 '두려움'만 건들지 고민해 봅니다. 제품 기획 단계부터 일정 수량만 만들거나 시즌에만 한정 판매하는 방법도 비슷한 맥락의 전략이 아닐지 상상의 나래를 펼칩니다. 일상에서 고객의 여정을 펼쳐두고 이 '상상의 나래 게임'을 해보세요. 이 게임은 세포에 저장되어 내가 쓰는 글에도 자연히 묻어납니다.

이 유난 가운데 어떤 제품을 구매한다면, 저는 그 지점을 자세히 들여다봅니다. 어떤 단어에, 어떤 문장에 구매 트리거가 당겨졌는지 유심히 봅니다. 꼭 유난스러운 소비자여야 이 게임에 유리한 것은 아닙니다. 각자의 유난한 정도에서 인사이트를 도출할 수 있습니다. 저는 샴푸 하나 살 때도 성분, 디자인, 가격 이 세 가지를 유별나게 따집니다. '다 이렇게 비교해서 사는 거 아니야?' 싶다가도 주변의 기준을 살펴보고 제 기준을 조절합니다.

4인 가구의 제 친구는 샴푸가 대용량이고 싸면 그만이라고 생각합니다. 그러면 '아차, 한국이 1인 가구가 많다고는 하지만 1인 가구만 있는 건 아니었지' 하고 기준을 고칩니다. 다른 친구는 연예인

이 광고했는데 그게 마침 '탈모' 방지 샴푸라서 쓴다고 합니다. '아, 이렇게도 구매 결정을 하는구나' 하고 또다시 밸런스를 잡습니다. 그렇게 사는 사람의 입장에서 생각해 보면요. 파는 사람이 되어서도 파는 제품의 포지션을 잡을 때, 단어를 선택할 때 마땅한 밸런스가 잡힙니다. 그 밸런스는 쓰고 있는 글에 스며듭니다.

다시 호흡으로 돌아옵시다. 내 '시간'을 써서 콘텐츠를 소비하는 호흡과 내 '돈'을 써서 무언가를 구매하는 호흡은 생각보다 차이가 큽니다. 이 간극을 자꾸만 착각하는 이유는 무언가를 파는 일이 광고 단독으로 이루어진다고 생각하기 때문이고 광고는 콘텐츠와 마찬가지로 호흡이 짧기 때문입니다. 제품을 설명하는 글도 최대한 간결하게 줄여야 합니다.

하지만 고객은 광고에 혹한 것만으로 또는 제품 설명 글만을 보고 구매를 결정하지 않습니다. 우리가 A부터 Z까지 고객의 구매 여정을 펼쳐두고 상상의 나래 게임을 시도해 봤지요. 광고에서는 짧은 호흡의 고민을 진득이 하더라도, 판매라는 긴 여정에서는 긴 호흡 안에서 움직여야 합니다.

긴 호흡으로 판매를 하려면 긴 호흡의 소비를 할 줄 알아야 합니다. 콘텐츠부터 긴 호흡으로 소비하는 습관을 들여보면 좋습니다. 뇌가 짧고 강렬한 자극에 익숙해지면 긴 호흡의 콘텐츠를 소비하기 어려워집니다. 책을 보다가도 자꾸 딴짓을 한다든가, 일을 하다가 중간에 자주 흐름이 끊긴다든가, 90분짜리 영화도 지루하다고 생각한다면 뇌가 짧은 호흡에 중독된 건 아닌지 돌아봐야 합니다. 내가 지금 소비하는 콘텐츠 중에 길이가 짧은 것부터 지워나가 보면 좋습니다. 그러면 판매할 때도 지루한 고객의 구매 여정을 견디며 함께할 수 있습니다.

긴 숨을 천천히 들이마시세요. 1, 2, 3, 4, 5, 숫자를 천천히 세면서 깊이 들이마시세요. 아랫배를 잡고 윗배를 잡으며 배를 잠가보세요. 배를 잠근 채 숨을 정수리 끝까지 올린다고 상상해 보세요. 이 책은 긴 호흡의 여정을 함께할 것입니다. 걱정하지 마세요. 교과서처럼 지루하지는 않을 겁니다. 하지만 쇼츠처럼 짧고 자극적이지만은 않을 겁니다.

긴장하지 마세요. 긴장을 하면 자기도 모르게 숨을 참습니다. 의도적으로 자신의 숨을 살피고 호흡해야 합니다. 이 책은 공부해서 씹어 먹겠다는 거창한 결심이 필요하지 않습니다. 가볍게 펼쳤는데 슥슥 읽히는 경험을 할 겁니다.

조급해하지 마세요. 놓친 것이 있나, 이 내용을 다 기억할 수 있을까 걱정하며 다시 앞 장으로 돌아가지 않아도 됩니다. 책의 마지막 장을 읽고 나면 이 책을 읽기 전의 나와 읽고 난 후의 나는 어느새 달라져 있을 것입니다. 세포가 달라졌을 겁니다. 복습의 장치가 책 중간중간 충분히 심어져 있다는 것도 미리 밝힙니다.

긴 숨을 들이마시고, 길게 내쉬세요. 그럼, 시작해 보겠습니다.

# 차례

## 1부   글쓰기는 어떻게 내 인생을 바꿨나

### 1장   억대 연봉, 억대 부업의 교집합을 풀다

## 2부   팔리는 글쓰기란 무엇인가

### 2장   오해를 해체하고 글쓰기의 첫걸음 떼기

# 3장 팔리는 글쓰기 절대 원칙: ABCD 구조

# 3부  팔리는 글쓰기 실전

## 4장  팔리는 글쓰기에 마케팅 설계 더하기

# 5장 연봉을 폭발적으로 높이는 글쓰기는 따로 있다

# 6장 글을 당장 업그레이드할 쓰기의 기술

1부

# 글쓰기는
# 어떻게 내 인생을 바꿨나

1장

억대 연봉,
억대 부업의 교집합을 풀다

# 글쓰기로 몸값 올리기:
# 글이 돈이 된 첫 경험

글로 돈을 번다고 하면 으레 작가라는 업이 떠오릅니다. 책을 출판하거나, 신문이나 잡지에 기고하거나, 정기적으로 칼럼을 쓰거나, 영화 또는 연극의 대본을 작성하거나, 통번역을 하는 일이요. 말 그대로 내가 제공하는 '글'이라는 제품이 그대로 돈으로 치환되는 일 말입니다. 으레 원고료를 받는다고 말하는 일이요.

원고료를 받고 글을 쓴 지는 얼마 되지 않은 초보 작가 입장에서는요. 원고료로 돈 버는 방법에 대한 대중서를 쓴다면 재능 외에 어떤 부분을 더 말할 수 있을지 모르겠습니다. 누구나 작가가 될 수 있는 시대가 됐지만요. 제가 아무리 노력하고 노력해도 소설가와 시인이 쓰는 글의 경지에 닿을 수 없다고 생각합니다. 글이 글 그대로 돈이 되려면 재능이 필수라는 건 아무럼 인정해야 하는 일입니다.

## ⟾ 글쓰기로 돈을 얼마나 벌 수 있을까?

종종 "글 쓴다고 무슨 돈이 되냐?"라는 말을 듣습니다. 일리가 있는 말이라 대꾸는 하지 않습니다. 속으로만 생각합니다. 글 자체가 돈이 되는 것이 아니라, 내가 하는 일에 글이라는 도구를 '팔리는 글쓰기'의 'ABCD 구조'에 맞춰 활용하면 돈이 된다는 것을요. 좀 어렵지요? 생각만 하다가 글로 옮겼더니 책 한 권의 분량을 채웠습니다. 제게 지나가는 말로 "글 쓴다고 무슨 돈이…"라고 말한다면 대답으로 책 한 권을 읽어줘야 하기에 그간 입을 다물었습니다.

이 책을 읽는 모두가 작가의 길을 원하지는 않을 겁니다. 일상을 유지하면서 글을 쓰는 방법만 바꿨는데 어떻게 결과가 달라지는지, 어떻게 수익이 나고 삶이 달라질지 궁금하겠지요. 예를 들면 과외라는 서비스를 팔면서 '글'이라는 도구를 사용했더니 전보다 매출이 3배로 올랐다, 이런 것이 더 현실적이지요.

왕년에 글 좀 썼다고 하는 사람 중에는 작가라는 업까지는 아니지만 글을 돈으로 직접적으로 치환하는 일에 가까운 부업을 찾는 사람도 있습니다. 블로그 글쓰기도 돈이 된다며 부업으로 시작하기도 하고요. 전자책을 쓰고 판매해 보려는 사람도 있을 겁니다. 잘 아시겠지만 이 결과물 자체가 바로 돈이 되지는 않습니다. 블로그로 글을 제법 많이 썼지만 광고를 요청하는 광고주가 없거나, 전자책을 썼는데 팔리지 않곤 하지요. 이런 경우는 'ABCD 구조'를 알고 쓰면 원하는 결과를 얻을 수 있습니다.

1장에서는 글이 돈이 된 제 개인적인 사례를 풀어드리려고 합니다. 다시 말해 앞으로 읽을 사례는 제 경험에 불과합니다. 더 나아가면 이 책에 적은 모든 이야기가 저의 아주 개인적인 서사에 불과합니다. 그런데도 타인의 이야기를 듣는 일은 의미가 있습니다. 다른 사람의 이야기를 들으면서 비로소 내 이야기를 찾을 수 있기 때문입니다. 작가는 글을 쓰면서 타인을 헤아려보려고 부단히 노력합니다. 반면 독자는 글을 읽으며 자신을 이해합니다. 자신을 투영하면 글을 보다 선명하게 읽게 되지요.

그래서 똑같은 글을 시간이 흐른 뒤 다시 읽으면 이전에 보이지 않았던 내용이 보이기도 합니다. 흐른 시간 동안 나는 다른 현실을 경험했고 그로 인해 이전의 나와 다른 시선을 가지고 있기 때문에요. 그래서 이전에 읽었을 땐 무심코 넘겼던 문장에서 또 다른 자신을 발견하는 거죠.

그러니 이 책도 꼭 순서대로 읽어야만 글로 수익화를 이루는 것은 아닙니다. 꼭 글 단독으로만 수익화해야 글쓰기 수익화가 아니라요. 글쓰기가 1퍼센트 쓰이든, 30퍼센트 쓰이든, 100퍼센트 쓰이든 글이 쓰인다면 그것 또한 글쓰기 수익화의 한 방법이라고 말하고 싶습니다. 제 이야기가 자기만의 설계도를 그려나가는 데 참고가 되었으면 합니다.

그런 의미에서 기술적인 내용은 조금 뒤로 미루고요. 1장만큼은 편한 마음으로 시원한 음료 한 잔 준비하시고, 좋아하는 향도 옆에 두시고요. '내 친구가, 동생이, 언니가 재밌는 이야기를 해주는 자리구나. 아, 이런 방법으로도 글을 사용할 수 있구나'라고 생각하며 읽으면 좋겠습니다.


## ┗→ 글이 돈이 된 첫 경험: 과외

사족이 참 길었습니다. 글이 돈이 된 제 첫 경험은 바로 과외입니다. 아니, 글쓰기와 별 상관도 없는 것 같은데, 어떻게 과외로 글이 돈이 된 경험을 했을까요? 과외를 파는 것도 글로 하기 때문입니다. 글쓰기에 1퍼센트 힘을 주자, 주변의 과외 시급 대비 3배를 받았습니다. 과외 선생님을 하던 대학생 때부터 글쓰기의 힘을 깨달았지요.

과외 학생을 구하는 글을 어떻게 썼길래 시급을 3배나 받았는지 궁금하실 거예요. 먼저 보통의 과외 구인 글을 볼게요.

**영어 과외 구합니다**

강남역 근처에서 영어 과외 하실 분 구합니다. 영어 처음 배우시는 분도 괜찮습니다.
주 1회 2시간 생각하고 있습니다. 의향 있으신 분은 쪽지 주세요.

이 글을 보고 '누가 이렇게 구인을 해?' 했다면 저랑 같은 의견을 가지신 거고요. '이 글이 뭐가 잘못됐다는 거지? 장소, 대상, 횟수에 연락 방법까지 다 정확히 알려줬는데?' 했다면 이 책을 잘 읽기 시작했다고 칭찬해 드리고 싶습니다! 앞선 구인 글보다 조금 더 발전된 글을 보여드릴게요.

**[구인] 열정적인 영어 과외 학생을 찾습니다!**

안녕하세요! 저는 10년 이상의 경험이 있는 영어 전문 과외 선생님입니다. 제 지도를 받으며 함께 성장하고 싶은 새로운 학생을 찾고 있습니다.
- **과목:** 중학교 및 고등학교 영어 (기본부터 고급까지)
- **지도 가능 시간:** 주 2회, 각 1.5시간 (시간 및 요일 상호 협의 가능)

- **지역:** 서울 지역 내 집에서 개인 또는 소그룹으로 진행
- **수업 방식:** 학생의 이해도에 맞춰 개별적인 교육 방법을 제공합니다. 저는 모든 학생이 자신만의 속도와 방식으로 배울 수 있다고 믿습니다. 저는 각 학생이 그들 자신만의 스타일과 속도에 맞춰 배울 수 있게 도와드릴 겁니다. 제 지도 아래에서 학생은 문제를 배우면서 대비 전략 습득 등 다양한 기회를 얻을 겁니다. 영어에 대한 열정과 배우려는 의지가 있는 분이라면 모두 환영합니다! 함께 성장하며 목표를 달성하는 여정에 도움이 되고자 하니 관심 있으신 분들은 연락주시기 바랍니다. 감사합니다.
- **연락처:** 010-000-0000

이 정도면 나쁘지 않은데요? 평균 이상입니다. 가깝고 일정만 된다면 한번 시범 수업이라도 받아보고 싶습니다. 그런데 "꼭 이 선생님이어야 한다!" 하는 특별함을 느끼기는 어렵습니다.

## ↳ 시급 3배 구인 글의 실체

시급 3배를 받았다는 구인 글 전문을 보여드리려고 합니다. 제가 대학생 때 쓴 글이라 유치할 수 있으니 양해해 주세요.

## [아이비리그 출신, 대치 학원 라이팅 전문 강사] SAT 라이팅 만점 8주 완성 프로그램 온라인 과외

안녕하세요. 저는 20XX년부터 대치동 학원 강사 경력을 포함해 ○년째 오직 SAT 라이팅만 전문적으로 강의하고 있습니다. 시간당 X만 원이상의 고액 개인 과외 위주로만 진행했지만, 과외를 온라인으로 전환하면서 할인된 가격으로 동일한 프로그램을 제공하고자 합니다.

### 1. 어떤 수업인가요?

SAT가 대학 입시의 전부가 아니므로 단기간에 점수를 올리는 것이 중요합니다. SAT 전문 선생님께 최소한의 시간 동안 압축된 노하우를 전수받고 실전 자료로 공부하는 것이 제가 믿는 입시의 정석입니다.

사실 SAT 중 라이팅 파트는 단시간에 목표 점수를 달성할 수 있습니다. 이는 라이팅 문제가 유형화되어 있기 때문입니다. 유형별로 문제를 정리해 놓은 자체 교재와 실전 문제를 가지고 수업합니다.

전문 강사에게 빠르고 정확하게 배우세요. 대치 전문 학원의 수업 과정을 최대 8주로 압축시켜 맞춤형으로 과외하는 1:1 프로그램입니다.

### 2. 어떻게 수업이 진행되나요?

SAT/PSAT/SSAT 라이팅의 경우, 문제에 접근하는 방법을 유형별로 정리하여 기계적으로 정답을 찾을 수 있도록 만들어드립니다. 그 후 SAT/

PSAT/SSAT 실전 문제로 연습합니다.

"책임지고 만점 만들어드립니다. 8주 후에도 만점이 나오지 않는다면, 이후 수업은 만점이 될 때까지 무상으로 제공합니다."

온라인으로 1:1 수업을 진행하기 때문에 학생이 한국의 어느 지역에 거주하든 미국에 거주하든 상관없습니다. 미국에서 학교에 다니고 있는 학생은 하루빨리 SAT 라이팅 공부를 시작해, 방학에는 대학 입시 및 대외 활동, 대회 준비에 집중하시기 바랍니다.

**3. 수업 비용은 어떻게 되나요?**
- SAT 라이팅 단기완성 프로그램: 시간당 X만 원
- SSAT/PSAT 라이팅 단기완성 프로그램: 시간당 Y만 원
- 일반 영문법 수업: 시간당 Z만 원

비전문 선생님께 시간당 H만 원으로 3시간 수업받는 것보다 제 수업에 1시간 투자하는 것이 비용, 시간 대비 훨씬 효율적이라는 후기를 늘 받습니다. 1회 50퍼센트 가격에 시범 수업을 합니다. 그만큼 자신 있습니다.

**4. 어떻게 상담받을 수 있나요?**
"반드시 잘 따라오셔서 만점 받으실 분만 연락 주세요. 학생도 선생님을 선택하지만, 선생님도 학생을 선택합니다."

저는 학생 한 명 한 명 책임감을 가지고 오직 라이팅만 전문적으로 집중

지도합니다. 학부모님과도 매 수업 지속적으로 소통하여 수업 만족도가 학생, 학부모 모두 매우 높음을 자부하니 아래 링크(링크 생략)를 클릭해 후기를 확인해 보세요.

현재 한국 시간으로 주중반만 자리가 남아 있습니다. 참고 부탁드립니다. 이 링크(링크 생략)으로 접속해 (1) 이름 (2) 학년 (3) 현재 SAT 라이팅 점수 (4) 수업 목표를 보내주세요. 최대 8주 만에 만점을 달성할 수 있지만, 학생 실력에 따라 그보다 더 짧은 시간에도 만점을 받을 수 있습니다. 몇 주 만에 만점이 가능한지 상담해 드리겠습니다.
감사합니다.


'이건 아이비리그 출신에 대치동 학원 강사 경험 때문에 시급 3배가 가능한 거 아니야?'라고 생각하셨다면 좋은 접근입니다. 너도 나도 내가 최고라고 떠드는 온라인상에서 '공신력'을 세우는 키워드는 아주 중요하거든요. 하지만 이것이 전부는 아닙니다. 저는 일반 영어 과외에 비해 3배의 시급을 받은 것이 아니거든요. 저와 비슷한 이력의 친구들이 같은 과목에서 얼마나 받는지 물어보고서야 친구들에 비해 과외 시급을 3배나 받고 있었음을 알게 되었습니다.

"이 글이 공신력 있는 키워드를 내세웠고, 분량이 더 긴 것도 알겠어. 정확하게는 뭐가 다른 거지?" 이에 대한 자세한 대답, 어디에나 적용할 수 있는 시급 3배의 비밀은 3부에서 풀어드리겠습니다.

# 글쓰기로 내 제품 팔기:
# 출시 첫날 억대 매출 달성

과외 구인 사례를 보며 글 자체가 돈이 되지 않더라도 글과 돈의 연결고리를 만들 수 있음을 알게 됐습니다. 그다음 제가 처음 만들어본 제품으로 연이어 억대 매출을 달성하고서는 글의 중요성을 절절히 깨닫게 되었지요.

## ⌐▸ 억대 매출 크라우드펀딩과 글

제 생애 첫 스타트업에서는 사물인터넷(IoT) 장치를 만들어 미국 시장에 파는 일을 했습니다. 그때 팀원들과 멋모르고 영상도 찍고 상세 페이지도 만들어서 미국 크라우드펀딩을 오픈했는데요. 총 17만 6531달러, 한화로 약 2억 원이 넘는 돈을 모금했습니다. 크라우드 펀딩의 특성상 완제품이 아닌 시제품 상태로 후원을 받았는데도 아이디어만으로 사람들이 지갑에서 돈을 꺼내 투자한 것입니다. 새로운 판매 방식에 시야가 확 트이는 기분이었습니다. '와, 제품 없이 아이디어만으로도 돈이 되는구나.' 하지만 제 인생 첫 크라우드펀딩은 완제품이 시장에 나오지 못하면서 결과적으로 실패했지요.

그래도 이를 계기로 크라우드펀딩이 어떻게 운영되는지와 이 시장의 잠재력이 어느 정도인지를 경험할 수 있었습니다. 다음 스타트업에서 우연한 기회로 화장품 크림을 만들게 되었고, 이것도 국내에서 크라우드펀딩을 해보자 제안했습니다.

제 생애 두 번째 크라우드펀딩은 론칭 5분 만에 3000만 원을 달성하고, 30분 만에 5000만 원을 넘겼으며, 자고 일어나니 매출 1억 원을 돌파해 있었습니다. 일주일도 되지 않아 2억 원을 달성했고, 주요 구성을 완판한 후 약 2억 3900만 원을 달성했습니다. 2019년 당시 크라우드펀딩 1등 플랫폼에서 뷰티 제품 역대 1위를 한 것이지요. 이후 카카오메이커스에서 입점 제안을 받았고, 거기서도 이틀 만에 완판을 해냈습니다. 그 이후에 출시한 탈모 방지 샴푸도 론칭하자마자 1억 5000만 원의 매출이 납니다. 연속으로 억대 매출이 일어난 것입니다.

사실 딱히 자랑할 만한 일은 아니라고 생각합니다. 1억~2억 원 가지고 무슨 자랑인가요. 강조하고 싶은 부분은, 이렇게 출시하자마자 억대 매출을 낸 제품이 생애 처음 만들어본 것이라는 점이고요. 제가 작성한 상세 페이지가 판매에 가장 큰 공헌을 했다는 것입니다. 제가 화장품 브랜드를 만들었다고 하면 전공이 화학 쪽인 줄 오해하는데 제 전공은 경제학과 철학입니다. 과목 중에서도 화학과는 특히 거리가 멀었습니다. 화장품 회사에서 일해본 적도 없고요.

원래 제가 하려던 스타트업은 마케팅 플랫폼 회사였어요. 개발자의 비싼 인건비를 버텨보자는 목적으로 화장품 브랜드를 만들게 되었고요. 제조사와 첫 미팅을 했을 때가 아직도 생생합니다. 제가 상상한 것과는 다르게 제조사 직원의 나이대가 제 아빠 정도로 보였습니다. 화장품의 '화' 자도 모르는 20대 여자가 와서 화장품을 만들겠다고 이리저리 설치니 얼마나 웃겨 보였겠어요. 하지만 오히려 저는 희망을 봤습니다. 지금까지 이렇게 관습대로 무언가를 만들어온 사람들이 화장품 시장을 견인한 거라면요. 제가 할 수 있는 일이 분명히 있을 것 같았습니다. 그들과 어찌저찌 지지고 볶으며 만든 치기 어린 제품입니다. 여러분은 지금 치기 어린 제품이 글이라는 도구를 만나 억대 매출을 만들어낸 사례를 보고 있는 겁니다.

# ⟶ 상세 페이지의 도입부가 시선을 붙잡는다

치기 어린 제품과 견줄 치기 어린 상세 페이지에 대한 얘기를 하지 않을 수 없습니다. 이 상세 페이지는 그 당시에 잘 시도하지 않았던 방식으로 작성되었습니다. 스토리 전개를 도입부에 담았기 때문입니다. 요즘에는 제품을 만든 사람의 스토리를 강조하는 상세 페이지들을 심심치 않게 볼 수 있지요.

상세 페이지에서도 도입부는 굉장히 중요합니다. 그 이유는 두 가지입니다. 하나는 사람들이 아주 짧은 시간 안에 사이트에 머물지 말지를 결정한다는 것이고요. 그 짧은 시간 동안 보는 것이 도입부지요. 다른 하나는 사이트에 머물기로 결정한 후 가장 많은 시간을 보내는 곳도 도입부입니다.

실제로 기테 린드가드Gitte Lindgaard 교수의 연구에 따르면 사람들이 웹사이트를 볼 때 0.05초 내에 인상을 결정한다고 하고요.[2] 이 첫인상은 사용자가 사이트에 머무르기로 결정하는 데 큰 영향을 미칩니다. 0.05초입니다, 0.05초.

또한 사람들은 웹페이지 화면 안에서도 상단부에 더 오랜 시간 머무릅니다. 선도적인 사용자 경험 연구 회사인 닐슨 노먼 그룹Nielsen Norman Group이 실시한 시선 추적 연구에 따르면 사람들은 F 자형 패턴으로 웹페이지를 읽는 경향이 있다고 합니다.[3] 사용자는 일반적으로 웹페이지 상단을 가로로 스캔하는 것으로 시작하며 제목

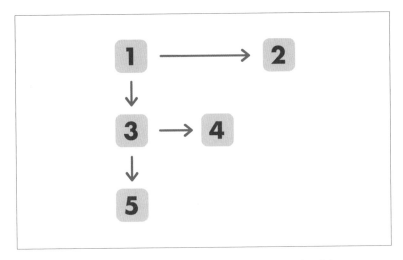

웹페이지를 볼 때 사람들의 시선은 번호 순서대로 'F' 자 모양으로 이동한다.

이나 콘텐츠의 처음 몇 단어를 왼쪽에서 오른쪽으로 읽습니다. 여기에서 콘텐츠의 관련성과 시간을 들일 가치가 있는지에 대해 초기 판단을 내립니다.

초기 수평 스캔 후 사용자는 페이지의 약간 아래로 시선을 이동하여 계속해서 수평으로 스캔합니다. 이 보조 수평 스캔은 일반적으로 첫 번째 수평 스캔보다 짧고 더 적은 내용을 포함합니다. 이후 사용자는 페이지 왼쪽을 수직으로 스캔하기 시작합니다.

단순히 "도입부가 중요한 게 당연한 거 아니야?" 하고 넘어가지 말고요. 그 시작이 왜 중요한지 이유를 이해하면 글의 어떤 조각을 어디에 배치해야 하는지 보다 명확한 기준이 생깁니다. 다시 한번 복습합니다. 한정된 시간에 받아들일 수 있는 정보의 절대적인 양과 글을 읽어나가는 방향의 차원에서 글의 도입부는 중요합니다.

일반적인 뷰티 제품 상세 페이지의 도입부는 다음의 예문처럼 시작합니다. 도입부의 맨 앞에서 '30대'라는 키워드로 타깃 고객을 직접 불러 세우니 좋네요. 30대가 공감하는 피부의 문제점인 '미세한 주름, 떨어진 탄력'도 직접 언급합니다. 그 원인을 엘라스틴 감소

30대가 되며 덜컥 마주하는 피부 노화
미세한 주름과 떨어진 탄력
내 피부가 노화되고 있다는 불편한 진실입니다.

급격한 피부 노화의 원인은
피부를 받치는 '엘라스틴'의 감소
CIS 연구 결과, 나이가 들면 엘라스틴이 감소합니다.
감소한 엘라스틴은 주름과 피부 꺼짐을 촉발합니다.

하지만 걱정 마세요.
엘라스틴을 채우는 데 도움을 주는
특허 받은 XXX 성분
오직 이 성분만을
OOO에 89퍼센트 담았습니다.

로 설명하고요. XXX 성분이 해결할 수 있다고 말하지요. 이후 특징을 설명하면서 제품을 자랑합니다. 논리적으로 매끄러운 연결입니다. 하지만 문제 제시로 시작하는 상세 페이지가 넘쳐나면서 논리적인 전개에 고객들이 피로할 대로 피로해졌다 생각합니다. 새로운 접근이 필요합니다.

## ↳ 구매를 결심하게 만드는 도입부

제 제품을 설명한 상세 페이지의 도입부와 비교해서 살펴보겠습니다. 다음 예문을 읽어보세요.

"화장품만으로는 피부가 절대 변하지 않아요."

안녕하세요, (1) 좋은 피부에 집착했지만 (2) 화장품에 감쪽같이 속아온 소비자 배규랑입니다. 사실, 제가 집착한 건 좋은 피부보다는 세 가지의 '결'이에요. 좋은 피부의 결, 건강한 머릿결, 그리고 탄탄한 몸의 결. 결국 이 좋은 '결'이 아름다움의 기본이라고 생각했죠.

정말 솔직히요. 월급의 3분의 1을 온전히 운동에만 탕진했어요. 이 탕진의 가장 큰 성과는, 몸의 결은 '시간을 들이는 만큼' 결과를 볼 수 있

음을 확인한 것입니다. 푸석한 머릿결은 숍에 갈 때마다 반짝! 괜찮아
졌죠. 그래도 이것들은 나아지기라도 했어요.

"하지만 피부는 달랐어요."

아무리 시간과 정성을 들이고, 돈을 부어도 변하지 않았어요. 기초화장
품 소비는 집착에 가까워졌고요. 그동안 기초화장품과 피부 관리실에
쏟아 부은 돈만 몇천만 원은 될 거예요. :( 프랑스 몽쥬약국에서 쓸어온
재생크림으로 시작해 5밀리리터짜리 앰플에 몇십만 원은 우습게 긁어
왔지만 결국 만족할 수 있는 제품을 찾는 데는 장렬히 실패했습니다.

"너 이 화장품 다 써?"

그렇다고 제가 문제성 피부를 가진 건 아니에요. (문제성 피부를 위한 제
품은 화장품보다는 의약품에서 찾으시는 게 더 확실합니다.) 하지만, 제 피
부는 어디 가서 '피부 좋다' 소리는 듣지 못하는? 그래서 급박하거나 간
절하지는 않지만 늘 배고픈 그런 피부였어요. 요즘 민감성을 위한 제품
은 많은데 저 같은 피부(쌩피부라고 하나요, 막피부라고 하나요)를 위한
제품은 없었다는 것도 큰 갈증이었고요.

"아파도 되니까, 비싸도 되니까 어디 가서 '피부는 타고나셨나 봐요?'
소리를 들을 순 없을까."

이 프로젝트는 위와 같은 의문에서 시작했습니다. 결국 제가 만족할 수
있는 제품을 만들어 고가 화장품을 미련 없이 다 버린 시점에 프로젝트

를 본격적으로 시작하게 되었어요.

"네, 그동안 샀던 고가 화장품은 다 버린 거죠."

화장품에 대한 잘못된 상식을 뒤집는 계기가 있었거든요.

여기까지 막힘없이 읽으셨다면, 제 소기의 목적이 달성된 것입니다. 여기까지 읽었다는 건 제 이야기에 공감했다는 것이고, 이미 독자와 제 사이에 상호 신뢰가 형성된 것이지요. 그 이후의 내용은 잘못된 상식이 뭔지, 그 상식을 해결하기 위해 어떤 노력을 했는지, 노력에 해당하는 제품이 뭔지에 대해서 말합니다. 사실 뒤에 나오는 내용은 크게 중요하지 않습니다. 제 이야기에 공감해서 여기까지 읽으신 분들은 이미 살 결심을 합니다. 그리고 뒷부분은 '제발, 내가 힘들게 만든 결심을 무너뜨리지 말라'라는 심정으로 봅니다. 마치 취업의 마지막 관문인 인성 면접이라고나 할까요. 서류와 실무 면접이 통과되면 보통 붙은 것과 다름없습니다. 마지막 경영진과의 인성 면접을 볼 때 실수만 하지 않는다면요.

이 상세 페이지에 대한 또 다른 진면목은 차차 조금씩 풀어나갈게요. 여기서는 '아, 처음 만들어본 치기 어린 제품도 글이라는 강력한 도구를 만났을 때 돈으로 전환될 수 있구나'라는 관점을 얻었다면 충분합니다.

# 글쓰기로 남의 제품 팔기:
# 최소 시간 투입으로 이룬 수익화

"어라? 고작 억대 매출로 글을 쓴다고?" 네, 저도 고작 억이라고 생각합니다. '부업으로 억대 매출 가지고 뭐…' 싶어서 주변에 얘기도 안 했습니다. 적어도 1000억 원은 벌어야 어떻게 글이 돈이 되는지에 대한 글을 쓸 수 있는 게 아닐까요?

그래도 글쓰기 부업으로 억대 매출을 내는 케이스가 생각보다 흔치 않음을 알게 됐습니다. 매출이 고작 억대 수준일 때 쓸 수 있는 글이 있습니다. 50억 원 구간이 지나고 100억 원 구간을 지날 때 쓰는 글은 억대 수준일 때 쓰는 글과는 사뭇 다를 겁니다. 저 또한 막 1000만 원대 매출을 넘겼을 때의 관점을 기록해 두었으면 어땠을까 싶습니다. 그렇다면 0원에서 시작하는 사람들에게 1000만 원 구간에 도달하기까지의 여정을 더 생생하게 전해줄 텐데요.

글이라는 게 그렇습니다. 그 당시에만 쓸 수 있는 글이 있습니다. 제가 대학교에 갓 합격하고 쓴 글을 지금 쓸 순 없습니다. 기억이 나지 않기 때문입니다. 단순 경험담뿐만 아니라 상업적인 글도 마찬가지입니다. 제가 사업을 처음 시작했을 때, 제가 이 업계를 바꿔볼 수 있다고 굳게 믿었을 때, 그 감정으로 쓴 글을 5년 후에 똑같이 쓸 수 없습니다. 결코 그러지 않으리라 다짐해도 저는 이미 업계의 관행에 젖어들어 매일 새로운 눈으로 제 사업을 바라볼 수 없기 때문입니다.

그래서 사업 초기에 그 달뜬 감정을 가지고 쓴 제품 판매 글에는 분명 힘이 있습니다. 뭣도 몰라 광고 심의도 다 어기고 불필요한 정보를 과하게 전달하기도 하지만요. 글쓴이의 첫 경험, 첫 마음을 독자인 고객은 소중히 느끼지 않을 수 없습니다.

## ↳ 최소한의 투입으로 더욱 의미 있는 성과

고작 억대 매출이라고 생각했나요? 그렇다면 글쓰기 부업이 제게 가져다준 억이라는 숫자가 왜 의미가 있는지 세 가지 이유를 말씀드리고 싶습니다.

## 1. 0원으로 시작했다

저는 진짜 0원에서 시작했습니다. 억대 매출을 올리는 과정에서 디자인 외주 비용과 마케팅 비용을 추가로 썼지만 이마저도 이미 번 돈으로 최소 지출만 했기 때문에 절대 손해 보지 않는 게임을 했습니다. 아시겠지만 억대 매출이 곧 영업이익은 아닙니다. 하지만 제가 한 일은 인건비, 사무실 임대료, 제품의 원가가 0원이며 외주와 마케팅 정도의 비용만 들었기 때문에 매출 숫자의 의미도 충분합니다.

## 2. 투입 시간을 최소화했다

본업을 매일 아침부터 밤까지 붙잡고 있어서 부업으로 시간을 쓸 수 있는 형편이 안 됐습니다. 주로 주말이나 휴일에 시간을 내서 일했습니다. 마치 중국어 공부처럼 했다 안 했다 하는 정도였습니다. 계속 붙잡고 있는 일이 아니어서 실제 투입한 시간은 일했다 말하기 민망할 정도입니다.

## 3. 완성도도 최소화했다

사실 돈을 벌려고 시작한 부업이 아닙니다. 제 능력을 마음껏 펼치는 취미 활동 정도로 여겼습니다. 완벽을 기할 수도 없었습니다. 본업이 있으면 우선순위 1위는 무조건 본업입니다. 이때 제가 한 일은 회사에서 내는 완성도까지 올리지 않았고, 그럴 시간적 · 심적 여유도 없었습니다. 처음에는 엉망인 디자인으로 직접 PPT를 만들었으며 매출이 억 단위로 나오고서야 디자인 외주도 맡겼습니다. 그래서 무자본으로, 투입 시간도 완성도도 최소로 시작할 수 있는 업이 뭘까요? 바로 글쓰기입니다.

## ⌐→ 글쓰기와 아주 작은 마케팅 지식과의 만남

저는 글쓰기로 생전 처음 만들어본 제품을 팔며 본격적으로 사회생활을 시작했습니다. 그 결과 아주 작은 온라인 마케팅 지식을 얻었고요. 글쓰기가 마케팅과 결합되었을 때의 결과를 테스트하고 싶었는데, 회사에 다니고 있어 제 노동력을 제대로 쓸 수 없는 상황이었습니다. 저를 대신할 타인의 노동력이 필요했습니다. 그래서 같은 회사에 다니는 동료를 꼬드겨 외부 강의를 하게 했고 이 강의를 오직 글로 팔아줬습니다.

수강생들이 강의실로 오면 이 강의를 왜 듣게 됐냐고 물어봤습니다. 상당히 많은 수강생이 상세 페이지를 보고 왔다고 해서 놀라웠습니다. 글이 가진 설득의 힘을 체감하지 않을 수 없었습니다. 이 부업을 한마디로 정의하자면 강의 마케팅 혹은 강의 중개라 할 수 있을까요? 저는 이 강의 중개를 통해서 억대 매출을 만들었습니다.

여기서는 제 글이 단순히 강의를 파는 데서 끝나지 않고, 강의를 확장하고 재수강을 유도하는 데까지 세밀하게 사용됐습니다. 고객이 구매를 했다고 판매의 끝이 아닙니다. 상세 페이지만 잘 적어서 되는 게 아니라는 말입니다. 예를 들어 강의 시작 전에 첫 공지사항을 안내하는 것조차 신경 써야 합니다. 구매 후 첫 인사는 곧 서비스의 얼굴입니다. 보통 강의 시작 전날에 우리는 다음과 같은 문자 메시지를 받습니다.

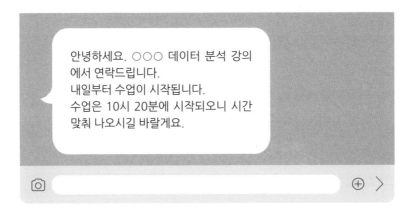

안녕하세요. ○○○ 데이터 분석 강의에서 연락드립니다.
내일부터 수업이 시작됩니다.
수업은 10시 20분에 시작되오니 시간 맞춰 나오시길 바랄게요.

저는 위와 같은 안내 문자 메시지도 감사히 받습니다. 보통은 추가 안내 문자가 없어서, 당일에 부랴부랴 강의 신청 링크를 찾고 거기서 위치 정보를 찾거든요. 조금 더 나은 사례를 보여드릴게요.

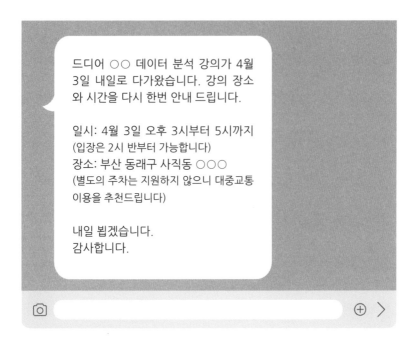

여기서 일시와 장소를 명시하면 더 좋습니다.

## ↳ 수강생의 마음을 붙잡아 두는 공지

조금 더 나아가 보겠습니다. 제가 실제로 강의 시작 전에 첫 공지사항으로 수강생들께 보냈던 메세지의 원문을 공개합니다.

그깟 공지까지 신경 쓸 일인가 싶지만, 그럴 일입니다. 강의 시작 전부터 자세하게 안내를 받으면, 수강생이 강의에 임하는 자세가

배작가

(드립력)으로 쉽게 배우는 데이터 분석 기초반에 오신 여러분 환영합니다.🤭 앞으로 4주 동안 우리 웃고, 웃고 또 웃으며 분석력 제대로 한번 갖춰봐요.😆

[📢긴 공지: 전체보기를 눌러 모두 확인해 주세요]

우리, 언제 어디서 어떻게 만날까요?

⏰언제? 일요반(71기) : 9월 3일, 10일, 17일, 24일 일요일 오후 2시-5시 (3시간 수업)
🏠어디서? 서울특별시 강남구 역삼동 83××× 5F ROOM1 (06×××)
도로명 주소는 강남대로62길 ××× 입니다.
2호선 강남역 4번출구에서는 도보 10분이지만, 3호선 양재역 3번출구에서는 도보 단 5분! 소요됩니다.
🚗해당 건물에 주차가 불가합니다. 이에, 세 가지 주차 옵션을 안내드립니다.

1. 삼○프라자 오피스텔 유료주차장 (서울시 강남구 도곡로××길) 맞은편 건물, 1분 거리.
자주식 민영 주차장으로 시간당 5천 원입니다.
2. 푸○○○타워 유료주차장 (서울시 강남구 강남대로×××) 걸어서 2분 거리.
자주식 민영 주차장으로 시간당 4천 원입니다.
3. 캠○○○타워 주차장 (서울시 강남구 도곡동 ×××) 걸어서 10분 거리로 멀지만, 위 두 곳보다는 저렴합니다. 모두의주차장 앱에서 휴일 당일권을 9천 원에 구매할 수 있습니다.

👆어떻게 만날까요?

1. 카톡 친구 먼저 추가해 주세요. @datalab을 검색하시거나 이 링크(링크 생략)를 클릭해 파란색 프로필의 카톡 친구를 추가해 두셔야, 클래스 소식 및 공지사항을 놓치지 않을 수 있어요. 아직 친구가 아니라면 지금이 타이밍입니다!

2. 첫날은 랩톱 안 가지고 오셔도 돼요. 2주 차, 4주 차에는 랩톱 지참을 권장합니다. 준비물은 노트와 필기구 정도 챙겨주는 센스?

3. 1주 차 강의 자료를 보내드립니다. 수업 전, 미리 훑어보고 와주세요. (📱링크로 접속하기 클릭)

4. 수업은 정시에 시작하며, 알찬 강의 구성으로 진행이 제법 빠릅니다. 늦지 않게 와주세요!

＋　　　　　　　　　　　　　　　　　　　　☺ ＃

달라집니다. 열정적으로 수업에 참여하고, 또 그 결과를 후기에 자세히 적어줍니다. 그렇게 선순환 구조가 만들어지니 결과적으로 53기수의 600명이 넘는 수강생을 모집했습니다. 기업 강의로 한 번에 몇천만 원이 통장에 꽂히기도 했지요. 부업이 월급을 뛰어넘자 동료는 퇴사 후 이 강의를 본업으로 하기 시작했습니다. 이 강의 중개에 대해서는 할 말이 많습니다. 3부에서 더 자세히 다루겠습니다.

# 직장 밖에서 내 재능 팔기: 전자책 판매로 시작한 퍼스널브랜딩

어느 날 개인 사정으로 동료는 다시 직장으로 돌아갔습니다. 수 강생 중 한 분이 동료가 관심 있는 분야의 회사 대표였던 덕입니다. 제 노동력은 물론 타인의 노동력에도 온전히 기댈 수 없음을 알게 됐지요.

게다가 강의를 기획하고 글로 팔았던 이 경험을 저만 알고 있기 아까웠습니다. 0원으로 시작했던 이 일은 회사를 멀쩡하게 잘 다니 던 사람을 퇴사까지 빠르게, 그리고 재취업까지 인도해 준 성과이기 때문입니다.

# ↳ 글로 써서 경험을 나누니 이 또한 수익이 되다

그래서 글쓰기 비율을 절대적으로 늘렸습니다. 직장인을 대상으로 강의를 기획하는 방법과 강의를 중개했던 과정을 책으로 엮었고, 글을 써 팔았습니다. 이 책을 신격화하는 뜨거운 후기를 받고 나니 이 사례 하나만 알려주는 건 치사한 것 같았습니다. '책에서 안내한 가이드라인을 그대로 나 자신에게 적용할 수 없을까?' 하고 고민했습니다.

제가 직접 강의할 수 있는 건 뭘지 고민했더니 바로 생각나는 게 영어였습니다. 제게는 영어 과외로 시급 3배를 받았던 경험이 있으니까요. 학생을 대상으로 한 과외는 해봤으니, 직장인을 대상으로 한 강의를 해봐야겠다고 생각했습니다. 영어를 가르치는 데 대단한 사명감이 있다기보다는 강의라는 비즈니스를 직장인 상대로 팔아보는 과정을 반복해서 확인해 보고 싶었습니다.

제가 과학을 못해서 대부분의 과학 용어는 잊어버렸지만, 반복 replication이라는 개념 하나는 기억합니다. 특히 과학 실험에서 반복은 중요합니다. 한 번의 실험 결과는 우연이나 오류에 의해 왜곡된 값일 수 있습니다. 실험을 반복하면서 결과가 일관되는지 확인하여 결과의 신뢰성을 높일 수 있습니다. 또한 통계적 유효성을 위해서도 중요합니다. 데이터 세트가 클수록 통계 분석이 더 정확해집니다. 그래서 연구자들은 여러 번의 실험을 통해 충분한 데이터를 모으려고 합니다.

저도 결과의 신뢰성을 높이기 위해, 그리고 통계적 유효성을 얻기 위해 강의 판매를 한 번 더 해봐야겠다는 생각을 한 겁니다. 한 번의 성공은 운일 수도 있기 때문입니다.


## ↳ 한 번의 성공을 넘어 반복하기까지

우선 직장인에게 영어를 가르치기 위해서 어떤 점이 가장 중요할까를 고민했습니다. 그들은 영어가 중요하다고 말하지만, 사실 영어 능력이 당장의 생계를 좌지우지하지 않기 때문에 시간을 내기가 어렵습니다. 일에 치여서 영어가 한참 뒷전이 되기도 하고요. 그래서 매해 신년에 영어 공부를 하겠다고 다짐하고, 평생 해야 할 일 목록에 영어 공부를 넣는 겁니다.

영어를 비롯해 언어를 학습하기 위해서는 매일매일 핑계 없는 학습이 중요합니다. 하지만 직접 오프라인 학원에 가는 건 당연히 어렵고, 선생님과 시간 맞춰서 과외를 하는 것도 어려우며, 인터넷 강의를 듣는 초월적인 의지가 없는 한 어렵습니다. 반면 친구처럼 주고받는 카카오톡 메시지라면 다를지도 모르죠.

카카오톡으로 1:1 영어 과외를 해야겠다는 생각이 들었습니다. 가르치는 입장의 저 또한 직장인이었기 때문에 그게 나왔습니다. 제가 카카오톡 메시지로 매일 아침 8시에 작문할 수 있는 문장을 보내면 수강생은 그날 저녁 6시 전까지 답장으로 숙제를 보내는 방식입니다. 숙제를 받으면 저녁에는 제가 피드백을 드렸죠. 평일에는 매일 진행했습니다. 수고가 많이 들지 않을까 싶지만 짬짬이 할 만한 수준이었습니다. 주말에 미리 수업 자료를 예약 발송을 해놓고요. 평일에 숙제가 도착하면 피드백을 주는 건 친구와 메시지를 주고받는 수준의 시간 투자였거든요. 그리고 여러 명의 수강생에게 피드백을 주다 보니 겹치는 내용이 많아 한 번 피드백을 써서 정리해 두면 시간을 더 줄일 수 있었습니다.

물론 데이터 강의를 마케팅했을 때와 마찬가지로, 구매 후 첫 인사부터 세밀하게 수강생을 케어했습니다. 가감 없이 원문을 공개합니다.

 배작가

> 안녕하세요! OO에서 제시카 영어 수업 신청해 주셨죠? 이렇게 만나게 되어 반가워요! 앞으로 제가 OO님을 직접 4주간 알뜰살뜰 서포트할 예정입니다. 함께 완강할 4주가 무척이나 기대됩니다. :)
>
> 주목! 첫 강의 시작 전에 한 가지 중요한 미션이 있어요! 이 미션을 성공해 주셔야 ○월 ○일 월요일 아침 8시부터 정상적으로 수업 자료를 받아보실 수 있습니다.

아래 미션을 꼼꼼히 읽어보시고, 오늘 자정 전까지 미션 완료 부탁드릴게요! 다음 주 월요일부터 수업 시작이라 그 전에 수업 세팅이 필요해요.

- 지금 바로 이 링크(링크 생략)를 클릭해 "친구 추가" 후 인사해 주세요! 친구 추가를 하셔야 매일 강의 자료를 받아보실 수 있어요!

- 아래 정보를 여기 채팅창이 아닌! 친구 추가하신 카카오톡 채널로 보내주세요.
(1) 성함과 핸드폰 번호
(2) 어떤 분야의 일을 하시며 왜 제시카 수업이 필요하셨나요? (ex: 스타트업 마케팅을 하고 있고 MBA를 준비하고 있어요)
(3) 영어 수준 (ex: 중상 수준으로 미국에서 고등학교를 다녔으나 스피킹을 잘 못해요)
(4) 수업 목표 (ex: 세 달 이후에는 발음에 자신감을 가지고 싶어요)
(5) 숙제 제출 목표 시간 (저녁 6시 전까지만 제출하면 되지만 습관 형성을 위해 본인만의 목표 시간을 정해두고 그 시간에 보낼 수 있도록 노력해 보세요. 저도 도울게요!)

+　　　　　　　　　　　　　　　　　　　☺ #

## ↳ 선 리스트 만들기, 후 글쓰기

이 글을 작성하기 전에 이 인사말의 목표가 뭔지 정리해 보면 결과물인 글의 구조가 보다 정돈될 수 있습니다. 이 인사말의 목표는 크게 카카오톡 친구 추가와 수강생의 정보 확인 두 가지였는데요. 이 목표는 다음과 같이 정리할 수 있습니다.

**1. (중요도: 필수) 카카오톡 친구 추가**
→ 카카오톡 친구로 추가되어 있어야 수업 자료 발송을 미리 예약할 수 있음

**2. (중요도: 선택) 정보 확인**
→ 이름, 핸드폰 번호의 개인정보를 비롯해 수업 신청 이유, 영어 수준, 수업 목표, 수업 시간을 점검함으로써 수강생과의 상호 신뢰 관계 형성 및 수업 만족도 증진

눈치채셨나요? 이 인사말의 유일한 목표는 사실 카카오톡 친구 추가 하나입니다. 제 입장에서는 수강생이 카카오톡 친구 추가를 해줘야 수업 자료를 미리 예약 발송할 수 있기 때문입니다. 정보 확인의 경우 수강생이 보내줘도 안 보내줘도, 제게는 크게 상관이 없습니다. 그래서 필수까지는 아니고 선택 정도의 중요도를 가집니다. 물론 개인정보를 작성하면서 수강생은 1:1 맞춤 수업에 대한 기대감을 높일 수 있고요. 저도 앞으로 수업을 어떻게 진행해야 수업 만족도가 높아질지에 대한 맥락을 잡을 수 있습니다.

이렇게 목표를 우선 정리해 두면 중요한 정보를 빠뜨리지 않으면서도, 목표가 뚜렷한 글이 완성됩니다. 인사, 목적에 대한 맥락 설명, 목적 나열 순서로 구조가 잡힌 것을 확인해 보세요. 여기서 목적에 대한 맥락 설명에 대해 부연하자면요. 사실 카카오톡 친구 추가는 제가 수업 자료를 발송하는 데 필요한 부분이니 저한테만 중요한 것입니다. 그런데 제가 수업 자료를 '발송해야' 하니 카카오톡 친구를 추가해 달라고 하는 것보다, 고객이 정상적으로 수업 자료를 '받아보기' 위해서 중요하다고 설명한 포인트를 주목해 보세요.

이 미션을 성공해 주셔야 ○월 ○일 월요일 아침 8시부터 정상적으로 수업 자료를 받아보실 수 있습니다.

문장의 주체를 바꾸는 것이지요. 고객은 생각보다 글을 대충 훅 읽습니다. 본인에게 중요한 일이 아니면 더 대충 읽습니다. 아니, 아예 안 읽는다고 보는 편이 좋습니다. 그리고 한 가지 액션만 취해달라고 하는 것만으로도 부담스러운 일인데, 그것이 저한테만 좋은 일을 해달라고 부탁하는 건 어불성설입니다. 고객에게 쓰는 모든 문장은 고객이 주인공이어야 합니다.

## ⌐→ 글이 가진 효율성에 대해

더 나아가 이렇게 미션을 달성해 제게 메시지를 보내면요. 제가
그 메시지에 대한 답변으로 보내드리는 글도 있어야겠지요? 보통
여기까지는 생각하지 않고, "잘 받았습니다. 감사합니다" 수준의 답
변을 보냅니다. 그럼 꽝입니다. 세밀한 케어로 잘 시작해 놓고 맥을
딱 끊는 겁니다. 저는 57쪽과 같이 답변으로 보내드릴 글을 미리 적
어두고 반복해서 발송했습니다.

한발 더 나아가 볼까요? 이렇게 4주 동안 수업을 잘 마치고요.
다음 달도 수강을 연장하도록 유도하는 문안을 58쪽의 메시지처럼
미리 써두는 거예요. 글이라는 게 참 효율적이에요. 한번 적어두면,
○○ 안의 내용만 바꿔서 짧은 시간 안에 재활용이 가능하니까요.
이 안내를 매번 말로 했더라면 목이 다 나갔을지도 몰라요.

결과는요? 회사에 다니면서 약 1년 동안 짬짬이 77명의 직장인
을 대상으로 카카오톡 과외를 해주었습니다. 매달 쏠쏠하게 부수입
용돈도 됐고요. 큰 생각 없이 시작했던 일에 사명감을 가지게 되었
습니다.

배작가

OO님, 반갑습니다!

제시카입니다. 전달해 주신 정보는 꼼꼼히 확인했습니다. 앞으로 OO님과 함께할 4주 동안의 수업에 저도 무척 기대가 큽니다. 저와 하루 딱 10분씩만 투자해서 그 시간을 꾸준히 쌓아가시면 꿈에도 몰랐던, 고급진! 원어민 표현을 마주치실 거고 분명 기대하시는 만큼 실력이 쑥쑥 느실 거라 믿어 의심치 않습니다.♥

앞으로 매일 아침 정확히 8시에 1:1 카톡을 받으시고, O시 전까지 딱! 10분만 내어 숙제를 해주시면 됩니다. (부득이한 경우 다음 날 아침 8시 전까지 제출해 주세요.) 일주일에 한 시간 겨우 내서 과외받는 것보다 매일 10분씩 5일, 그 50분의 효과가 훨씬 크답니다.

수업이 어떻게 진행되는지 궁금하시다면, 자세한 내용은 이 링크(링크생략)를 클릭해 확인해 주세요.

강의를 먼저 들으신 선배(?)들의 찐- 후기도 함께 봐주시고요. 어쩌면 꿀팁이 있을지 몰라요. :)

그럼 O시 이전에 제출하시는 것으로 목표 설정해두겠습니다. O월 O일 월요일 오전 8시에 뵈어요!

＋　　　　　　　　　　　　　　　　　☺ ＃

배작가

OO님, 지난 4주간 저와 함께한 수업 어떠셨나요?

"4주에서 멈추지 않고, 더 이어가고 싶다!" 하시면 수업 연장을 도와드리려고 해요

오늘 자정까지 채팅창 하단의 "○○신청: 카톡 수업 결제 방법"을 참고하여 신청해 주세요.

○월 ○일 월요일부터 더욱 '고급지고 원어민스러운 표현'을 지속적으로 쌓아갈 수 있도록 강의를 세팅해 드릴게요. :)

오늘 자정까지 결제하셔야 연속 연장가 O만 원으로 도와드릴 수 있습니다!
* 자정 이후 재등록 시, 연속 연장가는 적용되지 않습니다.

+ 　　　　　　　　　　　　　　　　☺ #

## ⮕ 퇴사에 있어 결과보다 중요한 것

가장 중요한 건요. 77명에게 과외를 하다 보니, 이들이 반복적으로 실수를 하는 패턴이 보이는 겁니다. 제게 숙제가 도착하면 어떤 실수를 했을지 눈 감고도 훤했습니다. 그래서 이 패턴을 또 묶어서

전자책으로 썼습니다. 1:1 과외에서는 수강생이 똑같은 실수를 하고, 제가 똑같은 설명을 하는 작업이 반복되었는데요. 책은 제가 한 번만 쓰면 많은 사람이 공부할 수 있는 시스템입니다.

바로 이 책으로 5억 4000만 원이 만들어집니다. 회사에서 회사의 힘을 업고 억대 매출을 만드는 것, 남의 강의를 팔아주며 억대 매출을 만드는 것과는 차원이 다른 일입니다. 내가 직접 내 재능을 글로 엮어 상품화하고, 또 이 제품을 글로 파는 일 말입니다.

회사의 힘을 업고 만든 건 불안합니다. 회사라는 간판이 없으면 또 반복할 수 없을 일이기 때문입니다. 남의 제품을 파는 것도 불안한 일입니다. 남이 그 제품을 더 이상 안 팔겠다고 하면 제가 할 수 있는 일이 없기 때문입니다. 하지만 내가 내 제품을 만들고 그 제품을 판매하는 건 다른 핑계가 없습니다. 잘하면 내 덕이고, 못 해도 내 탓입니다.

이 글쓰기 부업은 전자책이라 명할 수 있습니다. 그리고 저는 퇴사를 질렀습니다. 시원하게.

# 직장에서 내 가치 팔기:
# 글쓰기로 이룬 성공적인 연봉 인상

저는 연봉과 사랑 사이에는 밀접한 관계가 있다 믿습니다. 우리
가 어렸을 때 부모의 사랑을 받기 위해 청소를 열심히 하기도 하고
요. 반대로 괜히 삐뚤어지는 모습을 보여주기도 합니다. 부모가 보
는 앞에서 세상이 떠나가라 자지러지게 울다가도, 부모가 시선을 거
두면 눈치를 보고 울음을 멈추기도 하지요.

시간이 지나면서 우리는 더 이상 부모의 사랑을 갈구하지 않는
어른이 됩니다. 사랑의 자리는 사회 내 인정으로 채웁니다. 인정은
직업의 타이틀이나 직장 이름으로 채워지기도 하고요. 사내 승진 또
는 다른 회사의 스카웃 제의로 채워지기도 합니다. 하지만 가장 확

실한 사랑의 정량적 수치는 곧 연봉입니다. 연봉만큼 내가 사회에서 인정받는 가치를 적나라하게 보여주는 수치가 있나 싶습니다.

저는 당장 불확실하지만 큰 가치를 가져올 수 있는 스톡옵션이 큰 동기가 되지 못했습니다. 제 강력한 동기는 연봉임을 주장하고, 그에 부합하는 성과를 내려고 했지요. 그러다 보니 약 7년의 직장 생활 동안 첫 직장 대비 마지막 직장에서 연봉이 8배 넘게 상승했음을 발견했습니다. 어째서 이런 성장률이 가능했는지 돌아보면 또 글쓰기로 이어집니다.

저는 사물인터넷 산업 쪽에서 시작해, IT 서비스, 교육 그리고 뷰티까지 다양한 분야에서 일해왔는데요. 산업군에 상관없이 회사 내에서 글쓰기 역량이 있는 것 자체가 큰 가치임을 알게 됐습니다. 이 사실을 글로 써서 나누고 싶었습니다.

## ↳ 회사 내 글쓰기의 종류

회사 내 글쓰기의 종류는 무엇이 있는지 먼저 살펴보겠습니다. 직접 제품을 판매하는 상세 페이지를 작성하는 것도 실무 글쓰기의 한 종류고요. 인재 채용을 위한 글을 작성하는 것도 글쓰기입니다. 저와 함께 일하는 팀원들의 글을 봐주고 피드백을 주는 일이나 업무 진행 사항을 일목요연하게 정리해 상사에게 보고하는 일도 글쓰기의 맥락 안에 있었습니다. 특히 코로나 시대로 접어들고 업무 방식이 재택으로 변화하면서, 회사 내에서 글쓰기 역량은 곧 커뮤니케이션 역량이 되었습니다.

회사 내 글쓰기의 종류를 두 가지로 나눠보겠습니다.

**1. 시간을 두고 묵힐수록 글의 방향이 달라지는 영역**

**2. 시간을 두고 생각한다고 방향 자체가 달라지지 않는 영역**

예를 들어 상세 페이지를 적거나 채용 페이지를 작성할 때는요. 시간을 두고 생각을 묵힌다면 글의 방향성 자체가 바뀔 수 있습니다. 채용 페이지의 경우 생각을 묵히는 시간을 거쳐 회사에 더 적합한 방향을 찾습니다. 회사 문화를 직접적으로 강조하는 것이 좋을지, 아니면 팀원들의 인터뷰를 통해 간접적으로 회사 문화를 전달하는 것이 좋을지 접근 단계부터 글의 방향이 달라지죠. 혹은 다양한 방향성을 통합해 여러 편의 글을 계획할 수도 있습니다.

63쪽의 예시는 제가 실제로 채용이라는 목적을 가지고 썼던 글의 차례입니다.

1. 소목적: 직접적인 구인 공고

    1.1 [채용] 이직/구직을 고려 중인 심란한 S$^{++}$급 디자이너를 모십니다.

    1.2 [채용] 쌈박하고 기깔나는 '영상' 촬영/편집이 업이라면, 극진히 모십니다.

2. 소목적: 스토리 형식으로 회사 문화 소개

    2.1 출근 시간이 11시 반인데 왜 늦죠?

    2.2 솔직히 회사 워크숍, 왜 가는 거지?

    2.3 리모트 근무는 실화고, 사무실은 먹는 것 0편

3. 소목적: 팀원 인터뷰로 같이 일할 사람 소개

    3.1 왜 J가 초봉 1억 원부터 시작하는 실리콘밸리를 때려치우고 우리와 함께하게 됐는지

    3.2 왜 K가 몇천 대 일의 경쟁률을 뚫고 입사한 삼성을 그만두고 우리와 함께하게 됐는지

채용이라는 대목적 아래 세 가지 소목적(직접적인 구인 공고, 스토리 형식으로 회사 문화 소개, 팀원 인터뷰로 같이 일할 사람 소개)을 가진 총 7개의 글을 발행했는데요. '출근 시간이 11시 반인데 왜 늦죠?'라는 글의 경우 브런치 플랫폼 내에서만 2만 조회수가 나왔고 지원자로부터 '이 회사에 다니면 이런 생각을 가진 사람들과 일하겠는데?'가 정확히 그려진다는 평을 받았습니다.

이 모든 글의 기획과 작성 그리고 이 글을 매개로 만난 지원자와의 인터뷰를 진행하기까지 모든 커뮤니케이션 과정이 글쓰기가 아니라면 과연 어떻게 설명할 수 있을까요.

반면 미팅 후 미팅 보고서를 작성하는 경우 묵히는 과정을 거치지 않아도 좋습니다. 또한 단순히 진행 사항을 상사에게 보고할 때도 마찬가지입니다. 시간을 들이면 조금 더 정돈된 글을 만들 수는 있겠지만, 글쓰기의 방향 자체가 달라지진 않습니다.

## ↳ 회사 내 글쓰기 역량은 성장할 수 있는가?

묵힘이 필요한 첫 번째 영역은 성장하기까지 시간이 꽤 필요한 건 사실입니다. 많은 글을 봐야 하고, 또 많은 글을 써보고 피드백을 받아서 다시 쓰는 과정을 거쳐야 하죠. 하지만 묵힘이 필요하지 않은 두 번째 영역의 경우 몇 가지 팁만 알고 있어도 성장 속도가 가팔라집니다.

5장에서는 이 두 가지 영역을 골고루 다루면서 즉시 도움이 될 만한 트릭도 중간중간 나누도록 하겠습니다. 5장을 읽으면서 '아, 이 영역은 묵힘이 필요한 영역이구나, 덜 필요한 영역이구나'를 구분해 보면 됩니다.

이 두 가지 영역에서 회사 내 글쓰기 역량이 성장할 수 있다고 믿게 된 데는 두 가지 이유가 있습니다.

## 1. 개인적인 성장 경험

저는 미국에서 학창 시절을 보내고 한국에서 첫 사회생활을 시작하면서 글쓰기의 벽에 심각하게 부딪혔습니다. 일단 단어 선택이 부자연스러웠습니다. 어느 정도였냐면 "미국이랑 떡볶이는 진리의 짝꿍이야"라고 쓰기도 했습니다. "미국이랑 떡볶이 조합은 진리지" 또는 "미국이랑 떡볶이는 환상의 짝꿍이지"가 더 자연스럽다는 피드백을 받는데도, 저만의 문학적 표현이라고 주장했지요.

모르는 단어도 너무 많았습니다. '갈음하다' '회신하다' '명일'과 같은 단어는 네이버 국어사전을 몇 번이고 다시 찾아보면서 익혀나갔습니다. 그리고 맞춤법은 작가라는 타이틀을 쓰기 무색하게 아직까지도 무지한 수준입니다. '돼'와 '되'의 차이가 아직도 헷갈리고요. 띄어쓰기도 네이버 맞춤법 검사기를 빌리지 않고는 살아남기 어렵습니다. 첫 회사에서는 팀원들이 맞춤법 요정을 자처해 제 글을 고쳐줄 정도였습니다.

그러니 학창 시절을 한국에서 보낸 사람이라면, 저보다 한국어 실력은 열 수 앞선 상태에서 시작한다고 보면 됩니다. 비루한 제 한국어 실력이 글쓰기 자체에 도움을 준 것도 있습니다. 바로 쉬운 글을 쓰게 된다는 점이었습니다. 제 한국어 수준이 중학교 3학년 수준에 머물러 있기 때문에 어려운 단어를 쓰지 않는 게 아니라 쓸 수 없었던 것이었죠.

그리고 제가 미국식으로 생각하는 표현을 그대로 한국어로 직역했을 때의 부자연스러움 또한 제 문체로 받아들였습니다. 예를 들면, "이 이야기는 내 이야기다"라는 말을 하고 싶을 때 제 뇌는 "This story revolves around me"와 같은 문장을 즉각적으로 떠올립니다. 이 영어 문장을 "이 이야기는 저로부터 시작합니다"와 같은 식으로 살짝 부자연스럽게 번역하는 것이죠. 이 부자연스러운 번역체가 저만의 문체가 되었습니다.

이렇게 비루한 한국어 실력으로도 쉬운 단어 선택과 번역투 문체라는 장점을 발견했고요. 한국어로 잘 쓰인 글을 읽고 따라 쓰는 습관을 들였습니다. 그리고 제가 쓴 글을 온라인에 발행해 조회수나 완독률을 보면서 자체적으로 피드백을 했습니다. 다른 사람에게 글에 대한 직접적인 피드백을 받진 못했지만 '아, 이 글은 반응이 좋은 걸 보니까 어떤 점이 먹혔겠구나'라고 가정하기도 하고, 제 글을 읽어준 독자에게 제 글을 어떻게 이해했는지 직접적으로 물어보기도 했습니다. 그렇게 글과 관련된 시간이 쌓이면서 글쓰기에 자신감이 붙었습니다.

## 2. 함께 일한 팀원들의 성장

성장 경험이 개인에 한한 것이었다면 이 글을 쓰기 어려웠을 것 같습니다. 하지만 저와 함께 일한 팀원들의 가장 큰 피드백 중 하나가 같이 일하면서 글쓰기 실력이 늘었다는 것인데요. 팀원의 입장에서도 제가 쓴 글을 자주 보고, 직접 글을 많이 써보고, 그 글에 대한 피드백을 받아 다시 고치는 일련의 과정을 겪어서였을 겁니다. 어느 날 상사가 제 팀원의 글을 보고서 마치 제가 쓴 글을 보는 것 같다는 말을 했습니다. 신랄하게 서로의 글을 읽어주고 고쳐주며 우리는 어느덧 비슷한 필력으로 성장한 것입니다.

자, 이제 글쓰기의 역량을 기르는 과정이 보이나요? 내 글의 약점을 솔직하게 진단해 보고 장점으로 바꾸는 것이 첫 번째 단계입니다. 잘 쓴 글을 많이 보고, 많이 쓰고, 그 글에 피드백을 받아 다시쓰는 과정 또한 절실히 필요합니다. 이렇게 했는데도 글쓰기 능력이 제자리이긴 어렵지 않을까 싶습니다.

# 시장에서 내 제안 팔기: 러브콜이 쏟아지는 기획서 쓰기

30개가 넘는 회사에서 러브콜을 받았습니다. 이 회사란 출판사입니다. 원고를 살펴보겠다는 일반적인 회신이 아닌 "당장 출간하자!"라고 욕심내는 러브콜을요. 먼 판교까지 와준 출판사도 있고, 책을 보내주고, 3시간에 걸쳐 원고를 다 읽고, 제 원고를 앞으로 3번 더 읽겠다고 하고, 파격적인 계약 조건을 제시하고, 1시간 넘게 출판 업계를 살뜰히 알려준 출판사도 있습니다. 이 모든 일이 원고 투고 이후 3일 안에 일어났습니다. 보통 원고를 투고하고 5곳에서 러브콜이 오면 아주 성공적이라고 하더라고요.

"이게 무슨 일이냐? 어떻게 했냐?"는 질문을 많이 받았습니다.

우선 기본은 했다고 칩시다. 즉, 기본 이상의 원고와 매력적인 기획서를 준비했다고 가정하는 겁니다. 이직으로 치면 기본 이상의 이력서와 매력적인 자소서를 준비한 것입니다. "또 글쓰기 얘기야?" 네, 맞습니다. 글이 기본입니다. 원고의 경우 지금 읽고 계신 이 글의 내용이나 흐름이 제가 준비했던 초고의 질을 말해줄 것이고요.

무엇보다 기획서가 궁금하실 겁니다. 원고도 원고지만 이 기획서로 쏟아지는 러브콜을 받고 TOP 3 출판사와 계약까지 성공했습니다. 서른에 퇴사 후 작가가 되겠노라 설친 지 7개월이 지난 시점이었습니다. 초보 작가 지망생이 어떻게 첫 책으로 이런 일들을 이루었을까요? 잘은 모르겠습니다.

하지만 "아니, 무슨 기획서를 뭐 이렇게까지 만들어?"라는 말을 들었던 것은 사실입니다. 30개 회사에서 러브콜을 받은 43페이지 분량의 기획서, 그 목차와 내용 중 일부를 공개하고자 합니다.

## ↳ 받는 사람이 해야 할 일을 내가 먼저 기획서에 쓰자

70쪽의 기획서는 '나는 출간 준비할 일이 없는데?'라고 생각하기보다 '아, 타인에게 내 제안을 팔 때는 이런 내용을 이렇게 보여줘야 하는구나'를 가늠하는 관점으로 보면 좋겠습니다.

Title

글은 어떻게 돈이 되는가


Intro

글쓰기로 시급을 3배 높인 자신을 상상해 보자.

연봉을 8배 성장시킬 수 있다면?

부업으로 0원에서 6억 원을 만들 수 있다면?

이 책은 오직 글쓰기 하나로 이 모든 것을 이룬 한 인간의 이야기다.

이 인간의 백미는 어눌한 한국어 능력과 엉망진창 맞춤법이라는 난관에 직면한 유학생이라는 사실이다.

돈 되는 글을 쓰는 한 끗 차이는 국어 실력도 필력도 아니다.

ABCD 글쓰기 구조를 아는 것과 알지 못하는 것, 바로 그것뿐이다.


Ch. 1 작가를 소개합니다

부산 초읍 출신. 미국으로 건너가 브라운대학교에 진학했다. 철학과 경제학을 복수전공하며 글에 상업성을 입히는 감각을 배웠다. 한국으로 돌아와서는 스타트업에서 굴렀다. 한국말도 어눌했고, 맞춤법도 엉망이었다. 하지만 아이비리그에서 받은 글쓰기 교육을 토대로 글을 돈으로 변환시킨다. 언어를 막론하고 먹히는 글쓰기 기술이 있었음을 깨달은 것이다.

…


Ch. 2 이 책을 쓴 이유가 있습니다

비즈니스 세계에서는 오랜 시간 마케팅이 모든 것이라 믿어왔으나, 정말 그럴까? 최근 마케팅 능력뿐만 아니라 글쓰기 능력의 중요성이 부각되고 있다. 실상 전 국민이 카톡에, 인스타에, 블로그에, 브런치에 글을 쓰고 평가받는 시대다.

그들은 글쓰기 능력을 구원시켜 줄 책을 찾지만, 간결한 문장으로 생생하게 글을 쓰라는 엇비슷한 정통 글쓰기 책만이 유일한 옵션이다. 하지만 온라인 환경에서의 글쓰기 질감은 다르다. 글쓰기와 마케팅을 체계적으로 결합한 책, 특히 저자의 국내 현직 경험을 바탕으로 한 책은 시중에 전무하다.

저자는 회사의 힘을 업고 만든 매출은 언급도 하지 않는다. 회사를 위해 일한 경험이 아닌, 회사 안에서 본인 몸값을 위해 일한 경험, 회사 밖에서 아르바이트 시급을 3배 올려본 경험, 그리고 혼자 0원부터 6억 원까지 만든 경험만을 엮는다. 그게 스스로 떳떳한 실력이기 때문이다.
…

Ch. 3 누구를 위한 책인가요?
N.1 마케팅이 막막한 온라인 판매자
30대 후반 스타트업 경력자이자 딸 바보 기혼 남성. 가장의 어깨가 무겁던 차 사업에 적합한 아이템을 발견했다. 부업으로 먼저 팔아볼까? 부업, 마케팅, 카피, 스마트스토어를 키워드로 한 콘텐츠를 소비한다. 잘 파는 글을 쓰기 위해 이런저런 작법 책을 읽고 온라인 강의를 보아도 여전히 답답하다.
…

### Ch. 4 이 책은 다릅니다

이 책은 글쓰기와 마케팅의 공생에 대한 포괄적이고 세련된 접근법을 보여준다. 개인적인 수익 창출 경험을 공유함으로써 구체적인 국내 성공 사례 예시와 전략을 담았다. 또한 2023년 기준 최신 트렌드를 반영해 직장 안팎의 다양한 상황에 적용할 수 있는 글쓰기 방법을 제시한다.

...

### Ch.5 마케팅에 진심입니다

6000여 명 팔로워의 배작가 개인 계정 운영 중. 인스타그램 스토리, 릴스, 카드 뉴스 제작을 통해 초고의 일부를 공개하고 있고, 지속적으로 출판 과정을 생생하게 담고자 함. 출간 전 1만 팔로워를 목표.

...

### Ch.6 목차

### Ch.7 원고 샘플

출간 기획서도 사업 제안서와 같은 맥락으로 봐야 합니다. "사업 제안을 받는 사람 입장에서는 어떤 점이 중요할까?"를 거꾸로 물어보고 철저히 받는 사람의 입장에서 글을 써야 합니다. 책 한 권 출간하는 데 적어도 2000만 원을 투자하는, 많게는 억대까지 투자하는 출판사 입장을 더 세밀히 봅시다. 그들이 초보 작가를 보며 가장 염려하는 부분은 "이 책이 팔릴까?"입니다. 이를 검토하기 위해 그들은 해당 주제의 출판 시장을 조사하며 시장의 크기를 가늠할 것이고요. 경쟁 도서를 살펴보며 이 책이 어떤 점에서 차별화되는지를 볼 것입니다. 무엇보다 아주 꼼꼼히 마케팅 계획을 세울 것입니다. 출판사가 하는 일을 제가 먼저 직접 해 출간 제안 기획서에 녹였습니다. 실제로 출판사로부터 "꼼꼼하고 잘 정리된 투고라 인상적이다"라는 코멘트를 받기도 했지요.

## ⤷ 이메일조차 뭐가 그렇게 달랐는가

투고 과정에서 기획서뿐만 아니라 기획서가 포함된 투고 메일도 제목부터 본문 구성에 이르기까지 촘촘히 고민했습니다. 이메일 제목과 본문도 가감 없이 공개합니다.

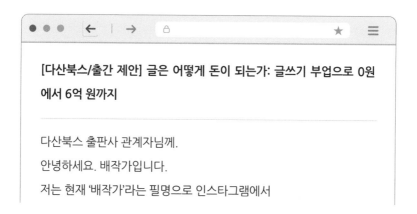

[다산북스/출간 제안] 글은 어떻게 돈이 되는가: 글쓰기 부업으로 0원에서 6억 원까지

다산북스 출판사 관계자님께.
안녕하세요. 배작가입니다.
저는 현재 '배작가'라는 필명으로 인스타그램에서

글쓰기 부업으로 0원에서 6억 원까지 만든 인사이트를 공유하고 있습니다.

제가 출간을 제안드리고 싶은 책은 〈글은 어떻게 돈이 되는가: 글쓰기 부업으로 0원에서 6억 원까지〉로,
오직 글쓰기 하나로 시급 3배, 연봉 8배, 부업 6억 원을 이룬 한 인간의 이야기를 다룹니다.
이 인간의 특징은 어눌한 한국어 능력과 엉망진창 맞춤법이라는 난관에 직면한 유학생이라는 사실입니다.

돈 되는 글을 쓰는 한 끗 차이는 국어 실력도 필력도 아니라 믿습니다.
ABCD 글쓰기 구조의 이해가 중추 역할을 한다고 전하고자 합니다.

이에 (1) 출간 기획서와 (2) 샘플 원고를 PDF로 첨부하오니
긍정적인 검토를 부탁드립니다.

감사합니다.
배작가 드림

제목에는 어떤 출판사인지(다산북스), 어떤 목적으로 이메일을 보내는지(출간 제안), 그리고 책 제목을 표기합니다. 개별적으로 여러 출판사에 투고하는 것은 무척 힘든 작업이지만, 이메일 본문에서도 해당 출판사의 이름을 언급하여 출판사에 대한 관심을 강조합니다. 반드시 함께하고 싶은 출판사가 있다면 해당 출판사와의 인연을 간

단히 언급하는 것도 좋습니다. 250페이지가 넘는 분량의 원고도 길고 43페이지의 기획서도 깁니다. 그러므로 이메일 본문이 너무 장황해지지 않도록 주의해야 합니다. 소개, 제안, 의견, 액션 순서로 단락을 간결히 구성하면 좋습니다.

**1. 소개: 안녕하세요. 배작가입니다.**

**2. 제안: 제가 출간을 제안드리고 싶은 책은…**

**3. 의견: 저는 돈 되는 글을 쓰는 한 끗 차이는…**

**4. 액션: 이에 (1)출간 기획서와 (2)샘플 원고를…**

이 짧은 이메일에서 제목에 출판사 이름을 넣는 것뿐만 아니라, 내용의 줄바꿈까지 고민합니다. 모바일 기준으로 메일을 본다고 가정하면요. 줄바꿈을 촘촘히 하지 않으면 읽는 입장에서는 내용이 한눈에 들어오지 않을 것입니다. 읽는 입장을 고려해 글의 형식까지 만져줘야 하는 것입니다.

투고 이후 저는 출간 기획서를 팔로워분들에게 무료로 나누어드렸습니다. 출간을 준비하는 분들을 포함해, 업계 불문 나를 어떻게 노출해야 효과적일지에 대해 작은 도움이 되었으면 하는 마음으로요. '30개 회사에서 러브콜을 받는 방법'에 대한 글은 70만 조회, 약 5300회 저장, 약 7000명의 참여를 끌어냈습니다.

# ↳ 천 번이 넘는 도전 앞에서
## 거절을 두려워하지 말자

글은 참여를 이끄는 도구이면서 동시에 제안도 팔 수 있는 강력한 도구임을 기억합시다. 이 강력한 도구만 있으면요. 여러 번 시도할 수 있습니다. 적어도 30번 이상 시도할 수 있습니다. 적어도 30번 이상 시도해야 30개 회사에서 회신이라도 주지요. 돌아보면 대학교 지원 때도, 입사 지원 때도, 그리고 소개팅 때도 그랬습니다. 원하는 걸 얻고 싶을 때 성심껏, 최대한 많이 제 자신을 노출시켰습니다.

이제 와서 밝히지만 저는 1000개가 넘는 회사에 도전장을 내밀었습니다. 그 결과로 30개가 넘는 회사에서 러브콜을 받은 동시에 30개가 넘는 회사에서 거절 메일을 받았습니다. 러브콜은 한 회사한 회사 정성스레 리스트로 정리까지 했지만, 거절 메일은 숫자를 세지도 못했습니다. 한동안 밥 먹듯이 거절 메일을 받았습니다. 이 것이 현실입니다.

외부에는 제가 30개 회사에서 러브콜을 받은 사실만 드러납니다. 하지만 당사자인 저는 그 뒷이야기를 뼛속 깊이 알고 있습니다. 사실 30개가 넘는 회사에서 거절 메일을 받은 것 따위는 말하지 않아도 됩니다. 그래도 밝힙니다. 어떤 성과 뒤에는 우리가 모르는 거절과 좌절이 동시에 존재함을 누군가는 말해줘야 하니까요. 계속 나 자신을 무대에 세우고 거절을 직격탄으로 맞는 것이 늘 어렵고 두

렵지만요. 이 방법이 맨땅에 헤딩하는 도전을 할 때는 가장 빠른 길임을 다시 한번 깨닫습니다.

거절의 직격탄을 어떻게 견딜지도 미리 생각해 두면 좋습니다. 스타트업을 5년간 운영하며 100명이 훌쩍 넘는 지원자와 인터뷰를 직접 해왔습니다. 꼭 같이 일하고 싶은 인재가 있어도 지금 당장 회사의 상황과 타이밍이 안 맞는 아쉬운 경우가 왕왕 있었습니다. 그래서 거절이 곧 내 제안, 더 나아가 나에 대한 거절이라기보다 단순히 상대와 나의 타이밍이 맞지 않는다 것이라고 자위하게 됐습니다. 이 자세가 겁도 없이 도전할 수 있는 기반이 됩니다.

그래도 우리는 인간이기에 계속되는 거절에 흔들립니다. 그래서 저는 기획서와 기획서를 보낼 회사 목록을 먼저 정리하고요. 하루를 정해 몇 시간 동안 기획서를 몰아 보냅니다. 한 메일 계정 당 하루에 보낼 수 있는 메일 횟수가 한정되어 있어 계정을 세 개나 썼습니다.

그러면 하루에도 여러 개의 러브콜과 거절 의사를 동시에 받을 수 있습니다. 한꺼번에 많은 수의 답을 받는 만큼 러브콜은 호들갑 떨며 받지 않게 되고, 거절 의사에도 대단한 의미를 두지 않게 됩니다. 현실적으로 내 마음을 지키는 방법이지요.

## ↳ 이 모든 일에 선행하는 것은 일을 대하는 태도다

상대를 고려해 글을 쓰고, 여러 번 시도하는 것까지 했다면 그 이후에는 어떻게 해야 러브콜을 30번이나 받을 수 있을까요?

사실 이 질문을 하기 전에 이 모든 과정을 선행하는 태도가 있습니다. 이 태도는 기본을 하는 것보다 더 중요할지도 모릅니다. 바로 내 일을 대하는 태도입니다. 내 일을 예술과 같이 대하는 태도요. 과거 직장인이었던 저는요. 예술가 친구들이 늘 부러웠습니다. 먹먹하게 부러웠어요. 직업의식을 가지고 소신껏 일을 해내는 주인공의 영화를 볼 때도 그렇게나 마음이 무너졌습니다.

'내 일은 예술인가? 내 일에 소명이 있는가?'

이 질문에 자신이 없었거든요. 그런데 평생 할 수 있고, 돈을 안 줘도 할 수 있으며, 완벽하게 해내고 싶은 일을 찾고 나서요. 내 일이 예술이든 글쓰기든 마케팅, 강의, 요가, 사업, 무엇이든지 내가 예술처럼 대하면 예술이 된다는 걸 알게 됐습니다. 저는 예술을 하는 사람이 부러웠던 게 아니라 일을 작품 다루듯 세밀하게, 느리지만 완벽하게 대하는 그 태도가 부러웠던 겁니다.

선망했던 출판사의 편집자로부터 편지를 받았습니다. "마음을 다해 좋아하시는 일을 찾아 도전하시는 모습, 정말 존경합니다." 이 편지를 읽고 또 읽고는, 기본을 선행하는 예술적 태도가 전해졌다고 생각하지 않을 수 없었습니다.

# 억대 교집합 풀기: 아이비리그에서 글쓰기를 대하는 자세

한국에서는 글쓰기를 어떻게 대하는 것 같나요? 어렸을 때 글쓰기 교육을 받은 경험이 있는지 떠올려보세요. 그 과정이 어땠고 무엇을 배웠는지 돌이켜 보세요.

글쓰기 능력 향상에 중요한 사이클은 자명합니다. 연봉 8배 이야기를 할 때도 말씀드렸어요. 바로 본인의 글쓰기 약점을 진단해 장점으로 끌어안고, 잘 쓴 글을 많이 보고, 많이 쓰고, 또 피드백을 받아 다시 쓰는 과정이죠. 그렇다면 이 사이클에 조금 더 박차를 가하는 방법이 있을까요?

제 경우에는 미국에서 받았던 글쓰기 수업이 큰 도움이 되었기에 그 지점을 공유하고 싶습니다. 바로 이 경험 덕분에 억대 연봉과 억대 매출이 동시에 탄생하지 않았나 싶어요. 이 억대 교집합에는 미국에서 글쓰기를 대하는 자세가 녹아 있음이 분명합니다.

## ↳ 미국 고등학교의 글쓰기 수업

미국에서는 다양한 방식으로 작문이 교육 커리큘럼에 포함되어 있습니다. 글쓰기를 통해 자기 생각을 명료하게 표현하며, 의미 있는 대화에 참여할 수 있다고 믿지요. 또한 뛰어난 작문 능력은 종종 개인의 전반적인 역량과 지능을 반영한다고 보기 때문에 직업 세계에서도 높게 평가받습니다.

고등학교 시절에는 영어와 역사, 종교, 심리학과 사회학, 그리고 과학까지 수학을 제외한 거의 모든 과목에서 에세이가 필수였습니다. 네, 과학에서도요. 작문은 영어 수업에만 국한되지 않고 다양한 과목에 걸쳐 있었습니다. 다양한 학문적 맥락에서 자신을 효과적으로 표현하는 능력을 길러야 하기 때문입니다. 과학 시간에는 직접 연구 논문을 요약하고 실험 보고서를 작성해야 했어요. 그래서 영어가 익숙하지 않았던 고등학생 시절에는 빈 화면을 띄워두고 한참 시간을 보내곤 했습니다.

그래도 뭐라도 적어 가야 했기에 사전을 찾아가며 제가 말하고자 하는 바를 꾸역꾸역 적었어요. 문법도 엉망이었겠지요. 그렇게 엉망으로 만든 문장 몇 개를 구글에 쳐보면 제가 하고 싶은 말을 적은 글을 발견할 수 있었어요. 당시에는 챗GPT는 고사하고 문법을 점검해 주는 'Grammarly'와 같은 서비스도 없었기 때문에, 검색된 문장이 바른 문장이라고 믿을 수밖에 없었습니다. 그렇게 수집한 글을 모아서 읽고, 그중 제 의견을 명료하게 설명하는 문장의 형식을 따라 글을 고쳐나갔지요.

의도하지 않았지만 일단 쓰고, 좋은 글을 보고, 그 글을 바탕으로 제 글을 다시 고치는 일련의 사이클을 거쳤던 것입니다. 요즘은 상황이 더 나아졌습니다. 일단 쓰고, 챗GPT에게 내가 쓰는 글 주제와 관련된 글을 추천받아 읽고, 그 글을 바탕으로 내 글을 고치는 일련의 사이클을 훨씬 짧은 시간 안에 할 수 있으니까요.

작문 교육은 고등학교에서 멈추지 않습니다. 대학교 진학을 목표로 하는 미국 수능$^{SAT}$에서는 읽기, 쓰기, 수학 총 3개의 영역을 나눠서 시험을 보고요. 쓰기 영역에는 객관식뿐만 아니라 실제 에세이를 적는 시험이 포함됩니다. 주어진 시간 내에 제시문을 분석하고, 일관된 주장을 전개하며 아이디어를 효과적으로 전달하는 능력을 기르는 데 이만한 연습이 없었지요.

여기서 핵심은 주어진 시간과 할당된 분량입니다. 우리는 대부분 평생에 걸쳐 한 편의 글을 쓰지는 않습니다. 취업 준비 시절에 준비했던 자기소개서와 마찬가지로 주어진 시간과 분량 안에서 글을 씁니다. 어른이 된 우리는 이런 상황에 의도적으로 자신을 노출시킬 수 있습니다. 예를 들어 한 시간 동안 타이머를 세팅해 놓고, 그 안에 글을 쓰는 것이지요. 그 글은 오늘은 더 이상 건드리지 못하고요. 내일 또 타이머를 30분 설정해 놓고 고칠 수 있습니다.

현재는 미국 수능의 형식이 이전과 다르게 많이 바뀐 것으로 알고 있습니다만, 쓰기를 중시하는 태도는 바뀌지 않았습니다. 대학교에 가기 위해 적어도 세 편의 입시 에세이를 써야 하지요. 자기소개서 같은 에세이 하나, 자기소개서에서 담을 수 없는 다른 모습의 보완 에세이 하나, 그리고 왜 이 학교를 가고 싶은지에 대한 이유<sup>Why</sup> 에세이까지 총 세 개요. 더 많은 학교에 지원할수록 더 많은 에세이를 적어야 합니다. 어떤 학교는 쓴 에세이를 재활용할 수도 없게 특정한 주제의 에세이 제출을 요구합니다.

미국에서는 어렸을 때부터 글쓰기에 대한 두려움이 자리 잡을 수 없을 정도로, 글을 써야 하는 다양한 환경에 지속적으로 학생들을 노출시킵니다. 한국에서도 아이들을 위한 문해력, 글쓰기 수업이 유행으로 그치지 않고 교육의 중요한 한 축으로 자리 잡았으면 하는 소망이 있습니다.

# ↪ 미국 대학교의 작문 센터 따라 하기

가장 인상에 남는 한국 대학교와 미국 대학교의 차이는 바로 작문 센터입니다. 미국 대학교, 특히 아이비리그에는 작문 센터가 있어서, 그곳에 소속된 튜터가 브레인스토밍이나 아이디어 정리, 문법 및 구문 개선, 초안 수정 등 글쓰기에 필요한 다양한 요소를 지도합니다.

저는 작문 센터에 정말 하루가 멀다 하고 찾아갔습니다. 제가 수업을 듣는 철학과 비즈니스 등 거의 모든 과목에서 작문에 관해 도움이 필요했기 때문입니다. 한 개의 문장을 가지고도 한 시간을 꼬박 채워가며 작문 튜터와 토론한 뒤 글의 방향을 다시 잡은 적도 있었습니다.

작문 센터에서는 두 가지 중요한 가르침을 배웠습니다.

## 1. 내 글을 한 문장으로 요약해서 설명할 수 있어야 한다

글이 한 쪽짜리든 열 장을 넘어가든 내가 하려는 말은 단 하나여야 합니다. 그리고 이 단 하나의 문장을 상대방이 이해하도록 설명해야 합니다. 작문 센터에 가면 튜터가 글을 빠르게 한 번 읽고 "결국 네가 하고 싶은 말이 X냐"고 묻습니다. X가 맞다면 X에 벗어나는 내용을 쳐내고 세부적인 디테일만 다듬으면 됩니다.

튜터가 X가 아닌 Y라고 말하거나, 무슨 말을 하려는지 모르겠다고 반응하면 비상입니다. 그때는 X가 뭔지 내가 직접 설명하고, X를 기준으로 거의 처음부터 글의 구성을 재정비해야 합니다.

## 2. 친숙해진 글을 새로운 시각으로 보는 연습을 해야 한다

진심으로 최종본이라 생각하고 자신 있게 가져간 글이 있었는데요. 튜터의 손을 거쳐 한층 더 나아지는 광경을 실시간으로 목격하던 경험은 아직도 경이로움으로 남아 있습니다. 글을 쓰는 입장에서는 경험과 조사를 통해 글에 대한 사전 지식이 충분히 있습니다. 글을 처음 읽는 독자는 이 사전 지식을 가지고 있지 않음이 당연한데요. 이 지식의 저주를 간과하기 쉽습니다.

저는 더 이상 고칠 게 없다고 생각한 글조차요. 튜터의 입장에서는 몇몇 문장에 숨이 막힙니다. 그 문장을 중점적으로 명확히 다듬고 꼭 필요하지 않다면 삭제, 필요하다면 설명을 해야 합니다.

성인이 된 우리는 매번 작문 센터나 튜터의 힘을 빌릴 수 없습니다. 하지만 이 작문 센터의 가르침을 바탕으로 스스로 해볼 수 있는 것이 있습니다. 첫째는 내가 말하고자 하는 X가 뭔지 한 문장으로 요약해 보는 것이고, 둘째는 글을 하루 묵혀뒀다가 다음 날 다른 장소에서 똑같은 글을 보는 것입니다.

이때 회사 동료가 있다면, 작문 센터와 비슷한 효과를 낼 수 있습니다. 동료에게 글을 주고 무슨 말인지 한 문장으로 요약해 달라고 한 후 내가 말하고자 하는 바와 비교해 보거나요. 이해가 어려웠던 문장이 있으면 그 문장을 다시 명확하게 해보는 것입니다.

매번 동료에게 부탁할 수 없다면, 가족에게 보여주는 것도 좋은 방법입니다. 가족과 할 얘기가 없다면 자신이 쓴 글을 매개로 대화를 시작해 보세요. 글쓰기 모임에 참여하는 것도 또 다른 방법이고요. 저 같은 경우에는 글쓰기를 좋아하는 친구를 한 명 사귀어 서로 글을 봐주기도 했습니다.

글을 봐준다는 건 별거 없어요. 서로 글을 보내면 쓱 읽고 제일 핵심이 되는 문장 하나를 보내줍니다. 그 문장이 핵심인 것 같다, 그 문장이 마음에 와닿았다는 의미죠. 제가 글을 쓸 때 의도한 바와 친구가 읽을 때 주목한 바가 일치하면 그 글은 제법 좋은 글이 됩니다. 반대로 친구가 전혀 생각지도 않았던 문장을 보내준다면 글의 재정비가 필요한 것입니다.

2부

# 팔리는 글쓰기란
# 무엇인가

# 2장

## 오해를 해체하고
## 글쓰기의 첫걸음 떼기

# 이 책을 읽지 않았으면
# 하는 사람들

"너는 취향이 대중적이지 못해."

제가 오랜 시간 곱씹었던 상사의 피드백입니다. 이 말 뒤에는 네 취향대로 제품을 기획하면 망한다는 뜻이 숨어 있었습니다.

"내 취향은 왜 이 모양 이 꼴일까?"

이 자책의 구렁텅이에서 한참을 머물렀습니다. 대중의 취향을 따라가려고 다들 본다는 유튜브 채널을 꾸역꾸역 보고요. 요즘 잘나가는 브랜드도 유심히 살펴봤습니다. 친구들은 다 아는 유행어도 따라 해보려다 망신을 당하기도 했습니다.

대중적이지 않은 극소수 취향이라는 상사의 말은 일리가 있었습니다. 그런데 직장이라는 틀 밖에서는요. 이 모양 이 꼴이어야 할 제 취향과 관점이 그 자체로 경쟁력을 가질 수 있음을 알게 됐습니다. 비록 대중적이진 않더라도 제 취향과 관점을 기록하고 나누니까요. 이를 아끼는 사람이 생겨났습니다. 대중이 좋아해야 객관적으로도 좋다는 생각은 제가 스스로에게 강요한 신기루였습니다.

그래서요, 이 책이 베스트셀러에 오른다면 저는 대중이 열광하는 책을 썼다는 방증일 텐데요. 그럼 제가 뿌듯해한 저만의 극소수 취향은 사실이 아니라는 뜻이겠네요. 하지만 이 책이 소수의 사람 사이에서만 추천하고 아끼는 책이 된다면요. 제게 책을 쓰는 동기는 충분히 되는 셈입니다.

그래서 이 책을 읽지 않았으면 하는 사람을 분명히 해둬야겠습니다. 부디 기분 나쁘게 생각하지 않으셨으면 합니다. 저는 이 책을 쓰기로 결심한 이상 작가의 역할을 다하고자 하니까요. 진심입니다. 제 글을 읽지 않았으면 하는 사람을 걸러주는 것도 글을 파는 사람의 중요한 임무입니다.

보통 제품이 나쁜 후기를 받는 경우는 두 가지 경우가 있습니다.

**1. 제품이 필요했던 사람이 제품 개선에 도움이 되는 피드백을 제공하는 경우**

**2. 제품을 사면 안 될 사람이 구매 후 '당했다'며 고통받는 경우**

첫 번째 경우는 파는 사람이 마땅히 합당한 조치를 해야 하고요. 두 번째 경우는 애초에 판매가 발생하지 않도록 못 사게 막아야 합니다. 네, 파는 것만큼이나 판매를 방지하는 것도 판매자의 중요한 임무입니다. 그래서 어떤 사람이 이 책을 읽지 않아야 하냐면요.

## ↪ ① '글이 곧 돈이 된다'라고 믿는 사람

"저기요. 글이 어떻게 돈이 되는지에 대한 책을 쓰고 있다고 하지 않으셨나요? 뭔 소리입니까?"

길게 숨을 들이마시고, 제 얘기를 들어봐 주세요. 글이 곧 돈이 되는 것은 결과일 뿐입니다. 예로 제가 운동을 해서 살을 뺐다고 합시다. 이 또한 결과를 극도로 압축한 문장입니다. 사실 운동 자체가 곧 살을 빼주는 건 아닙니다. 체중 감량의 원리를 이해하고, 원리에 따라 운동한 결과로 살이 빠진 거죠.

지난 10년간 제가 하루가 멀다 하고 운동을 해왔지만 몸무게가 56~58킬로그램 사이에서 크게 달라지지 않았습니다. 꾸준히 운동해도 근력이 늘거나 살이 빠지지 않는다고 한탄했지요. 하지만 최근에 다이어트 원리를 이해하고, 이 원리에 입각해 운동하면서 닿을 수 없을 것 같던 53킬로그램이란 숫자를 보게 되었습니다.

글도 마찬가지입니다. 글이 곧 돈이 되지는 않습니다. 글이 돈으로 변환될 수 있는 '팔리는 구조'를 이해하고, 실제로 이 구조에 따라 글을 쓸 때 돈에 가까워집니다.

운동과 글쓰기는 살을 빼는 원리와 팔리는 구조에 바퀴를 달아주는 도구입니다. 다이어트와 돈이라는 결괏값에 실제로 굴러가 닿도록요. 운동과 글쓰기가 도구라는 인식은 중요합니다. 체중 감량의 원리를 이해하면 다이어트의 성공을 위해 운동 또는 식단이라는 도구를 사용할 수 있습니다. 이처럼 팔리는 구조를 이해하면요. 글을

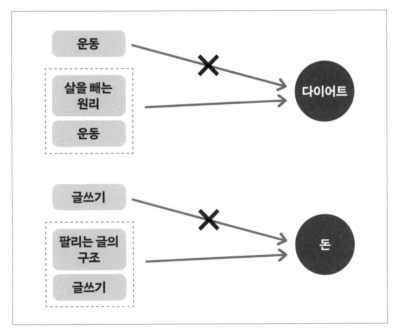

다이어트에 성공하려면 살을 빼는 원리에 따라 운동을 해야 한다. 마찬가지로 팔리는 구조에 따라 글쓰기라는 도구를 사용할 때 글은 돈이 된다.

사용할 수도 있고, 음성, 이미지, 영상 등의 도구를 사용할 수도 있습니다. 하지만 영화를 만들 때 대본뿐만 아니라 연출 또한 일차적으로 글로 표현된 후 영상으로 만들어지는 것처럼요. 모든 콘텐츠의 뿌리가 '글'임을 이해한다면, 파는 이가 가장 먼저 익혀야 할 도구가 '글쓰기'라는 데 동의할 것입니다.

책에서는 '팔리는 구조'를 만드는 방법에 대해서 다루고 있습니다. 이 구조에 대한 이해 없이 내가 기깔나게 잘 적은 글 하나가 곧 돈이 된다고 믿는다면요. 지금이 가장 빠른 타이밍입니다. 책을 덮는 타이밍 말이에요.


## ⟶ ② 혁신을, 럭셔리를 그리고 남의 것을 파는 사람

챗GPT와 같은 혁신을 파시나요? 그래서 모든 사람이 사이트 튕김과 멈춤의 불편함을 감당하고서라도 이 서비스를 써야 한다면 이 책은 별 쓸모가 없을 겁니다. 이 탈모 방지 샴푸만 쓰면 반드시 머리카락이 자란다면요? 이 비행기를 타면 한국에서 뉴욕까지 3시간 만에 간다면요? 그렇다면 이 책을 왜 읽으십니까? 혁신 그 자체로 돈을 벌 수 있다면 이 책은 냄비 받침으로 쓰여야 마땅합니다.

샤넬을 판매하시나요? 제가 우유를 살 때는 밀리리터당 50원 더 싼 걸 사는데요. 샤넬이 500만 원이면 싸다고 생각하며 카드를 굵었습니다. 더 이상의 설명은 하지 않겠습니다.

위탁판매를 하시나요? 그럼 손해 보지 않는 한 원가에 가깝게 박리다매를 하든지, 사은품으로 엄청난 감동을 주든지, 상위 노출에 힘써야죠. 할 일이 많습니다. 이 책을 읽는 시간이 아깝습니다.

이 책을 읽을 사람은 혁신도 럭셔리도 없지만 내 가족에게 권할 수 있는 제품을 직접 만들고 판매하는 분이기를 소망합니다. 제가 직장에서 화장품을 만들고 팔았을 때는요. 화장품에 어떤 혁신도 럭셔리도 없었지만요. 제 가족에게 제품을 건네는 데 한 치의 부끄러움이 없었습니다. 그만큼 애정을 담아 무언가를 파는 사람이라면요. 그 제품이 서비스든 기술이든 혹은 글 자체든, 상관없습니다. 저는 자신이 살아갈 삶의 무대를 스스로 만들고, 자신이 아끼는 것을 파는 사람을 위해 이 책을 썼습니다. 그리고 제가 헌정받은 '만드는 사람'을 위한 시를 이 책 마지막 장에서 선물해 드리겠습니다. 마지막 장까지 읽어달라는 얘기입니다.

### ⟶ ③ 의지도 실행력도 남이 줄 수 있다고 믿는 사람

이 책으로 본인의 삶을 바꿀 수 있다고 믿는다면 지금도 책을 덮기에 늦지 않은 타이밍입니다. 우리는 종종 삶을 바꾸는 데 지대한 영향을 준 책에 대한 이야기를 듣습니다. 하지만 책은 없던 의지를 만들고, 미미한 실행력을 높여주는 요술을 부리지 않습니다. 르브론 제임스 선수가 농구 잘하는 법이라는 책을 읽고 농구를 잘할 의지가 생겨나 실제로 농구를 잘하게 된 것이 아니듯이요.

이 책 또한 글을 돈으로 변환시켜 본 한 사람의 사례와 관점을 이야기할 뿐입니다. 하지만 의지를 기본 준비물로 챙기고 이 책을 들여다본다면요. 자신만이 할 수 있는 일에 팔리는 글쓰기의 구조를 참고한다면요. 이 책이 없을 때보다는 더 풍요로운 결정을 내릴 수 있으리라 생각합니다.

이렇게 남 좋은 일을 제가 왜 하냐면요. 인간은 모두 연결되어 있거든요. 이 책으로 더 나은 결정을 하고, 그 결정으로 여러분이 제가 아낄 수 있는 브랜드를 만들면 저는 그런 브랜드가 있는 현시대를 살아가는 사람이 됩니다. 가장 건강한 관계는 서로가 서로를 인정하는 관계라고 합니다. 이 책을 매개로 서로가 서로를 인정할 수 있는 삶의 궤도에 이르길 소망해 봅니다.

# 글쓰기로 무엇이든
# 팔 수 있다는 신화

이 책을 읽지 않았으면 하는 사람, 반대로 말하면 꼭 이 책의 여정을 끝까지 함께하고 싶은 사람을 정의했으니까요. 우리가 누구인지, 우리는 왜 글을 이야기해야 하는지, 글 중에서도 '팔리는 글'이 무엇인지에 대한 정의를 명확히 할 필요가 있겠습니다. 이 정의는 세 가지 명제로 정리하겠습니다.

첫 번째 명제는 우리는 모두 '파는 사람'이라는 것, 두 번째 명제는 '글'이 가장 효율적인 판매 수단이라는 것, 세 번째 명제는 팔리는 글은 'ABCD 구조'를 갖췄다는 것입니다. 지금은 "이게 무슨 말이야?" 싶어도 괜찮습니다. 하나씩 살펴봅시다.

## ↳ 명제① 우리는 모두 '파는 사람'이다

판매란 물건을 팔아 돈을 벌어야 하는 상인만의 일이 아닙니다. 사실 우리도 일상 생활에서 다양한 방식으로 아이디어, 제품과 서비스, 지식, 경험, 나아가 자기 자신까지 '팔고' 있습니다. 이 과정에서 우리는 타인을 설득하고, 타인이 특정 행동을 하도록 유도합니다.

한번 생각해 보세요. 우리는 모두 파는 인간입니다. 직장인이라면 회사에 내 능력을 파는 것이고요. 사업을 한다면 내 제품이나 서비스를 파는 사람이지요. 인플루언서라면 나라는 브랜드를 파는 일을 하는 것이고요. "저는 집에서 가사노동을 하는데요?" 그렇다면 아이에게 내 육아 방식을 판다고 바라볼 수 있고, 가사에서 무언가를 함께 결정할 때 파트너에게 내 의견을 판다고도 바라볼 수 있습니다. 그것도 아주 잘 팔아야지요.

예를 들어 한 부부가 이번 여름 휴가에 여행을 가느냐 마느냐로 갈등을 겪고 있습니다. 아내는 평소 시간을 맞추기가 어려우니, 이번처럼 서로 시간이 맞을 때 여행을 떠나자는 입장입니다. 남편은 이번 여름만큼은 집에서 아무것도 하지 않고 쉬고 싶다는 입장입니다. 아내는 당신이야 집에서 쉬지 나는 집에서 절대 쉴 수가 없다고 화를 냅니다. 남편은 왜 그걸로 화를 내냐며 맞받아칩니다. 싸움이 시작됩니다.

이때 아내는 자신의 제안을 '팔기'로 마음먹습니다. 서로 화가 나 있을 때는 연필 한 자루도 팔 수 없으니 잠시 시간을 둡니다. 어느 정도 감정이 가라앉은 뒤에 남편에게 말을 겁니다. 이번 휴가철에 여행을 가고 싶지 않은 이유 중 집에서 쉬고 싶은 것 말고 다른 이유가 있냐고 묻습니다. 남편은 사실 요즘 업계가 힘들어서 보너스가 나올 것 같지도 않은데 이런 마당에 신나게 여행을 계획할 시간은커녕 마음도 안 생긴다고 합니다. 아내는 그렇다고 집에 틀어박혀 있으면 경제가 살아나냐는 말이 목구멍까지 차오릅니다.

그래도 초연히 '파는 사람'의 아이덴티티를 유지합니다. 아내는 요즘 업계가 힘들어서 남편의 마음도 힘들겠다는 위로로 시작합니다. 그리고 잠깐 정적을 유지합니다. 이번에는 내가 여행 계획을 다 짜고 비용을 부담할 테니 남편의 기분 전환을 제대로 시켜주고 싶다고 말합니다. 그리고 가고 싶은 여행지의 영상을 보여줍니다. 남편의 마음이 조금 흔들립니다. 그래도 아내 혼자 비용을 다 부담시키기는 미안하니 자기는 예산을 얼마 준비하면 되느냐고 묻습니다. 아내는 함께 여행을 떠나자는 제안을 남편에게 파는 데 성공한 것입니다.

친구에게 영화를 추천하거나 읽은 책에 대해 이야기할 때도 우리의 견해와 감상을 '파는' 것입니다. 직장에서 프로젝트를 제안하거나 아이디어를 공유할 때도 우리는 그것들을 '팔아야' 합니다. 심지어 면접에서도 자기 능력과 경험을 잠재적 고용주에게 '팝니다'. 그것도 설득력 있게 팔아야 하지요. 우리는 일상의 많은 부분에서 우리도 모르게 판매라는 행위를 합니다. 우리는 모두 파는 사람이라는 명제가 이해가 되셨으리라 믿습니다.

## ⤵ 명제② 글이 가장 효율적인 판매 수단이다

우리는 여러 가지 방법으로 판매를 합니다. 대화를 통해서 팔수도 있고요. 프레젠테이션을 할 수도 있고요. 타인이 먼저 사고 싶다고 말하도록 내가 팔고자 하는 제품을 사용하는 모습을 보여줄수도 있습니다. 그리고 글로 팔 수도 있습니다.

우리가 파는 일을 할 때 가장 간편하고도 공식적인 표현 방법은 글이라고 주장해 봅니다. 수많은 방법 중 글은 가장 효율적인 수단입니다. 취직을 할 때도 회사에 문 두드리고 찾아가는 것보다 이력서와 자기소개서라는 글을 통해 구직 의사를 전달하는 것이 가장효율적이며 공식적인 방법이죠. 제품을 팔 때도 한 집 한 집 문을 두드리며 방문 판매를 하는 것에 비해, 전단지에 글을 쓰고 최대한 많은 곳에 붙이는 것이 더 효율적이지요. 무엇이 더 효율적인가를 생각해 보면 됩니다. 영상을 만들어 무언가를 팔 수도 있는데요. 영상이 글보다 더 수고가 많이 드는 일임은 자명합니다.

저는 말을 잘 못합니다. 조금이라도 긴장하면 어버버하고 심하게 긴장하면 갑자기 눈앞이 까매지면서 말문이 막힙니다. 하지만 글은 실시간이 아니기 때문에 현장에서 어버버할 일은 없지요. 또한 시간을 들여 정리한 만큼 전달력도 높습니다. 그리고 말처럼 휘발되지 않기 때문에 한 번 써두면 매번 똑같은 글을 쓸 필요가 없습니다. 타인과 시간을 맞춰 대면할 필요도 없습니다. 글은 판매자 입장에서 제일 편한 수단이기도 합니다.

구매자 입장에서는요? 구매자 입장에서는 글이 편할 수도 불편할 수도 있겠습니다. 구매 전에 전화를 해서 글로 이미 적혀 있는 부분을 육성으로 들어야만 이해하는 사람도 있습니다. 저는 실시간으로 제게 파는 물건에 대한 설명을 듣고 그 자리에서 구매를 결정하는 것보다 글로 된 자료를 받고 시간을 묵혀 고민하는 것을 선호합니다. 하지만 어떻게 설득을 했든 구매 직전에는 계약서와 같은 글을 남겨두는 편이 판매자에게도 구매자에게도 좋습니다. 이건 동의하시죠?

그렇다면 파는 글에는 어떤 종류가 있을까요? 우선 글을 업으로 삼는 것 혹은 업으로 쓴 글을 파는 것에 대한 이야기가 펼쳐질 거라 기대하셨다면 잘못 찾아오셨습니다. 예컨대 종이책이랄지 칼럼이랄지 하는 종류의 글이요. 이 책에서는 어떤 회사와의 계약에 의해 글을 쓰고 파는 행위는 제외합니다.

팔리는 글 중 가장 쉽게 떠오르는 것이 상세 페이지입니다. 그래서인지 상세 페이지를 잘 적는 방법에 대한 강의도 쉽게 찾아볼 수 있습니다. 상세 페이지를 대필해 준다는 서비스도 많습니다. 상세 페이지는 판매에 중심이 되는 글입니다. 글이 돈이 된 첫 사례에서 보여드린 과외 구인 글 또한 상세 페이지라고 볼 수 있습니다. 온라인상에서 제품을 팔거나 재능을 파는 일 모두 상세 페이지와 성격이 같습니다.

하지만 상세 페이지만이 팔리는 글은 아닙니다. 상세 페이지까지 고객을 데려오기 위한 마케팅 카피를 작성할 때도 글이 쓰이고요. 고객이 상세 페이지에 설득되어 제품을 구매한 이후 읽는 모든 글도 파는 글로 봐야 합니다. 그 글로 고객의 마음을 제대로 사서 다음 구매를 유도하는 것까지가 판매의 한 사이클입니다. 시선을 넓게 가지고 보면 온라인 판매에서 글의 쓰임새가 미치지 않는 곳을 찾기 어려울 정도입니다.

상세 페이지라는 형태를 가지지 않고도 판매는 이루어질 수 있습니다. 내 가치를 파는 것은 이력서나 자기소개서라는 포맷 안에서 정리될 때도 있고요. 제안을 팔 때는 제안서라는 포맷 안에 글이 놓이는 경우도 있습니다. 물론 이력서나 자기소개서 대신 면접을 통해서 내 가치를 팔 수도 있고요. 제안서라는 포맷 대신 프레젠테이션을 할 수도 있습니다.

하지만 면접이나 프레젠테이션을 할 기회를 얻을 때 글이 쓰이지 않는 경우는 찾기 어렵습니다. 면접 일정을 조율하는 것도 마지막 단계는 문자 메시지나 이메일로 정리되니까요. 파는 과정에서 글을 빼놓고 얘기하기 어려울 뿐더러 글이 가장 효율적인 수단입니다.

# ↳ 명제③ 팔리는 글은 'ABCD 구조'를 갖췄다

판매를 목적으로 한 글은 어떤 구조를 갖추고 있습니다. 저는 이를 'ABCD 구조'라고 명명합니다. 이 구조에 대한 내용은 차차 풀어나갈 부분이니 여기서는 팔리는 글은 어떤 구조를 갖췄구나 정도로 이해하시면 충분합니다. 결국은 이 구조에 대해서 말하고 싶었던 겁니다. 단순히 상세 페이지를 잘 쓰는 방법에 대해서 말하면 일이 더 쉬워질 텐데요. 누가 봐도 잘 작성한 상세 페이지의 제품이 안 팔리는 것에 대해 설명하다 보니 이 구조 이야기까지 온 것입니다.

어떤 목표를 정하면 그것을 빨리 이룰 수 있는 지름길을 찾아보기 마련입니다. 살을 빼고 싶을 때는 빠르고 쉽게 다이어트를 할 수 있는 방법을 찾죠. 원푸드 다이어트가 좋다느니, 방탄 커피가 좋다느니 하는 말들에 휩쓸리고요. 방탄 커피를 만드는 데 MCT 오일이 몇 스푼 들어가야 가장 효과적인지 토론이 벌어지기도 합니다. 하지만 한 스푼이니 두 스푼이니 하는 디테일은 별 의미가 없다고 생각합니다. 다이어트의 가장 좋은 방법은 덜 먹고 더 운동하는 것입니다. 이것뿐입니다.

사실이 너무 단순하다 보니 사람들은 알면서도 외면합니다. 그리고 조금 더 복잡한 방법론을 찾아 신격화하고 그것에 중독됩니다. 이 과정에서 다이어트라는 본질적인 목표는 오히려 뒷전이 됩니다. 운동을 하는 노력보다 새로운 다이어트 방법을 찾는 노력이 더 쉽기 때문에 후자를 선택하는 것이고요. 믿고 싶지 않으시겠지만 헬스장에 가면 몸이 좋은 사람이 대부분입니다. 그들은 단순한 사실을 믿고 실천한 사람들입니다.

사실 잘 파는 것도 단순화할 수 있습니다. 이윤이 높은 것을 팔고, 구매 경험이 있는 고객에게 계속 팔면 됩니다. 100원이 남는 장사는 1만 개를 팔아도 총 100만 원을 남깁니다. 하지만 10만 원이 남는 걸 팔면 10개만 팔아도 총 100만 원이 남습니다. 이런 고부가가치 상품은 흔하지 않습니다. 명품, 전자제품, 가구, 소프트웨어, 강의 및 컨설팅, 부동산 정도가 있을까요? 그중에서 크게 초기 비용을 투자하지 않아도 되면서 일반인이 가장 접근하기 쉬운 것이 강의나 컨설팅입니다. 이를 묶어 책이나 동영상으로 만들어두면 한 번 수고를 들인 것으로 지속적으로 매출을 낼 수 있으니 너도나도 강의 부업에 뛰어듭니다. 물론 이 부업으로 수익이 자동화에 가까워질 수는 있으나 완벽한 것은 아닙니다. 계속 팔리려면 내용을 주기적으로 개선해야 하고, 경쟁자가 많은 시장인 만큼 차별화된 내용을 꾸준히 개발해야 살아남을 수 있습니다. 이건 어느 분야나 마찬가지입니다. 부동산도 인테리어 하나 안 바꾸고 10년, 20년 넘게 살아남을 수 없으니까요.

또 하나 간과하는 사실이 있습니다. 한 번 팔았던 사람에게 계속 팔아야 한다는 것입니다. 한탕 치고 빠지는 일회성 사업을 할 것이 아니라면요. 새로운 고객을 모객하는 것보다 이미 내 고객인 사람의 충성도를 높이는 것이 판매의 정석입니다. 우리는 이 단순한 사실을 자꾸 망각하고 새로운 고객을 찾아 떠납니다. 결제 직전까지는 간이고 쓸개고 다 빼줄 것처럼 하다가, 결제만 했다 하면 태도가 바뀝니다.

결제 직전까지만 전화가 미친 듯이 오는 업체를 지켜보면 결제 이후에는 연락이 잘 안 됩니다. 저는 속으로 이 업체가 그리 오래가지 않겠다고 생각합니다. 그들은 또 미친 듯이 다른 고객을 찾아 전화할 것입니다. 하지만 제가 이 서비스에 만족해서 계속 연장하고, 제 사돈에 팔촌까지 소개해 주는 편이 빠르고 확실한 신규 고객 유치 방법입니다. 당연한 얘기 아닌가요?

이 당연함이 몸에 배어 있지 않기 때문에 우리는 또 똑같은 실수를 저지릅니다. 예컨대 제게 밑도 끝도 없이 어떻게 하면 마케팅을 잘할 수 있느냐고 물어봅니다. 마케팅 자동화 툴을 뭘 쓰냐, 최적화를 잘해주는 대행사는 어디냐고 물어봅니다.

마케팅을 잘한다는 것을 단순화하자면 고객이 내 제품을 사도록 설득하고 또 설득해서 그들과 연결되는 과정입니다. 설득하기 위해 고객을 이해하고, 내 제품의 가치를 정의하고, 그것을 제대로 전달함으로써 고객과 관계를 맺습니다. 그리고 그 결과로 고객과 관계를 맺게 됩니다. 관계를 지속하기 위해 시장 상황과 고객의 기대에 맞춰 반응하고 전략을 조정합니다. 즉 '마케팅을 잘한다'는 것은 언급된 모든 요소를 성공적으로 수행해 고객과의 연결을 강하게 만드는 능력입니다.

마케팅 자동화 툴을 익히고 최적화를 잘한다고 해서 마케팅 실력이 오르진 않습니다. 특히 자동화 툴을 잘 다루는 것과 마케팅 실력은 상관관계가 전혀 없다고 봐도 무방합니다.

비슷한 맥락으로는 어떻게 주식 투자를 잘할 수 있냐고 물어보면서 종목을 추천해 달라거나, 자산을 잘 관리해 줄 수 있는 증권투자신탁 업체를 물어보는 식입니다. 종목을 추천해 주거나 투자신탁 업체를 소개시켜 준다고 해서 그의 주식 투자 실력이 향상되는 것은 아닙니다. 사실 그도 주식을 잘하고 싶은 것이 아닙니다. 단순히 돈을 많이 벌고 싶을 뿐이에요.

팔리는 글을 쓰는 것도 마찬가지입니다. 잘 팔리기 위해 필요한 모든 요소들이 성공적으로 수행될 때 그 결괏값으로 판매가 잘 이루어지는 것이고, 글은 그 과정에서 다양하게 쓰일 수 있는 도구일 뿐입니다. 단순히 상세 페이지만 잘 적어서 되는 것도 아니고, 마케팅 카피를 잘 뽑는다고 되는 것도 아니며, 상냥하게 고객과 채팅한다고 되는 것도 아닙니다.

글쓰기로 무엇이든 팔 수 있는 어떤 구조가 있음을 이해하면 됩니다. 그것이 너무 당연해서 받아들이는 데 거부감이 들 수 있습니다. '또 다른 획기적인 방법이 있는 건 아닐까?' 하고 기웃거리게 될지도 모릅니다. 하지만 그때마다 헬스장에서 PT를 받는, 몸이 좋은 사람들을 떠올려 보세요. 사실을 있는 그대로 믿고, 묵묵히 그것을

이행하는 사람이 이 책을 읽길 바랍니다. 뼈를 좀 때리자면 최적화
니 하는 것들은 이미 이 기본을 너무 잘하고 있으며 마케팅 예산이
많은 조직에게나 쓸모 있는 것입니다.

# 첫 문장을 쉽게 쓰는
# 4가지 치트키

"막상 첫 문장을 못 적겠어요." 시선을 사로잡는 첫 문장을 작성하는 일은 많은 작가가 겪는 공통적인 어려움입니다. 그래서 서론이 불필요하게 길고 복잡해지는 경우도 많습니다.

우리는 말을 시작하기 전에 서론이 길어지기 쉽습니다. 서론을 깔고 본론으로 들어가야 매끄럽다고 생각해 서론에 열과 성을 다합니다. 하지만 첫 문단을 삭제한 후 두 번째 문단부터 시작해도 무리가 없는 경우가 왕왕 있습니다. 마지막 단락 또한 마찬가지입니다. 글을 마무리할 때면 결론이 있어야 한다고, 그게 아니면 요약이라도 해야 한다고, 멋들어진 끝을 만들어야 한다고 생각합니다. 이 부담감은 마지막 단락에서 여지없이 드러납니다. 마지막 문장 역시 없어도 그만인 경우가 많습니다. 앞선 문장에서 끝냈을 때 글이 더 깔끔해지는 경우가 대부분이기 때문입니다.

이번에는 첫 문장을 시작하기 어려운 두 가지 이유와 첫 문장을 쓰는 4가지 치트키에 대해 알아보겠습니다.

## ↳ 첫 문장을 시작하기 어려운 첫 번째 이유

첫 문장을 쓰기 어려운 이유는 첫째, 주제에 관한 생각이 명확하게 정리되지 않았기 때문입니다. 당연한 얘기지만 우리는 본질을 놓치기 쉽습니다. 주제가 명확한 글은 그 자체로 시작하고 나아가는 힘이 있습니다. 전문가의 피드백이나 퇴고도 필요없습니다. 오히려 타인의 손을 거치면서 글의 힘이 퇴색되기도 합니다.

저는 어떤 글을 적기 전에 첫 문장이 당최 써지지 않는다면 내가 적고자 하는 것이 따로 있는지, 아니면 단순히 쓰기의 행위를 하고자 했던 건지 스스로에게 묻습니다. 보통 후자입니다. 언제까지 '첫 문장을 쓰는 방법'에 대해서 쓰기로 하고, 구체적인 내용을 구성하기보다 마감일 전까지 끝내야 한다는 마음만 앞서 있는 상태입니다.

보통 '첫 문장을 쓰는 방법'이라는 주제가 있으니까 일단 적어야 하는 거 아니냐고 생각하기 쉽습니다. 하지만 주제가 있는 것과 주제에 대한 내 생각이 있는 것은 별개입니다. 다시 한번 강조합니다. 별개입니다. 어떤 생각이 선행하고 그 생각의 결과물로 글이 나옵니다.

작가의 마음속에서 시작된 생각은 작은 불씨와 같습니다. 이 불씨는 점차 커져서 큰 불길로 번집니다. 이 과정에서 글의 본질과 주제가 조금씩 드러납니다. 저자는 자신의 아이디어를 실험하고 모양을 잡아가며 자신만의 언어로 표현합니다. 시간이 지나면서 그 작품은 성장합니다. 에디터의 수정과 개선을 거치면서 작품은 점차 완성됩니다.

하지만 우리는 글을 쓰다 보면 어떤 생각이 나오겠지, 어떤 생각이 되겠지 하고 무작정 모니터 앞에 앉습니다. 빈 화면 앞에서 한참을 고뇌합니다. 어찌어찌 써 내려간 글은, 쓰는 사람도 무슨 말을 하는지 모르고 독자는 더더욱 모릅니다. 길을 잃었기 때문입니다.

이 글을 쓸 때도 첫 문장을 쓰는 데 어려운 이유는 두 가지이며, 두 가지 이유를 모두 이해하고 나면 네 가지 축을 세워서 첫 문장을 시작할 수 있겠다는 생각이 먼저 떠올랐습니다. 이 생각까지 떠올리고 글을 써 내려갔습니다. 어떤 주제에 대한 내 생각이 뚜렷하고, 그 소재를 유창하게 설명할 수 있을 정도가 되어야 글도 유려하게 나옵니다.

## ⌐→ 핵이 담긴 글

예시를 바꿔볼까요? 아래 글은 떠올릴 때마다 힘이 되는 주 양육자의 손길에 대해 써 내려간 글입니다.

할머니의 부재를 믿을 수 없다. 몇 년이 흘렀는지 모른다. 그날이 4월 28일이었다는 사실만 기억한다. 할머니가 떠난 순간 우리 다섯 가족이 다 함께 손에 손을 맞잡고 펑펑 울었던 기억만 난다. 그 순간이 내 생애 가장 바닥이었기에. 기억이 이때로 거슬러 올라가면 0.1초 만에 땅바닥에 주저앉아 울 수 있다.

할머니의 밥상은 아직도 나를 정신적으로 먹여 키운다. 뚱뚱한 텔레비전 앞에 밥상을 펴놓고 아침을 먹으면 간식이 올라왔다. 간식을 먹으면 점심이 올라왔다. 점심을 먹으면 과일이 올라왔고, 다 먹고 나면 저녁 시간이었다. 할머니는 나를 먹이는 게 삶의 유일한 목적인 양 움직였다.

나는 가끔 혼자 잠들기 무서운 밤이 오면, 할머니가 옆에 있다고 생각한다. 그러면 하나도 무섭지 않다. 무신론자인 내게 할머니는 신보다 더 강력한 존재다.

'주 양육자의 손길'이란 주제에 대해 저는 '할머니의 밥상'을 떠올렸고 단숨에 글을 써 내려갔습니다. '어떻게 첫 문장을 적지?'라는 질문은 떠오르지도 않았습니다. 퇴고조차 하지 않았습니다. 하고 자 하는 말이 명확했기 때문입니다. '할머니의 밥상은 떠올릴 때마다 힘이 되는 손길이다'가 제가 하고자 했던 말의 핵심이었습니다.

하고자 하는 말을 기준점으로 삼고요. 기준점에서 한 문장으로, 한 문장에서 한 문단으로 확장하며 글을 쓸 수 있습니다. 기준점이 되었던 "할머니의 밥상을 떠올릴 때마다 힘이 난다"라는 문장에서 어떻게 확장해 나갔는지 첫 번째 문단만 다시 살펴봅시다.

할머니의 밥상을 떠올릴 때마다 힘이 난다 → 지금 할머니는 안 계신다 → 할머니의 부재를 믿을 수 없다 → 몇 년이 흘렀는지도 모르겠다 → 하지만 할머니가 내 삶에서 없어진 날이 4월 28일임은 기억한다 → 그날 우리 가족이 손을 잡고 울었던 것 정도만을 기억한다 → 지금 도 그 생각만 하면 슬프다 → 슬퍼서 0.1초 만에도 운다 → 땅바닥에서 도 울 수 있다

어떤 주제에 대해 내 생각이 또렷이 있는 글은 단숨에 써내려갈 수 있습니다. 저는 이런 글을 핵이 담긴 글이라 말합니다. 핵이 담긴 글은 말로 전할 때보다 내가 말하고자 하는 바를 더 정확히 표현할 수 있습니다.

# ⌐→ 첫 문장을 시작하기 어려운 두 번째 이유

첫 문장을 적기 어려운 두 번째 이유는 처음 쓴 첫 번째 문장이 그대로 첫 문장이 될 것이라 생각하기 때문입니다. 우리는 더 이상 원고지에 글을 쓰는 시대가 아니라, 키보드의 'delete' 키 몇 번으로 문장을 쉽게 삭제할 수 있는 시대에 살고 있는데요. 무의식적으로 첫 문장은 바뀌지 않을 거라고 착각을 합니다.

게다가 첫 문장의 조건은 뭐가 그리 까다로운지요. 첫 문장이니까 좀 멋져야 하고, 독자의 시선을 단번에 사로잡아야 하고, 주장이 명확해야 하고, 첫 문장만 보고도 다음 문장을 가늠할 수 있어야 한다는 높은 기준을 충족시켜야 합니다. 이 수많은 요소를 동시에 고민하니 어려울 수밖에요. 그런 문장으로 글을 시작한다는 건 거의 불가능에 가깝습니다. 전업 작가가 아니고서야요. 작가를 업으로 하는 저도 첫 문장부터 그런 요소를 모두 고려해 대단한 문장을 꺼내기란 어렵습니다.

이 착각 속에서 우리는 부담을 느낍니다. 저도 언젠가 글을 쓰는 일을 자꾸만 미루던 적이 있었습니다. 알고 보니 부담감이 마음에 한가득 자리 잡고 있었습니다. 이제 내가 글을 업으로 삼고 살아야 하니 그냥 쓸 수 없다, 잘 써야 한다는 부담 말입니다. 그러니 시작을 못 했던 것입니다. 부담감을 덜고자 글을 쓰는 행위를 두 가지로 나눴습니다. 하루는 글을 쓰고 하루는 글을 고쳤습니다. 글을 쓰는 날에는 쓰기만 합니다. 고칠 생각은 안 합니다. 뱉는 행위만 하는 것입니다. 다음 날 고칠 것이라 생각하며 마구 뱉습니다. 뱉는 수준이니 멋지지 않은 게 당연하고, 멋질 필요도 없습니다. 글을 고치는 날에는 이미 쓴 글을 다시 조합하고 버릴 건 버리고 덧붙일 건 덧붙이는 작업만 합니다. 이날이 되어서야 멋진 글에 대해서 생각하는 겁니다.

100명의 청중을 상대로 프레젠테이션을 한다고 생각해 보세요. 어떤 전문가도 아무런 준비 없이 무대에 올라가서 유려하게 PT를 할 순 없을 겁니다. 어떤 내용으로 프레젠테이션을 할 건지 주제를 정하고, 주제에 대한 생각을 정리하고, 생각의 꼭지를 정리한 PPT를 만들고, 무대에 서기까지 여러 번의 리허설을 거쳤을 것입니다.

글도 마찬가지입니다. 프레젠테이션은 앞선 준비 단계가 다 있어야 한다고 생각하면서요. 왜 글은 준비 단계 없이 바로 결과물에 가까운 퀄리티를, 쓰는 동시에 갖추어야 한다고 생각할까요? 글도 주제를 정하고, 그 주제에 대한 생각을 충분히 하고요. 그 생각의 꼭지를 글로 뱉어내 보고요. 세상에 내보이기 전까지 이리저리 문장과 문단을 이동해 가며 조합하는 과정이 필요합니다. 그러면서 첫 문장을 마지막 단계에서야 뽑아낼 수도 있는 것입니다.

첫 문장에 대한 부담을 내려놓고, 일필휘지로 유려한 문장을 쓸 수 있다는 착각에서 벗어나야 합니다. 지금 당장 내가 쓸 수 있는 문장으로 시작해야 합니다. 보통 서론보다 본론이 쓰기 쉽습니다. 좋습니다. 그렇게 본론을 다 적고 나서, 내가 쓴 문장 중 가장 강력한 문장을 첫 문장으로 올려 서론을 구성하는 것도 한 방법입니다.


## ⟶ 첫 문장을 뽑아내는 4가지 치트키

첫 문장을 뽑아내는 4가지 치트키는 무엇일까요?

### 1. 타인에게 내 글을 설명할 때 처음 뱉는 말이 곧 내 글의 첫 문장이 될 수 있다

제가 자주 써먹는 강력한 첫 번째 치트키입니다. 실컷 글을 써놓고 친구에게 보여주면 그는 고개를 갸우뚱합니다. 좀 더 설명이 필요하다는 신호입니다. 그럴 때 "아, 이게 무슨 말이냐면…"이라고 말한다면 글의 서두를 무조건 엎어야 합니다. 그리고 "이게 무슨 말이냐면…" 뒤에 나오는 문장이 내 글의 첫 문장이 되어야 합니다. 예를 들어 저는 "필명을 다각화해야 한다"라는 첫 문장으로 글을 시작했습니다. 친구에게 보여줬더니 "필명이 뭐야? 다각화는 또 뭐고?"라고 합니다. 그제야 제 실수를 깨닫습니다.

"아니, 필명을 몰라? 다각화를 몰라? 필명은 쓰는 사람의 이름이고,

다각화는 여러 분야로 넓히는 거. 대충 뭔지 감이 오지 않아? 쓰는 사람을 다양하게 해도 된다고."

"음… 쓰는 사람? 그게 무슨 말이야?"

"아니, 글을 쓰는 사람이 있을 거 아니야? 그 글을 쓰는 사람의 아이덴티티가 있잖아. 그걸 꼭 한 사람으로 정해서 글을 쓸 필요가 없고, 글의 주제에 맞게 그 사람의 아이덴티티를 바꿔도 된다고."

"아, 글을 쓰는 사람의 정체성을 글의 종류에 맞게 바꿀 수 있다고?"

"응, 정체성. 그래, 정체성."


"필명을 다각화해야 한다"라는 첫 문장은 "쓰는 사람의 정체성은 매번 바뀌어도 된다"라고 수정되엇습니다. 쓰는 입장과 읽는 입장의 거리는 이렇게나 멉니다. 거리를 좁히는 도구로 사용되어야 하는 글이 오히려 거리를 늘릴 때도 많습니다.

글을 쓸 때마다 매번 이렇게 타인의 도움을 빌려야 하는 건 아니고요. 연습하다 보면, 혼자서도 비슷한 시뮬레이션이 가능합니다. 이 글을 내가 아닌 엄마가 읽는다면? 지금 이 문장을 엄마가 단번에 이해할 수 있을까? 스스로 객관화해 볼 수 있다는 겁니다.

## 2. 대담한 사실이나 선언으로 시작하라

이 접근 방식은 파는 글뿐만 아니라 설득을 위한 에세이나 논쟁적인 글에도 적합합니다. 예를 들어 기후 변화에 관해 글을 쓴다면 "지구 평균 온도가 산업화 이전보다 1.15도가 올랐습니다"로 시작할 수 있습니다. 하지만 저는 잘 와닿지 않습니다. 1.15도가 상승하는 게 지금 당장 내게 어떤 영향을 미치는지 모르겠습니다. "올해도 사상 최악의 더위입니다. 하지만 남은 우리 인생에서 올해가 가장 시원할 것입니다." "이대로 가면 2100년에 부산이 바다에 잠길 것입니다"와 같이 대담한 사실로 시작하되, 당장 자신에게 와닿을 수 있는 내용이면 좋습니다.

철학자 강신주는 대뜸 자신은 생텍쥐페리를 싫어한다고 선언합니다. 순간 미간이 찌푸려집니다. 감정이 먼저 치고 올라옵니다. '어떻게 그럴 수 있어? 생텍쥐페리는 무려 《어린 왕자》를 쓴 작가인데? 그를 어떻게 싫어할 수가 있지?' 하며 그의 이야기에 귀를 기울일 준비를 합니다.

생텍쥐페리는 《바람과 모래와 별들》에서 "사랑은 서로 마주 보는 것이 아니라 둘이 같은 방향을 바라보는 것"이라 말합니다.4 강신주는 이를 부정합니다. 사랑하는 사람끼리는 마주 보고 서로 만져야 한다는 것입니다. 이를 뒷받침할 근거를 불교 철학에서 가져옵니다. 그의 근거를 듣고 보니 고개가 끄덕여집니다. 역시 강신주라는 생각이 뇌를 칩니다. 유명한 작가가 한 말이니 다 진리일 거라는 맹목적인 믿음을 깨부수는 말입니다. "맞아, 작가가 말했다고 다 진리인가? 유명한 사람이 말한다고 다 진리인가?" 이 질문까지 왔다는 것은 그의 말을 끝까지 들었다는 겁니다. 대담한 선언으로 시작할 때의 힘입니다.

### 3. 생각을 자극하는 질문으로 시작하라

저는 한 요가 수업의 시작을 열었던 질문을 아직도 기억합니다. 선생님은 "지금 이 요가하는 자리에 오게 만든 사람을 생각해 볼까요?"라는 질문으로 수업을 시작했습니다. 이 질문이 있고 없고에 따라 수업을 듣는 수강생의 마음가짐은 차원이 달라집니다. 저는 순간 요가를 끝나고 해야 할 일, 사물함 안 핸드폰에서 일어나고 있는 일에서 제 주의를 거두었습니다. 그리고 제 내면으로 주의를 옮겼습니다. 나는 왜 이 자리에 와서 앉아 있는가? 이 자리에 오기까지 누가 기여했는가?

내 안으로 주의가 집중되니 내 앞에 있는 선생님도 또렷이 보였습니다. 수업에 빨려들듯 집중하게 된 것은 당연한 수순입니다. 주제와 관련된 질문으로 시작을 열어보세요. 단, 질문이 너무 광범위하거나 너무 구체적이진 않은지 확인하세요. 나아가 질문이 독자의 상황에 맞으면 더욱 좋습니다.

예를 들어 우리가 식사를 하러 모였다고 생각합시다. 이때 인사말로 질문을 합니다. "우리 앞에 놓인 한 끼 식사를 위해 몇 명이 수고했을까요?" 이 질문은 생각을 자극합니다. 지금 '내가' 먹을 참인

이 식사를 위해 몇 명이 수고를 했을까?

하지만 이 질문이 너무 광범위해질 수도, 또 너무 구체적일 수도 있습니다. 이런 경우를 경계해야 합니다.

### 1. 광범위한 예

전 세계에서 식료품의 생산과 유통, 판매에 관여하는 사람들의 총 인원은 얼마나 될까요?

### 2. 구체적인 예

이 반찬을 만들며 야채를 썬 사람은 몇 명일까요?

앞서 말한 예문이었던 "우리 앞에 놓인 한 끼 식사를 위해 몇 명이 수고했을까요?"라는 질문으로 시작하는 글을 읽어보며, 질문으로 시작하는 글의 힘을 느껴봅시다.

"우리 앞에 놓인 한 끼 식사를 위해 몇 명이 수고했을까요?" 스님이 물었다. 기껏해야 10명 정도겠지 생각했다. 처음 대답한 사람이 100명이라 말하자 나는 뜨끔 놀랐다. 다음 사람이 50명이라고 그랬고, 그 옆 사람이 10명이라고 했을 때 비로소 속으로 고개를 끄덕였다. 스님이 밥을 담는 그릇도, 참기름의 기름 한 방울도 생각한 인원수냐고 되물었다. 마지막으로 한 끼 식사를 위해 전 인류가 조금씩 기여했다는 대답을 들었다.

## 4. 개인적인 이야기를 공유하라

이야기는 감정적인 차원에서 독자와 연결되는 강력한 힘이 있습니다. 주제와 관련된 개인적인 경험이나 일화를 공유하세요. 간략해도 좋습니다. 예를 들어 소설 《이방인》은 뫼르소의 독백 "오늘 엄마가 죽었다"로 시작합니다. 그가 결국 말하고자 했던 '중요한 것은 아무것도 없다'라는 명제로 시작하는 것보다 훨씬 강력합니다.

첫 문장은 고사하고 글쓰기 자체가 어렵다면 농구의 까치발을 생각해 보세요. 농구 선수를 잘 관찰해 보면 슛을 쏘기 전에 까치발을 하는데요. 발바닥을 바닥에 전부 붙인 채로 점프하는 것과 까치발 상태에서 점프하는 것은 다릅니다. 지금 당장 일어나서 해봐도 좋습니다. 다릅니다. 글쓰기에서 까치발에 해당하는 것은 지금 당장 한 줄을 적는 것입니다. 딱 한 줄만 적으면 됩니다. 몇 시간 후든 내일이든 글쓰기를 시작한다면, 그 한 줄이 까치발이 되어줄 것입니다. 빈 화면에서 시작하는 것과는 차원이 다릅니다.

첫 문장을 적었다면 그다음 문장을 잇는 건 필력 아닌가요? 필력은 바로 전두엽과 연결됩니다. 전두엽을 건드려 내 비루한 필력을 극복하는 방법을 알아봅시다.

# 다음 문장을 이어 쓰는
# 전두엽 치트키

필력은 타고나는 것일까요? 네, 맞습니다.

"필력은 타고나는 게 아니라 연습으로 만들 수 있는 거예요"라고 말하는 겸손한 손사래에 저는 눈을 흘깁니다. 죄송하지만 필력은 타고나는 겁니다. 저는 죽었다가 깨어나도, 암만 훈련을 받아도 신형철 평론가가 쓰는 문장의 발끝에도 못 따라갈 겁니다.

"우리는 왜 글을 쓰는가?"

이 질문을 먼저 하는 것이 옳은 순서일 듯합니다. 글을 쓰는 이유에 대해 미국 철학자 존 듀이는 《경험으로서 예술》이라는 책에서 글을 쓰는 목적을 네 가지로 분류합니다.[5]

**1. 소통하기 위해**

**2. 성찰하기 위해**

**3. 아름다움을 위해**

**4. 목표를 달성하기 위해**

우리는 문자와 이메일을 쓸 때 글로써 소통하고요. 일기를 쓰며 본인을 돌아보기도 합니다. 1번, 2번은 충분히 고개를 끄덕일 수 있습니다. 깊게 심호흡하고 3번과 4번을 조금 더 들여다볼게요.

소설이나 시는 3번 아름다움의 목적지를 향하는 경우가 많습니다. 소설가나 시인이 쓴 글을 읽다 보면 숨이 턱하고 막힐 정도로 '글이 이렇게 아름다울 수도 있구나' 하고 감탄하게 되는 경우가 있지요. 저는 필력이란 단어는 이들을 위해 존재한다고 느낍니다.

우리가 이 책에서 다루는 글쓰기의 목적은 4번 목표 달성에 가깝습니다. 글쓰기에 목적이 있다는 것은 《동물농장》을 쓴 소설가 조지 오웰의 주장처럼 정치적인 목적이 있다고도 해석할 수 있습니다.

갑자기 정치가 왜 나오나요? 정치란 어떤 신념이 있어서 이 신념을 남에게 설득하는 과정입니다. 내가 맛있다고 생각하는 딸기를 남도 좋아하도록 설득해 파는 것, 내가 좋아하는 영화를 남도 좋아하도록 설득하는 것, 내가 이 사람을 만나고 싶은 이유에 이 사람도 동의하도록 설득해 만나는 것. 모두 정치적인 성격을 가진, 즉 목적을 가지고 다른 사람을 설득하는 행위입니다.

이 목적을 품은 글쓰기는요. 필력을 타고난 사람이 써 내려가면 아름답기까지 할 텐데요. 아름다움 자체를 목적을 달성하는 것과 동일시할 필요는 없습니다. 아름다우면 더 좋을 뿐이죠. 많은 경우 목표를 위한 글쓰기를 하면서 아름다움을 위한 글쓰기를 해야 할 것 같다는 부담을 느끼는 것 같습니다. 그래서 첫 문장을 쓰기가 어렵기도 하고요.

그래서 저는 4번 목표를 달성하기 위한 글에 90퍼센트 관심을 두고 이 책을 전개해 나갈 거고요. 10퍼센트의 아름다움을 위해 노력이라도 해보는 것을 목표로 삼고 싶습니다.

좀 아쉬운가요? 아직 실망하긴 이릅니다. 우리가 절대적으로 필력을 가진 자를 극복하는 방법이 있거든요. 무엇일까요?

바로 전두엽을 자극하는 것입니다.


## ⌐→ 인간과 침팬지의 전두엽은 무엇이 다를까

먼저 침팬지 이야기부터 하겠습니다. 저는 어렸을 때부터 인간을 동물과 구분 짓는 기준이 뭔지 궁금했습니다. 침팬지가 사람 유전자와 98퍼센트나 가깝다는데, 고작 2퍼센트 때문에 누군가는 침팬지가 되고 누군가는 사람이 될 수 있다니요. 이 2퍼센트에는 인간이 손가락, 발가락, 발목을 보다 민첩하게 움직인다는 차이와 뇌 크기 및 발달의 차이가 포함되는데요. 인간의 뇌 무게가 약 1400그램, 침팬지는 500그램이고요. 뇌 발달 부문에서는 바로 전두엽이 다릅니다.

전두엽은 대뇌 앞쪽의 영역으로 인간의 뇌에서 무시할 수 없는 큰 부분을 차지하고 있습니다. 침팬지는 전두엽이 뇌의 17퍼센트를 차지하는데 인간은 30퍼센트 이상을 차지하거든요. 참고로 고양이의 뇌에서는 3퍼센트, 개미의 경우 2퍼센트를 차지합니다.

그럼 인간을 인간답게 만드는 전두엽은 어떤 역할을 할까요? 전두엽은 미래를 계획하고 예측하기도 하고요. 현재의 문제를 과거에 비추어 해결하기도 합니다. 알파고를 이기려고 덤비는 인간만의 독특한 창의성도 바로 전두엽이 하는 일입니다. 전두엽의 다양한 기능 중에서도 아주 특별한 인지 능력을 언급하고 싶습니다. 그것은 바로 강한 것이 약한 것을 끌어당기는 능력입니다.

학창 시절에 자석으로 철가루를 끌어당기며 놀던 기억을 떠올려보세요. 자석의 강력한 자기장이 상대적으로 자기장이 약한 철가루를 끌어들였던 장면을요. 예를 들어 전에 관심 없던 골프를 배우면요. 주변에 골프장이 보이기 시작해요. 원래 없었던 골프장이 갑자기 우후죽순 생긴 게 아니랍니다. 우리 뇌에 '골프'라는 강력한 자석이 생기면서 '골프장'을 볼 수 있는 눈이 뜨이는 것입니다.

## ↳ 글쓰기에 전두엽 활용하기

글쓰기에도 똑같이 활용할 수 있어요. 우리가 어떤 주제에 대해서 글을 써야겠다는 강한 자기장이 머리에 있으면요. 글을 더욱 풍부하게 해주는 단어와 문장의 소재를 끌어당겨요.

제가 회사 안팎에서 억대 매출을 올린 몇 개의 글에는 무조건적인 공통점이 있어요. 바로 비루한 필력을 가지고 태어난 제가 이 전두엽에 모든 걸 걸고 맡겼다는 겁니다.

필력을 극복하는 방법은 전두엽을 건드리는 방법밖에 없다고 감히 주장해 봅니다. 전두엽을 건드리는 작업은 계속 머릿속으로 질문을 던지고, 시간을 들여 묵히고, 이 던지고 묵히고 하는 과정을 반복하는 것입니다.

'나는 왜 이 화장품을 만들었지?'

'고객은 왜 수많은 화장품 중에서 이 화장품을 사야 할까?'

'우리만이 고객에게 전할 수 있는 고유한 가치가 뭘까?'

이런 질문을 계속 전두엽에 던지고요. 전두엽이 이에 대한 해답을 얻을 수 있도록 강한 자기장을 만들어주면요. 얘가 알아서 철가루를 끌어당겨요. 제 인생을 통틀은 경험 중에서 이 자석과 연관이 있으면 그 기억을 소환하고요. 평소에 있는지도 몰랐던 피부과의 간판, 써먹을 만한 업계 광고의 문구가 엄청 크게 보이기도 해요. '아, 이 콘셉트를 내 상세 페이지에 녹여봐야겠는데?' '오, 이 단어는 조합해 볼 만한데?' 전부 다 글을 써 내려가는 재료가 됩니다.

　대신 강한 자석을 만들어야 하니, 온통 이 생각만 집중하는 강렬한 몰입의 시간을 가져야 해요. 그래서 글을 쓰기 전에 참… 배가 시도 때도 없이 고파서 꿀꿀이가 되었는데요. 아니, 얘는 아무것도 안 하고 누워 있는 것 같은데 왜 자꾸 배가 고프다는 거야 하는 말을 참 많이 들었어요. 정말 억울해요. 뇌가 일을 많이 해서 그런 겁니다.


## ⤷ 전두엽 건드리기 기초

　강한 자석을 만드는 다른 예로 코비 브라이언트라는 유명한 농구선수는요. 일상에서 마주치는 모든 것들을 다 농구로 생각했대요. 그의 전두엽에는 오직 농구밖에 없었어요. 길가의 가로등을 봐도 이 가로등을 넘기게 공을 던지려면 어떤 포즈를 취해야 하나 생각했습니다. 그의 죽음에 애도를 표하며, 코비가 세상에 남긴 말을 나누고 싶습니다.

Once you know what it is in life that you want to do, then the world basically becomes your library. Everything you view, you can view from that perspective, which makes everything a learning asset for you.

인생에서 하고 싶은 일이 무엇인지 알게 되면 세상은 기본적으로 여러분의 도서관이 됩니다. 모든 것을 그러한 관점에서 바라볼 수 있으므로 모든 것이 학습 자산이 됩니다.


이 몰입의 경지에 있는 사람은 그 어떤 신적인 재능도 이기기 어렵습니다. 그래서 우리가 아름다운 문장을 적기에는 필력이 비루할지라도요. "와, 글을 어쩜 이렇게 적니?" 하는 코멘트를 듣는 글을 쓸 수 있습니다. 그 시작은 전두엽을 건드리는 것이고요.

충분한 몰입의 재료를 넣어줬나요? 자, 눈을 감아보세요. 눈동자를 움직일 수 있을 거예요. 눈 감은 채로 전두엽을 바라보듯 눈동자를 움직여 봅니다. 전두엽이 경이로운 글쓰기를 대신 해줄 거예요.


## ↳ 전두엽 건드리기 심화

"이 글 쓰는 데 대체 얼마나 걸렸어요?"라는 질문에 저는 "30분인가 1시간인가…"라고 말을 흐립니다. 마치 일을 안 한 것 같잖아요. 실제로 손으로 글을 쓰는 데는 얼마 안 걸려요. 그전에는 머리로 쓰고 있던 거라 그렇습니다. 이게 무슨 말인가 싶을 텐데요. 머리로 썼다는 말은 곧 사전에 전두엽을 계속해서 건드리는 작업을 하고 있었다는 의미입니다.

　오늘이 1월 1일이고요. 제가 이 책을 파는 목적의 글을 1월 12일까지 써야 한다고 칩시다. 그럼 저는 1월 10일까지 책상 앞에 앉지 않습니다. 계속 누워 있고, 드라이브를 하고, 걷습니다. 1월 10일까지 전두엽을 계속 건드리는 거예요. 그리고 1월 10일에 1시간 정도 시간을 내서 글을 쓰고요. 12일까지 부단히 고치는 작업을 합니다.

　전두엽이 잘 건드려지는 때는요. 샤워할 때, 잠들기 직전일 때, 걸을 때, 운전할 때, 눈을 감고 음악을 들으며 명상할 때입니다. 앞으로 이 전두엽을 자극하는 글의 구조와 제가 겪어본 크고 작은 예시를 들어드릴 거예요. 이를 재료로 삼아 반드시 본인의 상황에 대입해 실행해 보기 바랍니다. 그것이 온라인에서 글을 파는 사람의 자세이자 자태입니다. '이 책을 읽지 않았으면 하는 사람들'에서 의지와 실행력의 떠먹임은 없을 거라고 했던 것 같은데 글을 쓰는 태도부터 떠먹여 드리고 있네. 반성합니다.

## ↳ 전두엽을 건드리는 음악

　음악을 들으면서 명상할 때, 특히 전두엽이 잘 건드려진다고 했는데요. 여기에는 뇌과학적 원리가 숨어 있습니다. 명상을 하면 우리의 정신 상태가 산만함에서 벗어나 고요히, 몰입 상태로 전환될 뿐만 아니라요. 실제로 뇌파가 달라집니다. 이 몰입의 상태를 더 빠르게 끌어내는 방법 중 하나가 바로 몰입 상태와 비슷한 주파수의 음악을 듣는 것입니다.

우리의 뇌파는 상황에 따라 다양하게 변화하며, 주파수에 따라 베타($\beta$)파, 알파($\alpha$)파, 세타($\theta$)파, 델타($\delta$)파로 구분합니다.

**1. 베타파(13헤르츠 이상)**

**일상에서 의식적으로 무언가를 생각하는 상태의 뇌파**

**2. 알파파(8~13헤르츠)**

**고요한 휴식과 관련된, 창조적이고 상상력이 풍부한 상태의 뇌파**

**3. 세타파(4~8헤르츠)**

**깊은 통찰력을 경험할 수 있는 잠과 각성 사이의 몽롱한 명상 상태의 뇌파**

**4. 델타파(0.5~4헤르츠)**

**깊은 잠에 빠졌을 때 보이는 가장 낮은 단계의 뇌파**

우리는 일상에서 보통 베타파의 주파수에 머무르고요. 지구의 주파수는 세타파에 가까운 7.84헤르츠$^{Hz}$ 정도입니다. 베타파에서 알파파를 거쳐 세타파로 이동할 때 우리는 마치 대지의 품 안에 있는 듯한 편안한 주파수를 느끼게 됩니다. 이렇게 주파수가 달라지며 세타파에 이르는 행위를 명상이라고 볼 수도 있습니다. 오랫동안 명상을 수행한 사람은 자신이 원할 때 즉시 세타파에 닿는다고 합니다.

놀라지 마세요. 뇌파의 주파수를 몰입 상태로 맞춰주는 음악을 깜짝 선물합니다. QR코드를 카메라로 찍어 음악을 재생해 보세요.

이 음악은 10분 동안 주파수를 지속적으로 변화시킵니다. 시작할 때 1분은 뇌의 활발한 정신 활동과 연관된 베타파, 그다음 4분은 휴식 상태의 알파파, 그리고 마지막 5분 동안은 깊은 통찰력을 경험할 수 있는 세타파에 머무릅니다. 예를 들어 세타파는 1초에 7번 진동하는 7헤르츠 주파수를 가집니다. 이런 주파수 진동을 음악에 담기 위해, 싱잉볼 같은 악기 소리를 발진기 장치에 통과시키는 방식을 사용했습니다. 이렇게 생성된 각각의 진동을 합쳐 뇌파별 주파수에 맞는 멜로디를 만들어냈습니다.

이 음악을 탄생시킨 엔터테인먼트 작곡가이자, 카이스트에서 입체 음향을 연구 중인 이든 음악 감독은 이렇게 말합니다. "청각은 감각기관 중 가장 먼저 발달하며 가장 늦게 닫히는 감각입니다. 태아 시절부터 뇌의 감각중추를 직접 자극하는 것이 청각이지요. 성인이 된 우리는 너무나 익숙해져 버린 청각이라는 감각의 존재를 다시 인지하고 적극적으로 활용할 필요가 있습니다. 몰입이라는 현시대 중대한 과제를 위해서요."

　명상할 때, 또는 일에 몰입할 때 이 음악을 들으며 전두엽을 건드려 보세요. 세타파에 닿아 평안한 몰입의 상태에서 전두엽 글쓰기를 경험해 보시길 바랍니다.

# 팔리는 글을 알아보는
# 안목 만들기

어떻게 글을 잘 쓸 수 있을까요? 꽤 많은 사람이 글쓰기를 업으로 하지 않더라도 글을 잘 쓰고 싶다는 막연한 욕구가 있더라고요. 특히 온라인에서 판매하는 사람에게 이 욕구가 더 높은 것 같아요. 오프라인에서는 살 부대끼고 수다 떨며 직접 물건을 보여주며 팔 수 있는데 온라인에서는 글쓰기에 기대야 하거든요.

이 욕구는 마치 한국인의 평생 숙제인 영어 공부와 매우 맞닿아 있는 것 같아요. 막연히 잘하고 싶다는 맥락에서요. 무언가가 막연하고, 막막하게 느껴지는 건 그 분야의 까막눈이기 때문인 경우가 많습니다.

## ↳ 안목을 키우기 위해서는?

여기서는 글을 보는 '안목'에 대해서 얘기하고 싶습니다. 무언가 잘했다, 가치 있다고 판단할 수 있는 눈이죠. 이 안목이 있으면요. 제가 직접 글을 적지 않더라도, 필력을 가진 사람과 함께 일할 때 정당한 피드백을 줄 수 있어요. 정당한 피드백을 줄 수 있는 힘은 내 능력 밖의 일을 다른 사람의 손을 빌려 해낼 수 있다는 데 있습니다.

글을 보는 안목이라니, 어렵죠? 그럼 그림을 보는 안목부터 생각해 볼까요? 내가 억 단위의 가치를 가진 그림을 직접 그릴 순 없더라도요. 가치가 높은 그림을 알아보는 눈을 가지고 싶다고 가정해 봅시다. 전시회에 가서 뭘 좀 알고서 보고 싶은데요. 막연하고 막막합니다. 네이버에 "좋은 그림을 알아보는 법"을 검색해 봅니다. 게시물 수는 적지만 지식의 양은 방대해서 시작부터 막막합니다. 유명하다는 전시회도 가보고요. 도슨트는 필수로 신청합니다. 그림의 역사를 설명해 주는 수업도 들어봅니다.

결과적으로 별 지식의 파편만 가득 얻게 됩니다. 예를 들어 그림이 얼마나 오래되었는지를 알기 위해서는 그림의 고정 방식을 확인해야 한다는 사실이요. 그림이 못으로 고정되어 있거나 못 자국이 보인다면 1940년 이전에 그려진 원본일 확률이 높고, 반면 스테이플러로 고정된 그림이면 모조품일 확률이 높은 것처럼 얕은 상식 따위 말입니다. 알면 재밌고 흥미롭습니다. 하지만 제 안목은 큰 변화를 겪지 못합니다. 흥미로운 이야깃거리는 우리의 목표가 아닙니다.

## ↳ 글쓰기의 진짜 목표를 정확히 다시 잡기

우리는 팔리는 글을 알아보는 안목을 장착해 내 사업에 적용할 거고요. 팔리는 글을 돈으로 변환할 겁니다. 그럼 결국 목적지가 팔리는 글을 수익화하는 것이 아니냐고 물어볼 수 있는데요.

이에 대한 대답으로 다른 예를 들어볼까요. 10년 만에 10억 원 저축이라는 원대한 목표를 목적지로 삼는 게 잘못된 건 결코 아니죠. 다만 달성하기 매우 어렵게 느껴지는 건 사실입니다. 10년에 10억 원을 모으려면 1년에 1억 원을 모아야 하고, 한 달에 833만 원을 모아야 합니다. 그럼 일주일에 208만 원을 모아야겠네요? 일주일에 208만 원을 저축하겠다는 목표가 내 목적지가 되면 훨씬 수월하게 목적지에 도달할 수 있습니다. (계산의 편의성을 위해 인플레이션과 이자의 개념은 고려하지 않았습니다.) 내 목적지를 일단 팔리는 글을 알아보는 안목으로 잘게 쪼개보자는 것입니다.

## ↳ 현실적인 안목의 목적지

해당 분야에 대한 안목을 높이는 데 절대적인 노출과 몰입의 경험이 필요한 건 반박할 수 없는 사실입니다. 그림을 보는 안목으로 치면 많은 그림을 보고, 그림을 직접 사고팔면서 몸으로 가치를 느껴봐야 하는 거죠. 글이라면 당연히 많은 글을 읽어야 하고, 직접 써봐야 하고, 쓴 글에 대한 피드백을 받고 다시 써봐야 합니다.

아, 그럴 시간과 여유는 없는데요? 맞습니다. 그래서 이 책을 읽고 계신 것 아니겠습니까. 고도의 안목은 위 과정을 반드시 통과해야 얻는 것이고, 이 책 한 권 읽는다고 얻어지진 않습니다. 다만 까막눈은 탈출하실 겁니다. 까막눈을 탈출하면 안목을 키우는 다른 방법에 대해서도 분별력이 생깁니다. 현실적인 목적지죠?

안목을 업으로 삼는 보석감정사 같은 직업도 있지만요. 우리의 안목은 글이 진짜인지 가짜인지, 100만 원어치 팔릴지 1억 원어치 팔릴지까지 세밀하게 맞추지 않아도 됩니다. 단순히 이 글이 팔릴 것인가, 팔리지 않을 것인가를 판단할 수 있는 안목이면 됩니다.

자, 그럼 저는 첫 단추인 '안목'의 목표를 목적지로 정하겠습니다. 우리는 이 책을 읽고 특정 글이 내용을 잘 팔지 못 팔지 알아보는 안목을 키울 수 있습니다. 이 안목을 개발하여 내가 직접 쓰는 사람이 될 수도 있고요. 쓰는 사람을 내 사업에 고용해 정당한 피드백을 줄 수도 있습니다. 팔리는 글이 이 안목 아래 적용될 때, 돈은 비로소 결괏값이 될 것입니다.

## ↳ 목적지에 도착하는 방법

그렇다면 어떻게 목적지에 도착할 수 있을까요? 양양으로 여행을 갈 때는 양양으로 내비게이션 목적지를 설정하고 집을 나서 경로를 설정해 페달을 밟습니다. 이 당연한 일을 목표로 하는 주제만 바뀌어도 안 합니다. 이상한 노릇입니다.

우리의 목적지는 팔리는 글을 알아보는 안목입니다. 골프 100타 깨기, 주식으로 연 5퍼센트 수익 내기와 같은 목적지를 설정할 때도 같은 원리입니다.

목적지를 찍었는데 그곳으로 가기 위해 집을 나서지 않으면 꽝입니다. 집을 나섰다면 경로를 설정해야 합니다. 경로는 기본적으로 목적지까지 가는 데 필요한 시간과 비용의 여부를 결정하지요. 골프 100타 깨기를 목적지로 찍었다면 1년간 유튜브로 혼자 익힐 건지, 비용을 지불하고 6개월간 프로에게 배울 건지, 더 큰 비용을 내고 골프 합숙 프로그램에 들어가 3개월 만에 기초를 뗄 건지 결정해야 합니다. 팔리는 글을 알아보는 안목을 가지기 위해서 3개월간 이 책을 비롯한 글쓰기 책을 독파할 건지, 비용을 지급하고 2개월간 글쓰기 프로그램이라도 들을 건지, 더 큰 비용을 들여 1개월 동안 글쓰기 전문가에게 과외를 받을 건지 결정해야 합니다.

## ⌐→ 경로를 설정하는 방법

'어떻게' 갈 것인가에 좀 더 살펴보죠. 시간 우선, 거리 우선, 무료 우선, 실시간 추천 거리 우선, 예쁜 거리 우선 등 똑같은 목적지도 다양한 방법으로 갈 수 있습니다.

시간 우선이라면 시간을 단축할 방법을 찾아야 하고, 예쁜 거리 우선이라면 목적지에 가는 과정을 충분히 즐길 수 있는지 살펴야 합니다. 이미 목적지에 도착한 사람의 경로를 참고해 설정하는 것도 방법입니다.

글쓰기 부업으로 수익화를 목적지로 설정한 제 경우를 볼까요? 그때만 해도 비루한 글쓰기 실력으로 수익화를 해보겠다며 설치는 것이 흔한 일은 아니었습니다. 그러니 제 경로는 제멋대로일 수밖에 없었고 고민하며 경로를 설정해야 했습니다. 이런 제 경로의 이름은 '제멋대로 경로'입니다.

그러니 속 편한 마음으로 저의 '제멋대로 경로'를 보고 시간 우선으로 갈지 아니면 자신만의 제멋대로 경로를 다시 설정할지 전적으로 각자 전두엽의 판단에 따라 결정하면 됩니다.

자, 일단 제 경로를 참고하는 것에 동의하시죠? 이제 페달을 밟겠습니다. 그런데 김빠지는 소리 하나 할게요. 여기서 오차가 발생합니다. "뭐야, 여기까지 와서 뭔 오차야?" 하겠지만 어쩔 수 없습니다. 꼭 지금 해두어야 하는 말이거든요. 오차는 페달만 밟으면 목적지에 다다를 수 있다는 착각에서 오기 때문입니다. 왜일까요?

## ⮑ 쓰기 까막눈을 벗어나기 위한 준비물

집 밖을 나섰고요. 차를 타고 내비게이션을 켜고 경로까지 설정했습니다. 하지만 출발할 수 없는 이유가 뭘까요? 브레이크 고장인가요? 연료가 없나요, 아니면 요소수가 떨어졌나요?

더 결정적인 이유가 있습니다. 바로 '시력'이 없기 때문입니다. 앞이 보이지 않는데 엑셀을 밟을 순 없죠. 우리는 팔리는 글쓰기에 대한 안목을 길러야 합니다. 하지만 현재 안목은커녕 시력조차 없는 상태입니다.

우리는 처음 시작해서 뭘 잘 모를 때 '까막눈'이라는 표현을 사용합니다. 뭐가 잘하는 거고 뭐가 못하는 건지, 뭐가 중요한 건지도 모르는 상태죠. 시력을 교정해야 합니다. 시력을 교정하는 프레임은 크게 네 가지입니다. 앞으로 이를 '4 프레임'이라 칭하겠습니다.

운전면허를 따는 목표를 두고 까막눈인 상태라 가정해 봅시다. 네 가지 시력 교정 프레임에 매칭되는 요소는 다음과 같습니다.

1. 본질: 교통 규칙

2. 기본: 운전 기술

3. 보완: 주차

4. 기술: 방어 운전


운전의 본질은 도로 위 운전자 모두가 교통 규칙을 함께 지키는 것입니다. 기본적인 기술을 숙지하고 운전할 줄 알아야 하고요. 후방주차와 전방주차는 물론이고 평행주차까지 할 수 있다면 운전자로서 살아남는 큰 무기를 가진 것입니다. 상대 운전자의 실수를 항상 주의하는 방어 운전 기술까지 가졌다면 금상첨화겠죠.

이 네 가지 요소를 일정 수준 이상으로 이해했다는 내용을 이론

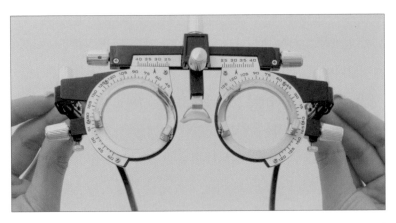

팔리는 글을 알아보는 안목을 갖추려면 시력부터 있어야 한다. 이 시력을 교정하는 프레임을 4 프레임이라고 하자.(출처: Pexels)

및 실기시험을 통해 평가받고 비로소 면허증을 받게 됩니다. 여기서 몇 가지 포인트를 끄집어내 볼 수 있습니다.

## ↳ 4 프레임을 일정 수준만 이해하면 된다

모든 프레임에서 100점을 받을 필요는 없습니다. 운전면허 2종 필기시험 기준이 60점, 실기시험 기준이 80점 정도임을 기억합시다. 100점 만점을 받았다고 해서 운전 전문가로 인정하지 않듯이, 운전 면허 시험은 운전하는 데 필요한 최소한의 기본기에 대해 평가합니다. 이 기본기 평가에서 만점을 받을 필요는 없죠. 엄청난 희소식 아닙니까? 시력을 교정하는 데 100점 만점이 필요하다면 출발하기도 전에 지칠 겁니다.

3번(보완: 주차), 4번(기술: 방어 운전)을 조금 못하는 건 괜찮습니다. 그러나 1번(본질: 교통 규칙)과 2번(기본: 운전 기술)을 못하는 건 용납되지 않습니다. 평행주차 좀 못하면 어떻습니까? 단, 빨간불에 서야 하고 파란불에 출발해야 하는 교통 규칙의 본질과 엑셀과 브레이크를 밟는 운전 기술의 기본을 몰라선 안 됩니다.

보통 한두 개의 프레임만 익혀도 시력을 교정할 수 있습니다. 어영부영 까막눈은 벗어나는 것입니다. 문제는 이때 냅다 선글라스를 끼는 겁니다. 시력 교정 프레임과 선글라스는 다른 것입니다. 운전면허를 따는 데 선글라스를 끼는 행위란 코너링을 연습하거나 한 손으로 멋있게 운전대를 잡고 후방 주차를 연습하는 행위 따위가 있습니다. 이런 행위가 잘못됐다는 게 아니고요. 시력을 조절하는 행위와 선글라스를 끼는 행위를 분리하자는 겁니다. 선글라스는 잘 끼면 멋있습니다. 하지만 시력 교정을 하지 않고 끼는 선글라스는 위험할 뿐만 아니라 멋도 없습니다.

아니, 글쓰기 책을 읽는 데 왜 자꾸 다른 예시를 들이밀까요? 이 것도 한번 생각해 볼 만합니다. 바로 본론만 보고 싶은데 이 예시 저 예시 빙빙 돌아가는 이유 말이에요. 전두엽 건드리기의 측면에서 바라보셔도 좋습니다. 보다 쉽게 이해할 수 있는 운전으로 프레임을 만들어보는 건 이 프레임에 관한 아주 강한 자기장을 만드는 겁니다. 그래서 글쓰기 프레임을 더 쉽게 이해하고 나아가 이 프레임을 절대 잊지 못하게 됩니다.

자, 이제 같은 프레임을 글쓰기에 가져와 볼까요. 우선은 팔리는 글쓰기 말고 글쓰기 자체에만요. 정답은 없습니다. 아래 정답은 보지 않고 스스로 시력 조절법을 설정해 보세요.

## 1. 본질: 메시지
**우리가 전달하려는 핵심 내용, 즉 메시지를 명확히 설정하는 것이 글쓰기의 본질입니다. 예를 들어, 독자에게 어떤 주제나 아이디어에 대해 알려주고 싶다면 그것이 바로 우리의 '메시지'가 됩니다.**

## 2. 기본: 논리

이 메시지를 뒷받침하기 위해 필요한 이유나 근거, 예시 등을 사용해 논리적인 설득력을 갖추는 과정이 '논리'입니다.

## 3. 보완: 수사

메시지를 효과적으로 전달하기 위한 다양한 수사 기법을 사용하는 단계입니다. 은유나 비유를 사용하는 방법, 감정적으로 호소하는 방법 등이 '수사'에 해당합니다.

## 4. 기술: 형식

글의 톤 앤 매너를 조정하여 독자가 글을 쉽게 이해하도록 만듭니다. 글의 대상과 목적에 따라 '형식'은 달라질 수 있습니다.

메시지, 논리, 수사, 형식의 요소는 글쓰기 책 몇 권만 봐도 지겹도록 강조하는 공통 요소입니다. 그런데 이 요소를 프레임에 매칭시키니 이 요소 하나하나가 얼마나 중요한 건지 구조적으로 이해할 수 있습니다. 이 4 프레임을 지켰을 때 어떤 효과를 가져올지도 정리해 볼게요.

## 1. 본질: 메시지

메시지 한 개만 또렷이 말함으로써, 독자가 핵심 메시지를 정확히 인지합니다.

## 2. 기본: 논리

논리적인 이유나 근거를 제공함으로써, 우리와 독자 사이에 신뢰 관계가 구축됩니다.

3. 보완: 수사

다양한 수사 기법을 통해 메시지를 여러 번 전달함으로써, 메시지의 노출을 강화합니다.

4. 기술: 형식

글의 형식을 조정해, 목표한 행동(예: 상품 구매, 의견 변경)으로 전환시킵니다.

여기서 중요한 키워드를 도출해 보면 다음과 같습니다.

**1. 글쓰기에서 한 개의 또렷한 메시지는 '인지'를 확립한다.**

**2. 논리는 '신뢰'를 구축한다.**

**3. 수사는 '노출'을 강화한다.**

**4. 형식은 '전환'을 결정한다.**

메시지가 없으면 쓰지도 말라고 합니다. 메시지는 논리를 갖춰야 '신뢰'를 얻을 수 있고요. 수사, 즉 꾸밈을 통해서 메시지의 '노출'을 강화합니다. 쓰기의 대상과 목적에 맞게 글의 형식을 조정해 가독성을 높이고 나아가 '전환'이라는 영향력을 만듭니다.

여기서 2장을 다시 한번 정리해 볼까요. 지금까지 우리는 전두엽 건드리기로 몸을 풀며 차를 탔고요. 팔리는 글을 알아보는 안목 키우기를 목적지로 설정하고, 남의 경로를 본 뒤 제멋대로 경로도 설정했습니다. 페달을 밟기 안전한 시력을 갖추도록 교정하는 데 어떤 프레임이 기본적으로 필요한지 또한 알게 되었습니다.

이 정도면 여행을 떠날 준비물은 다 갖춘 것 같네요? 이제 이 프레임에 '팔리는' 키워드를 씌울 거고요. 4 프레임에 대해 다각도로 이야기할 예정입니다. 메시지에 대해서 이야기했다가 논리에 대해서 이야기할 거고요. 메시지와 논리를 같이 말하는 경우도 있을 겁니다. 얽히고설킬 거예요. 인생이 그런 거 아니겠습니까. 순차적으로 차근차근 펼쳐지는 인생은 없지요.

정신 똑바로 차리고 지금 말하는 것이 메시지인가, 논리인가, 수사인가, 형식인가를 알아차려 봅시다. 이 책을 다 읽을 때쯤이면 글쓰기 안목에 대한 제법 선명한 지도를 그리게 될 겁니다. 그럼, 멋진 운전 하세요!

# 3장

## 팔리는 글쓰기 절대 원칙: ABCD 구조

# ABCD만 알면 된다:
# 문장을 글로 확장하는 법

2장의 내용을 다시 한번 떠올려 볼까요. 우리는 '글쓰기로 무엇이든 팔 수 있다'라는 명제 아래 첫 문장을 쓰는 4가지 치트키를 익혔습니다. 이 첫 문장을 다음 문장으로 잇는 데는 전두엽이 중요한 역할을 한다고도 배웠고요.

이 배움을 바탕으로 전두엽 건드리기로 몸을 풀며 차를 탔고요. 팔리는 글을 알아보는 안목 키우기를 목적지로 찍고, 남의 경로를 보며 제멋대로 경로도 설정했습니다. 마지막으로 페달을 밟기 전, 안전한 시력을 갖추기 위해 어떤 프레임이 기본적으로 필요한지도 살펴보았습니다. 바로 본질, 기본, 보완, 기술에 해당하는 메시지, 논리, 수사, 그리고 형식이라는 4 프레임이었는데요. 기억나시죠?

**1. 본질: 메시지 → 인지 확립**

**2. 기본: 논리 → 신뢰 구축**

**3. 보완: 수사 → 노출 강화**

**4. 기술: 형식 → 전환 결정**

자꾸 반복하며 다양한 각도에서 조망하는 이유는 이 또한 '수사'에 가까운 장치라서 그렇습니다. 엄마가 집에서 텔레비전만 보고 있지 말고 나가서 운동 좀 하라고 합니다. 똑같은 말을 계속 반복합니다. 이는 곧 잔소리가 되어버립니다. 하지만 이때 여자 친구가 운동복을 선물해 주며 같이 운동하자고 합니다. 엄마와 여자 친구가 전하는 메시지는 동일합니다. '운동 좀 해라'입니다. 하지만 인물이 엄마에서 여자 친구로 바뀌면 똑같은 메시지도 환기가 되어 다르게 다가옵니다.

여자 친구가 계속해서 말해야 한다면요? 그럼 여자 친구는 다른 방법을 써서 똑같은 메시지를 전할 수 있습니다. "오, 요즘 운동 열심히 했어? 몸이 좋아 보인다?" 실없는 말을 할 수도 있습니다. 다음 날에는 데이트 코스로 실내 클라이밍을 스윽 끼워 넣습니다. 클라이밍장에 갔더니 선생님이 하란 대로 움직이게 되고, 게임까지 하게 됩니다. 게임에 흠뻑 취하고 난 뒤 깨닫습니다. '아, 내가 운동을 했구나. 좋은데?' 여자 친구의 메시지는 이틀 전부터 동일했습니다. '운동 좀 해라'입니다.

저도 이 두꺼운 책을 한 문장으로 압축해 말할 수 있습니다.

**글을 쓸 때는 ABCD 구조를 갖추고 써라.**

이 문장만 주야장천 반복할 수도 있습니다. 하지만 그러면 아무도 이 이야기를 제대로 이해하지 못합니다. 그래서 4 프레임 얘기도 하고, 여기에 운전과 골프 그리고 글쓰기까지 입혀보며, 글쓰기를 입혔을 때의 결괏값까지 이야기하는 것입니다. 다시 복습해 봅시다.

**무언가를 배울 때는 4 프레임을 생각한다.**
→ **4 프레임: 본질, 기본, 보완, 기술**
→ **글쓰기를 4 프레임에 대입하면 메시지, 논리, 수사, 형식으로 정리할 수 있다.**
→ **이 결괏값으로 인지, 신뢰, 노출, 전환을 얻을 수 있다.**

지금까지 잘 따라오셨습니다. 자, 그럼 조금 더 확장해 보겠습니다. 한 편의 글은 어떻게 완성하나요? 이 글도 처음부터 구조를 잡아야 할 것 같은데요? 구조적 접근이라니 좋습니다.

## ⌐→ 구조를 해체하고 합치는 안목

자, 본론입니다. 이제 이 글쓰기 구조를 적나라하게 해체하고 또 합쳐보겠습니다. 이미 목차를 보고 어느 정도 예상하셨을지도 모르겠습니다. 문장 단계에서는 4 프레임에 맞게 메시지, 논리, 수사, 형식을 얘기했는데요. 문장이 모여 글로 확장됩니다. 그리고 이 구조를 'ABCD 구조'라 칭하겠습니다. 4 프레임과 별반 다르지 않습니다. 앞으로 팔리는 글, 특히 온라인에서 팔리는 글은 이 ABCD 구조만 알면 됩니다.

**1. 본질: 메시지**

→ **[A] Articulate(또렷이 말하기) :** 메시지 한 개를 고객에게 또 렷이 말합니다.

**2. 기본: 논리**

→ **[B] Brainwash(세뇌하기) :** 논리로 고객을 세뇌합니다.

**3. 보완: 수사**

→ **[C] Connect(연결하기) :** 다각도의 카피(수사)로 고객과 연결 됩니다.

**4. 기술: 형식**

→ **[D] Delight(기쁨 주기) :** 구매 여정의 시작부터 끝까지 형식을 갖춰 기쁨을 줍니다.

4 프레임에서 크게 벗어나지 않죠? 일반 글쓰기에서 판매하고자 하는 제품(여기서 제품은 자신의 상황에 따라 아이디어나 제품, 서비스, 지식 및 경험, 그리고 더 나아가 자기 자신 등으로 바꿔서 이해하면 됩니다)을 위한 글쓰기로 확장한 것입니다. 이제 독자는 고객이 되었습니다. 글의 주제를 대표하는 메시지가 제품을 설명하는 한 문장으로 바뀌고, 논리가 신뢰 구축을 위한 글(상세 페이지)에서 중요한 역할을 합니다. 수사는 다각도의 카피 역할을 맡고요. 형식을 갖춘다는 건 우리가 판매할 때 어떤 고객을 대상으로, 어떤 목적을 가지고, 어디서 쓸지를 고려할 때 도움이 됩니다.

이 ABCD 구조를 가장 기본적인 3단 구조(서론-본론-결론)의 글에 대입해 보겠습니다. A에 해당하는 첫 번째 문단에서는 메시지 한 개가 또렷이 드러나야 합니다. B에 해당하는 두 번째 문단에서는 첫 번째 문단에서 말한 메시지에 논리를 더합니다. 논리라는 말에 겁먹을 필요 없습니다. 메시지의 이유와 근거를 쓰면 됩니다. C에 해당하는 세 번째 문단에서는 같은 핵심 메시지를 다른 각도에서 조망합니다. 이때 핵심 메시지를 강조하거나, 사람들이 특정 행동(구매, 의견 변경 등)을 할 수 있도록 유도하면 좋습니다. 마지막으로 고객의 상황과 필요를 고려해 글의 형식을 만져줍니다. D에 해당하는 조치입니다. 형식까지 세심히 만져주면 그 결과로 사람들이 실제로 구매하거나 의사를 바꾸는 등 특정한 행동으로 전환될 수 있습니다. ABCD 구조에 맞는 팔리는 글 한 편이 완성된 것입니다.

조금 헷갈리나요? 좋습니다. 헷갈린다는 건 어떤 새로운 개념을 배우기 직전에 일어나는 일이니까요. 예시를 보면 이해가 쉬울 겁니다. 제가 쓴 기획서의 무료 나눔 이벤트를 안내하는 이메일을 쓴다고 합시다. 제가 말하고자 하는 바는 "제가 이렇게나 신경 써서 기획서를 보내니, 참고해서 반드시 행동으로 옮겨보세요!"입니다. 처음에는 ABCD 구조를 잡고 키워드만 써보세요.

**1. 첫 번째 문단 A: 메시지 한 개를 고객에게 또렷이 말합니다.**

→ 키워드: 기획서, 신경 씀

**2. 두 번째 문단 B: 논리로 고객을 세뇌합니다.**

→ 키워드: 배작가를 팔로우하는 이유, 책 쓰기, 도전

**3. 세 번째 문단 C: 다각도의 카피으로 고객과 연결됩니다.**

→ 키워드: 마음, 액션

그다음 키워드를 한 문장으로 확장시켜 보세요.

**1. A 키워드: 신경 씀, 기획서**

→ 제가 이렇게나 신경 써서 기획서를 보냅니다.

**2. B 키워드: 배작가를 팔로우하는 이유, 책 쓰기, 도전**

→ 배작가를 팔로우하는 이유로 책 쓰기나 도전을 든 분들이 많았기 때문입니다.

### 3. C 키워드: 마음, 액션

→ 제 마음을 꽁꽁 싸매 보내드리니 한 가지의 액션이라도 꼭 취해 보세요.

이후 이 문장을 한 문단으로 확장시켜 보세요.

A: 제가 이미 가지고 있는 기획서 그대로 보내드릴 생각이었는데, 그냥 보내자니 선물 포장이 안 된 것 같아서요. 디자인 포장도 입히고요. 선물 포장을 입히니, 이 기획서에 대한 설명을 해드려야 될 것 같아 설명도 덧붙였어요. 이것저것 손보니, 반나절이 다 갔습니다. 하하하. 지금은 밤 9시 22분입니다. 뭐 이렇게까지 하고 있나 싶었어요.

B: 그런데 이유가 다 있더라고요. 배작가를 팔로우하시는 이유에 적어주신 내용을 하나하나 다 꼼꼼히 봤거든요. 본인의 이름으로 책을 쓰고 싶으신 분들, 새로운 도전을 앞두신 분들이 많더라고요.

C: 이 기획서로 책 한 권 쓰는 사람이 한 분은 나오길 바라는 마음으로, 이 기획서로 새로운 도전에 힘을 얻을 분이 있을 거란 기대로 제 마음을 꽁꽁 싸매 보내드립니다. 기획서 보시고, 자기 삶에 반드시 한 가지의 액션이라도 취하셔서! 작게나마 도움이 된다면 기쁘겠습니다.

ABC에 해당하는 키워드를 쓰고 그 키워드를 문장으로 확장시킨 후 이를 다시 문단으로 확장시켰습니다. 글 한 편이 뚝딱 나왔죠? 이제 이 글을 읽는 사람을 고려해 형식을 만져줍니다. ABCD 구조 중 D에 해당하는 부분입니다. 글과 연관성이 있는 이미지도 중간중간 넣고요. 고객이 모바일로 확인할 수도 있으니 이메일을 한눈에 보기 편하도록 줄 바꿈도 합니다. 중요한 포인트에는 볼드 처리도 하고요. 읽는 사람을 배려하는 형식은 기쁨을 낳아 전환까지 이어집니다.

앞의 글이 특별히 아름답지는 않습니다. 하지만 지금은 아름다운 글을 쓰는 것이 목적이 아니라, 우리가 원하는 대로 독자 또는 고객이 움직이도록 '팔리는 글'을 쓰는 것이 목적임을 잊지 마세요. 아름다움에 대한 부담감을 조금 내려놓으면 팔리는 지점에 대한 고민을 더 진득하게 할 수 있습니다. 익숙해지면 더 많은 분량의 상세 페이지, 나아가 책 한 권까지 적을 수 있을 겁니다.

아무리 문단이 길어진다고 해도, ABCD 구조만 갖추면 됩니다. ABCD 구조는 단계마다 특정 역할의 관점을 필요로 합니다. A는 기획자, B는 크리에이터, C는 마케터, D는 운영자의 시선과 정체성을 가지고 쓸 수 있습니다. 이를 표로 한번 정리해 볼게요.

그렇습니다. 4 프레임과 ABCD의 구조, 그리고 직무의 시선까지 사실 다 똑같은 이야기를 하는 것입니다.

| | 일반 글쓰기 | 팔리는 글쓰기(ABCD 구조) | 효과 | 정체성 |
|---|---|---|---|---|
| 본질 | 메시지<br>(Message) | Articulate(또렷이 말하기)<br>: 메시지 한 개를 고객에게 또렷이 말합니다. | 인지 | 기획자 |
| 기본 | 논리<br>(Logic) | Brainwash(세뇌하기)<br>: 논리로 고객을 세뇌합니다. | 신뢰 | 크리에이터 |
| 보완 | 수사<br>(Rhetoric) | Connect (연결하기)<br>: 다각도의 카피(수사)로 고객과 연결됩니다. | 노출 | 마케터 |
| 기술 | 형식<br>(Format) | Delight(기쁨 주기)<br>: 구매 여정의 시작부터 끝까지 형식을 갖춰 기쁨을 줍니다. | 전환 | 운영자 |

1. 기획자의 시선으로 한 개의 메시지를 만들고 인지시켜야 한다.

2. 크리에이터의 시선으로 논리를 갖춘 상세 페이지를 만들고 신뢰를 쌓아야 한다.

3. 마케터의 시선으로 다각도의 카피을 이용해 제품을 노출해야 한다.

4. 운영자의 시선으로 제품을 구매하는 여정 시작과 끝까지 형식에 맞춰 목표(구매, 의견 변경)로 전환시켜야 한다.

앞으로 어떤 팔리는 글쓰기 강의를 보든지 이 구조를 다른 방식이나 언어로 비슷하게 풀어도 알아차릴 수 있어야 합니다. 이 구조 안에서 알고리즘의 변경에 따른 마케팅 방법론의 변화나 트렌드의 변화에 따른 메시지의 조정이 있을 수 있습니다. 하지만 이 구조, 즉 본질은 변하지 않습니다.

# [A] 두 수 앞을 내다보는
# 메시지 만드는 법

ABCD 구조 중 A 구조를 다시 한번 4 프레임과 함께 불러와 보도록 하겠습니다.

**Articulate(또렷이 말하기)**
**1. 메시지 한 개를 고객에게 또렷이 말합니다.**
**2. 효과: 인지**
**3. 정체성: 기획자**

우리는 A를 위해 기획자의 시선을 탑재합니다. 기획자는 프로젝트의 목표를 설정하고, 이를 달성하기 위한 전략을 세우며, 실행 계획을 관리하는 역할을 합니다.

목표를 설정하기 전에 가장 먼저 해야 하는 일이 있습니다. 무엇일까요? 그 프로젝트가 뭔지 정의하는 것입니다. 이 프로젝트를 하나의 메시지를 작성하는 것이죠. 이 단 하나의 메시지는 팀원 모두가 인지하고 있어야 하며, 프로젝트가 시작하고 끝날 때까지 동일해야 합니다. "우리가 지금 뭐하고 있는 거지?"라는 질문에 모든 팀원이 동일한 답변을 할 수 있게 만드는 것이 기획자의 역할인 것입니다.

제품 판매에서도 이 메시지의 역할은 동일합니다. 고객이 우리 제품을 처음 보는 순간부터 구매를 결정하는 순간 그리고 제품을 직접 받아보는 모든 순간에 일관성 있는 톤으로 전달되어야 합니다. A 구조는 하나의 메시지를 고객에게 또렷이 말하는 것만 기억하면 됩니다. 그러면 고객이 이 제품을 인지하는 결과가 자연스레 따라옵니다.

## ⟶ 메시지를 변경한다는 것

그렇다고 너무 큰 부담을 가지진 마세요. 사업 초기에 설정한 메시지를 여정 내내 끌고 가야 하는 건 아닙니다. 중간에 메시지를 변경할 수도 있습니다. 변경한 시점부터는 고객에게 지속적으로 동일한 메시지가 나가야 한다는 본질은 그대로지만요.

예를 들어 제가 애용하는 어떤 화장품은 '승무원이 쓰는 미스트'라는 메시지를 꾸준히 전달했습니다. 이 메시지가 브랜드에서 말하고자 하는 워딩과 정확히 일치하지는 않을 겁니다. 하지만 다만 소비자 입장에서는 그렇게 인지되었습니다. 이후 뷰티 시장에도 비건 뷰티와 클린 뷰티라는 트렌드가 뜨자, 이 브랜드는 '프리미엄 비건 뷰티'로 메시지를 변경했습니다.

제가 운영했던 화장품 브랜드에서도 메시지를 도중에 바꿨는데요. 처음에는 '줄기세포 안티에이징 화장품'이었다가 '클린 뷰티 클렌징'으로 메시지를 바꿨습니다. 이 변화가 사업적으로 불가피한 결정이었지만 개인적으로는 아주 아쉬웠습니다. 저는 아직도 브랜드의 초기 메시지를 사랑하거든요. 메시지가 바뀐다는 것은 브랜드의 본질이 변하는 일이기도 합니다. 초기 고객이 변화를 자연스럽게 받아들이면서 더 많은 신규 고객을 유치할 수 있는 방향으로 메시지 변경이 이루어져야 합니다. 어려운 일이지요.

## ⅃→ 자연스러운 메시지를 위한 부정적 수용 능력

사업 방향성의 변화에 따라 메시지가 변경될 수도 있다는 가능성은 파는 사람 입장에서 불안감을 낳기도 합니다. 지금 당장 두 수 앞을 내다보는 메시지를 만들 수 없을 것 같다는 불확실성 또한 불안감을 낳습니다. 우리는 본능적으로 불확실한 것을 싫어하기 때문입니다. 이런 불안함이 메시지에 묻어나면 메시지가 뻣뻣해지기 쉽습니다.

이때 부정적 수용 능력negative capability이라는 개념을 알아두면 좋습니다. 영국의 시인 존 키츠John Keats가 제안한 이 개념은 메시지의 창작 과정에서 아주 중요한 요소입니다. 이는 한 사람이 불확실성과 모호함을 견디는 동안 단정하거나 결론을 내리지 않고, 상황에 대해 열린 마음을 유지하는 능력을 의미합니다. 지금 당장 아주 마음에 쏙 드는 메시지를 정하지 못해도 괜찮습니다. 여러 개의 메시지가 서로 모순된 채로 머릿속에서 맴도는 것도 정상적인 창작의 과정입니다. 이것을 인내할 수 있느냐 없느냐, 그리고 어느 한 시점에 이 모순된 아이디어를 정제할 의지가 생기느냐 생기지 않느냐가 우리가 마주한 문제입니다.

우리는 메시지를 만들기 전에 이 메시지가 최종이 아닐 수도 있다는 불확실함을 안고 가야 합니다. 그것은 필연적인 일입니다. 그래야 메시지가 뻣뻣하거나 부자연스럽지 않습니다. 그 메시지를 안고 살아가다 보면 언젠가 자신도 모르게 몸에 딱 맞는 메시지를 찾는 날이 올 것입니다.

## ↳ 메시지를 만드는 두 가지 방식

힘을 빼고 메시지를 만들어봅시다. 메시지를 만드는 방식은 두 가지가 있습니다. 한 가지는 정통적인 FM 방식이고, 다른 한 가지는 크리에이터의 방식입니다. 저는 크리에이터의 방식을 취해 사전조사도 없이 직감적으로 먹힐 만한 키워드를 정하고 그 키워드를 조합하는 방식으로 메시지를 만들었는데요. 예를 들어 머신러닝 강의를 팔기 위해 '머신러닝'과 '드립력'이라는 키워드를 조합해 '드립력으로 쉽게 배우는 머신러닝'이라는 메시지를 뽑기도 했었지요.

이 방식은 조금 어려울 수도 있습니다. 그래서 FM 방식을 알려드리려고 합니다. 어느 한 쪽의 방법을 절대적으로 따르기보다 두 방식을 조금씩 섞어 자기에게 더 편한 방법을 찾는 게 좋겠습니다.

우선 내 제품이 어떤 카테고리에 속하는지를 정하고 시작합니다. 네이버 쇼핑이나 아마존에 들어가 보면 카테고리가 있을 겁니다. 여성 패션, 남성 패션, 화장품/미용, 식품, 반려동물용품과 같은 대 카테고리를 말하는 겁니다. 큰 플랫폼 위주로 보시면 거의 비슷한 형식을 취하고 있는 것을 볼 수 있습니다. 이 카테고리가 그냥 만들어진 게 아닙니다. 어마어마한 고민 끝에 결정된 카테고리입니다.

예를 들어, 고객이 고양이 간식을 찾는다고 가정해 봅시다. 검색창에 고양이 사료를 검색할 수도 있지만요. 카테고리를 이용할 수도 있습니다. 일단 대 카테고리로 반려동물용품을 선택할 테고요. 해당 카테고리를 선택하면 중 카테고리가 나옵니다. 수제 간식, 고양이 용품, 강아지 용품, 기타 반려동물용품 등이요. 여기서 수제 간식을 선택해야 할지 고양이 용품을 선택해야 할지 모르겠네요. 수제 간식 카테고리를 선택해 보니 고양이용, 강아지용이라는 소 카테고리가 있고 고양이 용품 카테고리를 선택해 보니 사료, 간식, 건강/관리 용품, 미용/목욕 등의 소 카테고리가 있습니다.

그럼 고양이 간식을 파는 판매자 입장에서는 [수제 간식 〉 고양이 용] 카테고리를 선점할 것인지, [고양이 용품 〉 간식 카테고리]를 선점할 것인지 선택해야 합니다. 두 카테고리를 동시에 등록할 수는 없어요. 각 카테고리에 등록된 제품들을 보니 [수제 간식 〉 고양이 용] 카테고리는 1만 원대 프리미엄 간식, [고양이 용품 〉 간식] 카테고리는 1000원 대의 일반 간식을 다루는 것 같네요? 우선 내 제품이 어느 카테고리에 가까운지 결정할 필요가 있습니다.

제품 기획 때부터 카테고리를 먼저 살펴보면 제품 개발 방향을 잡는 데 유리한데요. 보통은 제품을 다 만들고 판매 플랫폼에 등록할 때가 되어서야 카테고리를 정합니다. 그럼 내 제품을 어디에 등록해야 할지 모르겠는 사태가 발생하지요. 내 제품이 어떤 카테고리에도 잘 들어맞지 않으면, 카테고리 검색으로 제품을 찾는 고객군을 잡기 어려워집니다.

## ⌐→ 카테고리에서 돋보이는 메시지

카테고리를 먼저 정으면, 해당 카테고리에서 키플레이어를 볼 수 있습니다. 그리고 그 플레이어가 어떤 메시지를 사용하는지 볼 수 있지요. 그 메시지를 기준으로 이것을 뛰어넘는 나만의 메시지를 만들 수도 있습니다.

하지만 저는 개인적으로 경쟁사를 먼저 분석하면 그걸 의식하느라 경쟁사의 프레임에 갇히기 쉽기 때문에요. 전반적인 느낌만 보고 내 제품들의 가격대나 키워드를 잡습니다. 사실 카테고리를 잡아둔 것만으로도 온라인 시장에서 형식은 충분히 맞춘 것이니까요. 내 제품의 메시지가 카테고리와 무관하게 느껴지지만 않으면 됩니다. 예를 들어 1만 원대 프리미엄 간식을 파는 [수제 간식 〉 고양이용] 카테고리에서 저렴한 가격을 강조하는 것은 연관성이 떨어지지요. 이 카테고리에서 제품을 찾는 사람들은 가격대가 조금 있더라도 내 고양이에게 좋은 간식을 먹이고 싶은 사람들인데요. '신부전 증상, 방광염, 입냄새' 같은 문제를 강조하는 키워드와 간식의 특성을 강조하는 키워드를 엮거나, 입맛이 까다로운 고양이를 타깃으로 삼은 키워드에 집중하는 게 카테고리와 맞습니다.

이렇게 카테고리를 먼저 정하고 키워드를 찾으면요. '네이버 데이터랩'에 들어가서 내가 잡은 키워드의 검색량이나, 내 카테고리에서 많이 검색되는 키워드를 살펴볼 수 있습니다. 여기서 조정이 필요할 수도 있어요. 짐작하기로는 고양이 입냄새가 더 큰 문제점일 줄 알았는데, 검색량을 보니 고양이 방광염에 대한 수요가 더 높구나, 이 정도로요. 하지만 데이터에도 너무 매몰되지 말고, 어디까지나 도구로만 사용해 주세요.

## ↳ 두 수 앞을 내다보는 설계가 필요하다

결국 우리가 해야 할 일은 두 수를 내다보는 것입니다. 고객이 우리를 어떻게 부를 것인가를 상상하는 일입니다. 내 제품을 어떤 문장으로 정의 내릴 것인가는 한 수 앞을 내다보는 전략입니다. 두 수 앞을 내다보는 키워드를 뽑으려면, 이 제품에 대해 주변에 많이 설명해 보아야 합니다. 그러면 타인의 입을 통해 두 수 앞을 내다보는 키워드가 툭 하고 나옵니다.

예를 들어 〈에브리씽 에브리웨어 올 앳 원스〉라는 영화는 영화의 이름이 너무 길고 어려운 나머지 결국 "그, 에브리 영화 있잖아" 이렇게 불리게 됩니다. 볼보라는 차 브랜드도 "그, 안전한 외제 차 있잖아. 한 명의 사망자도 없었다는 안전한 가족 차"로 불립니다. 이 책 또한 제목을 그대로 부르는 사람보다는 "그, 글로 돈 버는 책" 정도로 불릴 것입니다. "그, 글쓰기랑 마케팅 같이 얘기하는 책 있잖아" 정도로 기억될 지도 모르지요. "글을 쓸 때 ABCD 구조가 있대"

정도까지 기억되면 더할 나위 없겠습니다. 하지만 이 수준까지는 제 소망으로 그칠지도 모릅니다.

제품 설명을 글로 먼저 적으면 부담감이 장악한다는 것을 기억하세요. 부담감은 이상한 결과를 낳습니다. 친구한테 제품을 설명하는 자신의 말을 녹음해 봐도 좋습니다. 친구가 갸우뚱해 한다면 더 쉽고 직관적인 설명이 필요하다는 의미입니다.

예를 들어 저는 친구에게 판매 예정인 제품을 '줄기세포가 30퍼센트나 담긴 탈모 관리 앰플'이라고 설명했습니다. (이 표현은 제가 실제로 적은 제품 설명입니다.) 친구가 갸우뚱하자 'M자 부위에 롤링하는 앰플'이라고 설명을 고쳤습니다. 친구가 또 갸우뚱하자 'M자 탈모 있는 곳에 쓱쓱 바르는 제품'이라고 했습니다. 그제야 친구는 "아~" 하고 고개를 끄덕이며 제품을 이해했습니다. 제품을 말로 먼저 설명하면 글로 설명할 때도 어떤 단어가 지워져야 하고 또 어떤 단어가 꼭 드러나야 하는지 감이 옵니다.

그 친구한테 다시 친구의 단어로 내 제품을 설명해 달라고 해 봅니다. 예상을 뛰어넘는 직관적인 단어를 만나게 될지도 모릅니다. 더 나아가 친구한테 그 제품을 또 다른 친구에게 설명한다면 어떻게 할 거냐고 물어봅니다. 그럼 또 다른 단어를 마주할 수도 있습니다. 마지막으로 일곱 살짜리 조카에게도, 70대 할아버지에게도 그 제품을 설명해 달라고 합니다. 이 과정을 다양한 표본의 사람들과 반복한다면 제품에 대한 놀라운 소개 문장을 만들 수 있습니다.

내 제품은 어떤 키워드로, 더 나아가서는 어떤 문장으로 기억될까요? 고객에게 너무 큰 기대를 하진 마세요. 고객이 브랜드명을, 그리고 브랜드 메시지를 정확히 기억하리라는 것은 크나큰 기대입니다. 이 책의 경우 '글쓰기' 정도의 키워드만 남아도 성공일 겁니다. 결국 내가 전달하고자 했던 키워드만 남으면 됩니다. 그 키워드를 조합하는 첫 주인은 나지만, 결국 고객이 직접 조합해 내 제품을 기억할 것입니다. 그 지점을 제품 출시 직전까지 미리 내다보고 또렷한 하나의 메시지를 설정해 보세요.

# [A] 무엇이
# 팔리는 글을 만드나

무엇이 팔리는 글을 만들까요? ABCD 구조 밖에서 생각해 보세요. 이 분야에 있어 우리의 생각은 옳고 그름이 없기에, 각자의 특수한 개별 환경에서 하는 생각은 분명히 시사점을 가질 겁니다.

저는 지극히 보편적인 관점에서 설명하기 위해서요. ABCD 구조를 다시 데려와 봅니다.

풀어 설명하자면요. 팔고자 하는 제품을 한 문장으로 인지시키고, 논리를 갖춰 제품을 설명하는 과정에서 고객과 신뢰를 쌓습니다. 나아가 이 제품을 다각도에서 설명하면서 여러 번 노출시키고요. 고객을 고려한 형식을 갖춰 구매로의 전환까지 만드는 과정입

| | 일반 글쓰기 | 팔리는 글쓰기(ABCD 구조) | 효과 | 정체성 |
|---|---|---|---|---|
| **본질** | 메시지<br>(Message) | Articulate(또렷이 말하기)<br>: 메시지 한 개를 고객에게 또<br>렷이 말합니다. | 인지 | 기획자 |
| **기본** | 논리<br>(Logic) | Brainwash(세뇌하기)<br>: 논리로 고객을 세뇌합니다. | 신뢰 | 크리에이터 |
| **보완** | 수사<br>(Rhetoric) | Connect(연결하기)<br>: 다각도의 카피(수사)로 고객<br>과 연결됩니다. | 노출 | 마케터 |
| **기술** | 형식<br>(Format) | Delight(기쁨 주기)<br>: 구매 여정의 시작부터 끝까지<br>형식을 갖춰 기쁨을 줍니다. | 전환 | 운영자 |

**팔리는 글쓰기의 ABCD 구조**

니다. 이를 '제품 인지-신뢰-노출-전환'이라는 사이클로 정리할 수 있습니다. 생각해 보면 온라인 판매에서 당연한 순서인데요. 우리는 '팔리는 글쓰기'에 있어 이 시력 프레임은 무시하고 무작정 선글라스를 끼는 데 한 눈을 팔기 쉽습니다.

저도 팔리는 글쓰기에 있어 선글라스를 줄곧 꼈습니다. 예컨대 팔리는 글의 후킹 문장만 주야장천 모아 보는 것입니다. 글 말미에 CTA(Call To Action, 고객이 행동할 수 있는 문구)를 붙이라느니, 숫자를 같이 써서 주목도와 공신력을 높이라느니 하는 작문 스킬을 이것저

것 사용해서 글을 꾸미는 데만 급급하기도 했습니다. 선글라스를 끼는 행위입니다.

팔리는 글쓰기를 하려면, 먼저 글쓰기를 할 줄 알아야 합니다. 글쓰기를 할 줄 아는 상태에서 '팔리는' 키워드를 대입하면 '팔리는 글쓰기'로의 전환이 쉬워집니다.


## ┗→ 메시지와 논리부터 잡아보자

그럼 무엇이 팔리는 글을 만드느냐 하면 메시지와 논리부터 짚어가야 합니다. 메시지와 논리는 가장 중요한 첫 번째, 두 번째 프레임입니다.

이것만 잘 잡아도 글 좀 쓴다는 소리를 들을 겁니다. 부끄럽지만 제가 쓴 글이 '자꾸 생각난다. 술술 읽힌다. 신뢰할 수 있다' 이런 평가를 받거든요. 이유는 '메시지'와 '논리'를 잡았기 때문입니다. 먼저 A 구조의 핵심인 '메시지'에 집중해 보겠습니다.

팔리는 메시지는 뭘까요? 팔리는 메시지에는 반박할 수 없는 두 가지 조건이 있습니다.


**첫째, 메시지를 보고 도대체 뭘 파는 건지 즉시 알아차릴 수 있어야 합니다.**

## 둘째, 기억하기 쉬워야 합니다.

팔리는 메시지는 이 두 가지를 확실히 잡아야 합니다. 예를 들면 '딸기 모자 아저씨'와 같은 메시지가 있습니다. 이건 상세 페이지도 필요 없는 강력한 한 문장입니다.

어느 날 저희 집 앞에 딸기 모자 아저씨 가게가 생겼습니다. 괜히 걱정이 앞섰죠. 이 시국에 딸기만 팔아서 장사가 되려나? 그리고 궁금했습니다. 이 한적한 동네에서 딸기만 팔겠다는 거야? 주인이 딸기 모자를 진짜 썼을까? 호기심과 의구심을 안고 며칠을 지켜봤습니다. 언젠가 가게 문에 임대 스티커가 붙어 있길래 '올 게 왔구나, 망했구나!' 했습니다. 하지만 임대 스티커는 딸기 모자 아저씨 옆 가게에 붙은 것이었습니다. 안도감에 벅차 가게에 응원의 첫발을 내디뎠습니다.

그 가게에는 정말로 딸기 모자를 쓴 아저씨가 딸기를 팔고 있었습니다. 이 아저씨는 오후 3시쯤에야 가게 문을 여는데 몇 시간이면 딸기는 모두 팔리곤 했습니다. 그냥 대박도 아니고 초대박을 치고 있었죠. 내 앞가림이나 잘하지 딸기 모자 아저씨를 걱정하고 있었던 걸까요. 옆에 있던 한 아주머니는 딸기가 얼마나 맛있는지, 자기는 올 때마다 딸기를 10만 원어치 사 간다며 말을 거들었습니다. 맞습니다. 이 가게의 대박 요소는 딸기가 아주 맛있다는 사실입니다. 저는 오직 딸기 맛 하나로 사람 마음도 살 수 있음을 알게 됐습니다.

하지만 만약 '아주 맛있는 딸기' 또는 '현우네 딸기'가 이 가게를 설명하는 메시지였다면 제가 이 정도로 호들갑을 떨지는 않았겠지요.

그러고 보니 '딸기 모자 아저씨'는 문장도 아니네요. 무려 형용사조차 없는 명사의 조합이지만요. '세상에서 가장 맛있는 딸기'라고 구구절절 설명하지 않아도, '딸기에 미친 아저씨'라며 자극적으로 말하지 않아도, '딸기 모자 아저씨'라는 메시지 하나로 딸기에 진심인 아저씨가 딸기만 파는 곳이란 것을 단번에 알 수 있습니다. 심지어 이 메시지는 잊어버리기도 힘들어요. "세상에서 '제일' 맛있는 딸기였나, '가장' 맛있는 딸기'였나?" 하고 헷갈릴 필요도 없습니다.


## ↳ 갈등이 있는 서사적 존재

팔리는 메시지의 필수 조건은 아니지만, 딸기 모자 아저씨의 경우에는 한 가지 더 강력한 펀치가 있습니다. 바로 서사입니다.

"아니, 글쎄 말이야. 내가 진짜 맛있는 딸기 집을 발견했어. 우리 집 앞에 딸기 모자 아저씨 가게가 생겼는데. 내가 처음에는 걱정을 했단 말야? 망할 줄 알고 말이야. 어떻게 딸기만 팔아서 이 한적한 동네에서 장사가 되겠어. 그런데 말이야."

팔리는 메시지는 이야깃거리를 만듭니다. 그리고 잘 만들어진 이야기는 제 입을 거쳐 다른 사람의 입으로 전해져 강하게 각인되고 힘을 갖습니다. "옛날 옛적에 호랑이 담배 피우던 시절에 말이야." 이 이야기의 시작을 모르는 한국 사람이 없는 걸 보면 우리는 참 이야기를 좋아합니다. 팔리는 메시지에도 이 서사를 이용해 보면 어떨까요?

철학자는 종종 인간을 '서사적 존재^Narrative Beings'라고 설명합니다. 이는 우리가 세상을 이해하려 할 때 단순한 사실이나 데이터 형태 대신 서사의 형태로 인식하려는 경향이 있기 때문입니다. 이런 관점에서 보면 서사는 우리가 세상을 해석하고 의미를 부여하는 주요 도구입니다. 이 본질을 무시하고 기능적인 부분만 강조해서 혹은 실험 데이터만 내세워 제품의 메시지를 만들고 있진 않았나 돌아볼 일입니다.

딱딱한 교과서보다 말하는 이가 느껴지는 글이 더 강력합니다. 강의를 들으면서 졸기도 하지만 선생님의 첫사랑 얘기에는 귀가 쫑긋하는 것과 같습니다. 어떤 서사든 이야기는 강력한 힘을 가지고 있습니다. 서사의 힘은 갈등과 그 갈등을 해결하는 과정에서 더 강력해집니다.

나는 아침 8시에 등교했다. 학교에서 갑자기 오후 1시에 집으로 돌아가라고 했다. 나는 집에 와서 씻고 라디오를 듣다 일찍 잠들었다.

이런 서사는 호기심을 자극할 수는 있지만, 만약 분량이 300쪽으로 늘어난다면 독자는 지루해서 다 읽지 않을 겁니다.

나는 아침 8시에 등교했다. 학교에서 갑자기 오후 1시에 집으로 가라고 했다. 나는 이해할 수 없었다. 교무실에 찾아갔다. 교무실 문은 잠겨 있었고 그 안에 선생님들이 목소리를 높이며 심각한 얘기를 나누고 있었다. 한 선생님이 나를 발견하고 어서 집에 가라는 손짓을 했다. 나는 호기심을 이기지 못하고 교무실 문을 부쉈다.

첫 번째 예시보다 더 긴데도 불구하고 여기까지 읽으셨나요? 갈등은 서사에 힘을 줍니다. 제품 설명에서도 마찬가지입니다. 저는 영어 공부 책을 팔 때 '불효자' 키워드로 대표되는 갈등을 이용했습니다. 아빠가 제 유학 생활에 집 한 채를 살 돈을 투자했는데, 저는 외국 친구들이랑 어울리며 영어를 공부한 게 아니라 방 안에 틀어박혀 미국 드라마를 보고 영어를 공부했다는 서사를 풉니다. 이럴 거면 그 돈으로 그냥 집 한 채를 살걸 그랬다면서요.

아빠는 내 유학에 10억 원을 태웠는데, 불효자는 방구석에 틀어박힌 채 미드에서 영어 공부의 해답을 찾았습니다.

어느 날 아빠가 이렇게 말씀하셨습니다.

"니 영어에 내가 얼마 썼는지 아니?"

(빼꼼) 불효자 인사부터 드립니다. 맞습니다. 저는 학창 시절을 미국에서 보내며 귀한 아버지 돈을 탕진한 불효자 제시카입니다. 이 돈으로 당시 집 한 채를 샀으면 지금 일 안 해도 될 텐데요. 하여간 그 돈을 써서 미국에 갔더니 영어가 외계어처럼 들리는 거 아니겠습니까? 한국에서 나름 열심히 영문법을 독파하고 갔는데도요.

"'How are you?'만 죽어라 외웠던 저는 'How've you been?'은 못 알아들었어요."

그런 제가 미국 동부 명문 아이비리그 대학교에 합격하는 기적을 경험했습니다. 한국어를 떠듬떠듬하면서 잘 알아듣지도 못하는 외국인 학생이 고등학교 때 한국에 와서 서울대에 간 거랑 비슷한 격… 이죠? 그냥 원어민도 아니고 괴물같이 똑똑한 원어민과 열띤 토론을 할 수 있게 될 때까지 무슨 일이 일어난 걸까요?

이 서사도 그냥 서사가 아닙니다. 갈등이 있는 서사입니다. 참 희한한 일입니다. 딸기 모자를 쓴 아저씨는 메시지와 서사까지 잡아 제 머리 중심에 자리 잡고는, 떠나라 외쳐도 떠나질 않습니다. 그 덕분에 저는 서사의 힘을 제대로 깨달았죠.

## ⌐→ **4W로 팔리는 메시지 점검하기**

우리는 지금까지 팔리는 메시지를 설정하는 방법으로써 카테고리를 잡는 방향도 살펴봤고, 팔리는 메시지의 반박할 수 없는 두 가지 조건도 확인해 봤습니다. 다음 단계로는 '내가 설정한 메시지가 정말 팔릴 것인가?'를 어떻게 점검하는지를 말씀드리겠습니다.

점검 방법으로는 4W가 있습니다. 육하원칙이 아니고요. 4W입니다. 육하원칙은 '누가, 언제, 어디서, 무엇을, 어떻게, 왜'를 물어보는 것이라면요. 4W는 '언제, 어디서'를 제외한 'Why(왜), Who(누가), What(무엇을), hoW(어떻게)'를 물어보는 것입니다. '언제, 어디서'는 어디 갔냐고요? 너무 서운하게 생각하지 않아도 괜찮습니다. '언제, 어디서'는 이후 D(Delight) 구조를 설명하면서 심도 있게 다룰 거니까요.

### Why(왜)

메시지에서 'Why'를 물어보는 것은 중요합니다. '왜 우리가 이 제품을 기획했는가, 왜 파는가'에 대한 아주 솔직한 답변이 담겼는가를 먼저 점검합니다. 메시지에서 '왜'에 대한 대답이 직접적으로 드러나지 않더라도, 메시지를 만드는 내가 '왜'를 생각해 보고 만들었는가 그렇지 않은가는 차이가 있습니다. 이 차이는 아주 미묘하지만 실제로 지갑을 여는 고객은 무의식중에 알아차립니다.

애플의 그토록 유명한 "다르게 생각하라$^{Think\ Different}$"는 단 두 개의 단어로 애플의 핵심 가치를 담아냈을 뿐만 아니라요. 애플이라는 브랜드를 기획하고 만든 사람의 '왜'를 정확하게 담고 있습니다. 애플은 세상을 바꿀 수 있다고 믿는 사람들을 존경하기 위해 존재한다고 말합니다. 누군가는 그들을 미친 자, 사회 부적응자, 반항아, 사고뭉치라 부르며 다른 존재로 여기지만요. 애플은 세상을 다르게 보는 그들이 인류를 진화시킨다고 믿지요. 그리고 애플의 제품은 남과 다르게 생각한 결과물이며 한 치의 어색함도 없습니다.

메시지를 만들었다면, 그 안에 내가 왜 이 제품을 기획하고 파는지에 대한 답이 들어 있는지 점검해 보세요. '왜'가 빠져 있다면 내가 파는 제품은 지구상에 존재하는 수많은 그저 그런 유사 제품 중 하나로 전락할지도 모릅니다.

### Who(누가)

'Who'는 이 제품을 누가 사는 것인가에 대한 질문입니다. 메시지에 타깃이 상정되어 있지 않으면 엄한 사람을 위한 메시지를 만들 것일 수도 있습니다. 예를 들어 내가 파는 제품이 고양이 헤어볼 영양제라면요. 고양이 집사에게만 메시지를 뿌려야 합니다. 강아지를 키우는 사람에게는 이 메시지가 닿으면 안 됩니다. 강아지는 헤어 볼을 토하지 않거든요. 그런데 메시지에 '내 반려동물이 맛있게 잘 먹는 영양제'라고 적혀 있으면 강아지를 키우는 사람도 해당 메시지를 보게 됩니다. 메시지를 클릭해서 제품을 봤는데 고양이만 먹을 수 있는 헤어 볼 영양제라면 상품 페이지를 이탈할 것이고요. 판매자는 아까운 광고료만 낭비하는 겁니다. 타깃인 사람만 정확히 내 메시지를 인지하는지, 더 나아가 내 타깃의 구미가 당길 만한 요소가 메시지 안에 담겼는지를 점검해야 합니다.

### What(무엇을)

'What'(무엇을)은 내가 판매하는 제품 그 자체입니다. 제품이 무엇인지에 대해 표면적으로만 대답해서는 안 됩니다. 홍삼을 파는 것이 아니라 부모님을 생각하는 마음을 파는 것이 What에 더 가까운 대답입니다. 나이키가 판매하는 표면적인 제품은 신발과 의류입니다. 하지만 그들이 진짜 판매하는 것은 위대한 운동선수를 향한 찬양, 그리고 그들을 응원하며 내일을 꿈꾸는 당신에 대한 존경입니다. 나이키의 슬로건 "Just Do It"에는 신발과 의류가 없지만, "Just Do It"을 도와주는 신발과 의류를 떠올릴 수는 있습니다. 우리도 메시지에 내가 판매하는 제품에 대한 표면적인 설명만 들어간 건 아닌지 점검해 볼 때입니다.

## hoW(어떻게)

'hoW'는 메시지를 어떻게 팔지에 대한 고민이 담겼는지를 점검하는 마지막 단계입니다. 내가 파는 제품이 유사 제품과 어떻게 다른지, 내 글을 전할 핵심 고객에게 제대로 어필하고 있는지 등 글에서 힘을 줘야 할 부분 즉, 방점이 찍힌 부분을 보는 것입니다. 메시지를 만든 내가 명확하게 답할 수 없다면, 메시지를 보는 사람도 그 방점이 어디에 있는지 이해하지 못할 것입니다.

4W가 조금 어렵게 느껴져도 괜찮습니다. 지금은 그냥 그 느낌 그대로 두셔도 좋습니다. 4장부터 4W를 실전에 적용해 볼 것입니다. 그리고 다시 이 페이지로 돌아온다면 4W를 깊이 이해하게 됨은 물론 이 점검 방법이 얼마나 효과적인지 대해 놀라게 될 것입니다. '4W. 이걸 몰랐으면 어쩔 뻔했어!' 하고요.

# [A] 자꾸 생각나는 글은
# 감정이 남다르다

와, 이 책을 177쪽까지 읽었네요? 이 책을 읽으면서 자꾸 생각나는 단어나 문장이 있었나요? ABCD가 머릿속을 떠나지 않았다면 반복한 효과가 있군요. 그냥 반복도 아니고 4 프레임으로 시작해 운전면허로, 골프로, 글쓰기로, 그리고 팔리는 글쓰기로 ABCD 구조를 몇 번이고 다른 얘기인 듯 반복했기 때문입니다. 딸기 모자 아저씨가 계속 생각났다면요. 그렇죠? 머리에서 떠나질 않죠? 저도 같은 마음입니다. 다른 문장이 기억에 남았다면 제게 꼭 알려주세요.

저는 자꾸 생각나는 사람만큼이나 자꾸 생각나는 글에 관심이 많습니다. "그 문장은, 그 글은 왜 내 머리에서 떠나지 않지?" 입요하게 그 요소를 끝까지 파보는 편입니다. 그런 노력 덕분인지 제 글은 자꾸 생각난다는 평을 받곤 합니다.

우선 가벼운 마음으로 쉽게 가보죠. 글에 앞서 자꾸 생각나는 소개팅 상대를 생각해 봅시다. 우리가 함께 있었던 건 고작 한두 시간 남짓이었지만, 그 사람이 자꾸 생각난다면 주의를 집중해 봅시다. 물론 화학적인 스파크가 튀었고 그 사람이 좋다면 생각나지 않는 게 이상한 거고요. 그렇지는 않다면요? 연인 사이를 전제로 만나볼 생각은 없지만 친구로는 지내보고 싶다거나요. 이렇게 괜히 한 번 더 보고 싶은 사람이 있습니다.

깊은 동굴 속에서 울리는 듯한 낮은 목소리, 자꾸 가까이 가고 싶어지는 향수 냄새와 같이 감각을 건드렸을 때도 있고요. 감각을 넘어 감정을 건드렸을 때도 있습니다. 찡긋 웃는 표정에 잠깐 가슴이 요동쳤거나, 상대가 기꺼이 내어주었던 이야기가 마음을 울렸거나, 어떻게 내 마음을 언어로 유려하게 표현하는지 경이로웠거나요.

## ↳ 자꾸 생각나는 글은 감정을 건드린다

글도 그런 글이 있습니다. 내 감정과 감각을 건드리는 글이요. 자꾸 생각나는 사람에는 수천 가지 이유가 있듯, 자꾸 생각나는 글도 감정과 감각 외 수천 가지 이유가 있습니다. 하지만 이 책에서는 감정과 감각에 집중하고자 합니다.

강한 감정과 감각을 불러일으키는 글을 읽으면요. 감정을 처리하고 기억 형성에 중요한 역할을 하는 편도체Amygdala가 활성화되는데요. 편도체는 장기 기억 통합과 관련된 해마Hippocampus와 밀접하게 연결되어 있습니다. 하만Hamann과 칸리Canli의 연구에서 연구원들은 참가자들이 감정적 이미지를 보는 동안 참가자들의 뇌를 스캔해 봤어요. 그들은 중립적인 이미지보다 감정적인 이미지를 보는 동안 편도체가 더 활성화된다는 것을 발견했습니다.6 다시 말해 감정적 이미지가 중립적 이미지에 비해 참가자에게 더 잘 기억되는 것입니다.

이미지만 그런 거 아니에요? 글쎄요. 켄싱어Kensinger와 코킨Corkin의 연구에서도 비슷한 결과가 있었습니다. 구체적으로 감정을 자극하는 단어를 처리하는 동안은 편도체가 더 활성화된 반면 감정이 배제된 중립적인 단어를 처리하는 동안에는 전두엽 피질이 더 활성화됨을 발견했습니다. 이 연구는 정서적 단어의 처리와 비정서적 단어의 처리가 각기 다른 뇌 부위에서 처리된다는 것, 그리고 편도체를 활성화한 감정적인 단어가 중립적인 단어보다 기억될 가능성이 더 높다는 것 또한 증명했지요.7

이는 감정 기억 강화Emotional Memory Enhancement라는 개념과 연관되어 있습니다. 이는 감정적인 자극이 중립적인 자극보다 더 잘 기억된다는 심리학적 원리인데요. 감정을 처리하는 편도체와 새로운 기억을 생성하고 저장하는 해마의 연결은 강한 감정적 자극이 발생할 때 더욱 활성화됩니다. 즉 우리가 강한 감정을 느끼면 편도체와 해마가 함께 작동하여 감정을 일으킨 경험이 장기 기억에 더욱 잘 저장되는 것입니다. 우리가 특히 감동이나 충격 등의 강한 감정을 유발하는 경험이나 정보를 잘 기억하는지에 대한 이유입니다.

제가 어렸을 때부터 기억력이 아주 나빴는데요. 친구 이름을 못 외워서 참 곤욕스러웠습니다. 나중에 커서 세일즈 같은 건 못할 거라고 생각했지요. 영업직이 아니어도 사회생활은 기억력이 나쁘면 참 힘듭니다. 저 멀리서 걸어오는 사람의 이름은커녕 팀장인지 과장인지도 기억을 못 해서 끝까지 호칭을 부르지 않고 말을 빙빙 돌렸던 지난날이 아득합니다. 그런데도 제가 통으로 암기한 문장이 있는데요. 그 문장을 나누고 싶습니다.

책을 읽고 새로운 지식이나 지혜를 발견했을 때, 깊이 생각하여 새로운 이치를 깨달았다 싶을 때, 혼자 생각한 이치를 훌륭한 사람이 쓴 책에서 다시 확인했을 때, 저는 행복을 느낍니다. 어떤 때에는 기쁨을 주체하지 못해 일어서서 방 안을 서성거리기도 합니다.

— 노무현 전 대통령, 〈봉하에서 띄우는 네 번째 편지〉 중에서

이 글은 감정을 건드렸어요. 이 문장은 딱 제 마음을 대변했다는 반가움, 안도감을 단번에 불러일으켰고요. 또 방 안을 서성거리는 그 기쁨, 설렘을 저도 느끼게 되어 머릿속에서 몇백 번이고 일어

나서 서성거렸어요.

제가 요가 지도자 과정을 수료하면서 500만 원에 달하는 거액을 지불했는데요. 지도자 과정 평균 가격이 300만 원 이하임을 고려하면 꽤 비싼 금액을 낸 거예요. 호구가 아니라요. 저는 자꾸 그 요가원의 원장님이 블로그에 쓴 글이 생각났어요.

"요가가 언제부터 묘기가 되었을까? 인스타에서 고난도 동작을 선보이는 게 요가일까?" 요가는 어려운 동작을 하는 묘기가 아니라 몸으로 하는 명상이라는 게 그 글의 골자였어요. 다시 한번 그 글을 살펴보니 유려한 글도 아니었고요. 흡인력 있는 문장도 아니었습니다. 하지만 쓰는 이가 전하고자 하는 메시지가 신선하면서도 강력한 글이었던 건 확실합니다. '이 글은 어쩜 내 생각이랑 같아?' 반갑고 기뻤습니다. 안도감을 느끼게 하는 글이었지요.

그래서 이미 돈을 지불할 마음을 정하고 요가원을 방문했지요. 수강을 강요하지도 않았는데 제가 강의를 듣고 싶다고 우겨서 등록했던 기억이 있습니다. 저는 그곳에서 요가 지도자 과정을 구매한 게 아닙니다. 원장 선생님의 메시지를, 그리고 제가 느꼈던 감정에 돈을 지불한 거예요.

감정을 건드리려면 우선 메시지가 있어야 합니다. 그리고 제가 앞으로 알려드리려는 글쓰기 방법론을 적용하지 않고서도, 메시지 자체로 사는 사람의 감정을 건드리는 것에 집중해야 합니다. 감동, 공감, 호기심, 쾌락, 안정 등의 감정이요. 그런 메시지는 그 누구도 대신 적어줄 수 없습니다.

메시지가 감정을 건드리는 가장 강력한 방법은 진실함을 드러내는 것입니다. 어니스트 헤밍웨이는 회고록《파리는 날마다 축제》에서 다음과 같이 말했습니다. "진실한 문장 하나만 쓰면 됩니다. 당신이 알고 있는 가장 진실한 문장을 쓰세요." 그는 글을 쓸 때 정직하고 진실해야 하며, 완전히 진실한 한 문장을 쓰는 데 집중하는 것이 가장 좋은 방법이라고 믿었습니다.

파는 글에는 이 진실함이 더욱 필요합니다. 특히나 기존의 업계와 다른 관점을 가지고 있다면 그의 문장은 더 강력해져 감정을 건드릴 수 있습니다. 놀라움, 안도감, 호기심, 공감, 감동을 전해준 요가원의 원장님처럼요.

## ⌐→ 감각이 선명하면 더 쉽게 감정을 남긴다

감정은 감각과 함께 쓰일 때 더욱 강력해집니다. 사실 '딸기 모자 아저씨' 사례에서도 감각을 건드렸습니다. 이 단어를 보자마자 아마 딸기 모자를 쓴 아저씨를, 그리고 딸기를 떠올렸을 겁니다. 우리에게 익숙한 딸기를 떠올리면 딸기가 우리 앞에 있지 않더라도 빨간색을 시각적으로 선명하게 보고, 갓 딴 딸기의 싱그러운 냄새가 코끝을 맴돕니다.

실제로 보거나 냄새를 맡지 않았더라도 과거에 경험했던 감각들이 떠오르고 그 감각과 함께 기억에 저장되는 것입니다. 그렇게 저장된 이미지와 글은 생각지도 않을 때 툭 튀어나와 종종 우리를 당황스럽게 합니다.

독자가 작가가 만든 세계에 완전히 몰입해, 문장을 맛보고 만지고 듣고 보고 냄새 맡을 수 있다면 어떨까요? 감각을 담은 글은 독자를 글에 완전하게 참여시켜서 기억하지 않아도 자꾸 생각나는 글이 됩니다.

글에 감각을 부여하는 것이 관건인데요. '감각을 넣어야지!' 하고 쓰면 가뜩이나 어려운 글쓰기가 더 어려워집니다. 일단 쓰고요. 수정하는 과정에서 감각을 추가해 봅니다. 요리로 비유하자면 소금을 치는 과정입니다. 처음부터 소금을 넣는 게 아니라 요리가 끝날 때 소금을 넣어 맛을 조절하는 것과 같습니다. 소금을 조금씩 치면서 너무 짜게도 싱겁지도 않게 간을 맞춰가야 합니다.

백문이 불여일견입니다. 아래 문장을 살펴봅시다.

열 명은 되는 사람들이 내 식사가 끝나기만을 기다렸다. 나 혼자 밥을 먹은 지 10분이 넘어갔다.

문법적으로는 전혀 문제없는 문장이죠? 열 명이 넘는 사람들이 같이 식사를 했고요. 나 빼고 모든 사람이 식사를 마치고 내가 식사를 마무리하길 기다리는 상황인가 봅니다.

열 명은 되는 사람들이 내 식사가 끝나기만을 기다렸다. 나는 눈칫밥이 담긴 밥그릇을 수저로 긁었다. 달그락달그락. 달그락 소리가 내 쪽에서만 울린 지 10분이 넘어갔다.

방금 어떤 감각이 건드려졌나요? 청각입니다. 밥그릇을 수저로 긁는 소리가 뇌를 스쳐 갔을 겁니다. 달그락 소리를 내며 밥을 먹는 나를 10명은 되는 사람이 쳐다보는 시선도 느꼈을 겁니다. 개선된 문장은 이전 문장보다 더 기억에 남기 마련입니다.

## ↳ 감각 더 연습하기

"저… 알겠는데, 달그락달그락 같은 문장은 저는 죽었다 깨어나도 못 쓸 것 같은데요?" 그 마음 이해하고말고요. 저도 감각을 치는 건 잘 못해서 평범한 문장을 먼저 적고, 소금 치듯 고쳐나갑니다. 게다가 모든 문장에 감각 소금을 칠 필요도 없습니다. 독자가 기억하길 바라는 지점만 선별하여 한두 번만 쳐도 충분합니다.

몇 문장 더 연습해 볼까요? 간단한 문장부터 연습해 나가면 언젠가 달그락 따위의 문장보다 더 유려하게 감각을 자극하는 문장을 쓰게 되실 겁니다.

아침 일찍 일어났다.

→ 시계가 6시를 가리키자, 코끝에 맺힌 쌀쌀한 아침 냄새에 눈을 떴다.

어떤 감각을 건드렸나요? '아침 일찍'보다는 '아침 6시'라고 구체화하자 시계의 시침이 6시를 가리키는 모습이 그려졌을 겁니다. 단순히 아침보다는 '쌀쌀한' 아침이 온도를 느끼게 해주죠. '일어났다' 대신 '눈을 떴다'라는 표현이 직관적으로 와닿습니다.

자동차를 운전했다.

→ 으르렁거리는 재규어의 액셀을 시속 180킬로미터로 밟았다.

자동차를 운전했다는 문장은 그냥 스쳐 지나가기 쉬운데요. 으르렁거리는 재규어의 액셀을 시속 180킬로미터로 밟는 장면을 떠올리게 한다면 청각적으로 그리고 시각적으로 더 진하게 남는 문장이 될 것입니다.

죽었다 깨나도 감각 소금은 못 치겠다 싶으신가요? 그래도 상심하지 마세요. 소금을 넣지 않고도 맛있는 글을 지을 수 있으니까요. 사실 감각 소금은 문학적 글쓰기에 더 필요한 거지 파는 글에 필수적인 요소는 아닙니다. 대신 자꾸 생각나는 글을 위해 감정을 넣는 방법은 연습해 보면 좋겠습니다.

글에 파는 사람의 메시지가 담겨 있고, 이 메시지가 감정 또는 감각을 건드린다면 그 글은 자꾸 생각나는 글이 됩니다.

# [A] 신뢰받는 글은
# 신뢰받는 눈물과 같다

신뢰받는 글에서 가장 중요한 특징이 뭘까요? 스스로 답을 떠올려보세요. 먼저 답을 생각해 보라고 하는 이유는 자기 세계에서는 자기 생각이 정답이기 때문입니다. 제 세계에서 제 생각은 정답이지만, 이것이 곧 다른 사람의 정답이 되리라는 법은 없습니다. 따라서 제 정답을 보기 전에 자신의 정답을 적어보는 과정이 중요합니다.

신뢰받는 글에는 여러 가지 요소가 작동합니다. 전문가가 전문 분야에 대해 쓴다든가, 비전문가라 할지라도 그 사람이 한 주제에 대해서 꾸준하게 글을 쓴다든가요. 많은 글을 쓴 경험이 신뢰를 만드는 경우입니다. 하지만 피부과 의사가 화장품 파는 글을 쓰더라도, 세무사가 세무 컨설팅을 파는 글을 쓰더라도 믿음이 생기지 않은 경우도 있습니다.

그 이유를 한번 들여다봅시다. 제가 글로 팔았던 제품은 제 전문 분야가 아니었습니다. 단순히 제품을 파는 일회성 글로 신뢰를 얻었고 그 신뢰는 돈으로 변환되었습니다. 해당 분야의 전문가가 아닌 사람이 쓴 글이 수익을 낼 수 있었던 이유는 무엇이었을까요?

또다시 메시지 얘기를 하지 않을 수 없습니다. 메시지는 이 책 전반에 걸쳐 계속해서 언급할 예정입니다. 신뢰받는 글에는 단 하나의 명확한 메시지가 있습니다. 판매자 입장에서는 내 제품은 이것도 좋고, 저것도 좋다고 말하고 싶은 마음이 굴뚝같겠지만 고객은 그렇게 한가한 사람이 아닙니다. 쓱 읽고는 이 글은 신뢰할지 말지 빠르게 결정을 내리죠.

하나의 메시지만 말하라고 하면, 긴 상세 페이지를 어떻게 채우느냐고 반문할 수 있습니다. 상세 페이지 없이도 한 문장이면 끝나지 않느냐고요. 그 한 문장을 계속해서 얘기하면 되는 거 아니냐고요. 그런 관점에서 보면 이 책도 한 문장으로 이야기할 수 있을 거라 언급했었습니다. '글은 팔리는 구조에 입각해 썼을 때 돈이 될 수 있다.' 이 문장 하나로 끝납니다. 그런데 이 메시지 하나를 전하기 위해서 몇백 쪽의 글을 쓰지 않았습니까? 이 구조를 설명하기 위해 전두엽 얘기도 하고, 회사 안팎에서 이 구조를 어떻게 사용했는지, 그리고 딸기 모자 아저씨와 같은 예시도 들고 왔습니다. 한 개의 메시지를 다양한 시각에서 바라보는 것입니다. 이 과정을 거쳐 독자는 비로소 책을 통해 전하고자 하는 메시지를 정확하게 이해합니다. '아, 글은 팔리는 구조에 입각해 썼을 때 돈이 될 수 있구나'라고요.

## ⤷ 신뢰받는 삼겹살의 한 문장

삼겹살 식당에서 "우리 집은 삼겹살도 잘하지만, 닭고기도 소고기도 잘해요!"라고 하면 내가 삼겹살을 먹고 싶을 때 그 집은 첫 번째로 거르는 집이 됩니다. 삼겹살을 먹고 싶을 때는 삼겹살에 미친 사람이 만든 가게에 가고 싶습니다. 이 심리에는 단순히 맛있는 삼겹살을 먹고 싶다는 욕구를 넘어 시간을 아끼고 싶다는 욕구도 있습니다.

제가 삼겹살만큼은 미식가 뺨치는 기준을 가지고 있다고 자부합니다. 저는 오직 삼겹살을 위해서 당일치기로 제주도에 갈 수도 있습니다. 하지만 맛있는 삼겹살을 먹기 위해서 제가 직접 삼겹살을 떼 오고 숯불을 구하고 삼겹살을 잘 굽는 사람을 고용하기엔 너무 많은 비용과 시간이 듭니다. 그래서 저는 늘 저만큼이나 삼겹살에 진심인 사람을 찾고 그들이 운영하는 가게를 감사한 마음으로 이용합니다. 제 시간을 아껴준 사람이기 때문입니다.

삼겹살은 고기의 질과 두께, 굽는 방식, 그리고 가게의 분위기와 서비스까지 수많은 요소가 그 맛을 결정합니다. 이 모든 요소에 삼겹살에 미친 사람의 손길이 닿고 그가 "우리 집은 분당에서 가장 두꺼운 삼겹살집입니다"와 같이 하나의 일관된 메시지를 전달하면 그 집은 믿을 수 있는 삼겹살 집이 됩니다. 삼겹살이 다 거기서 거기라고 말하면 저 서운합니다.

지겹도록 복습하겠지만 메시지가 처음부터 끝까지 논리를 가지고 단정히 배열되어 있어야 합니다. A를 말했다가 갑자기 C를 말하면서 결론이 뭔지 모른 채 길을 잃는 글은 신뢰할 수 없습니다.

## ⤷ 신뢰받는 글에는 일정한 톤이 있다

눈물에도 신뢰받는 눈물이 있고 신뢰할 수 없는 눈물이 있습니다. 우리는 울 때 가끔 스스로 거울에 비춰보기도 하고, 또 심지어 사진을 찍기도 합니다. 하지만 웃음이 빵 터질 때 그 모습을 찍을 겨를은 없습니다. 따라서 눈물은 웃음 대비 더 스스로 의식하기 쉬운 행위인지 모릅니다.

그래서 눈물은 가끔 신뢰하기 어렵습니다. 배우가 눈물을 또르륵 예쁘게 흘리고, 정치인이 엉엉 울며 흐른 눈물을 닦지 않고 그대로 둘 때 우리는 의심합니다. "진짜 슬픈 걸까?"

하지만 말을 잇지 못해 침묵하거나, 눈알만 빨개지거나, 허공을 바라보거나, 뒤돌아 감정을 삭이는 모습에서 우리는 비록 눈물을 직접 보지 않더라도 그가 느끼는 감정이 진실됨을 믿지 않을 수 없습니다.

신뢰받는 눈물은 글에서 '톤'과 비슷한 맥락을 가집니다. 일반인이 이해하기 어려운 전문용어를 지나치게 남용할 때, 가스라이팅이 아닐까 의심이 들 정도로 강한 어조로 행동을 강요할 때, 지금 당장 구매하지 않으면 큰일 날것처럼 말할 때 우리는 주춤합니다. "믿어도 될까? 아니, 네가 신도 아니고 왜 자꾸 믿어달래?"

단, 확신이 있는 경우에 한해서는 강하게 말하는 것도 필요합니다. 이것은 "당신은 묻고 따지지도 말고 내 말을 들어"라고 강요하는 것과는 다릅니다. 확신을 주는 톤은 "나는 X를 믿는다. 이것을 믿는 근거는 Y이다"라고 합니다. 그래서 확신을 주는 톤은 상대가 어떤 선택을 하든 그것은 상대의 자유로 남겨둡니다.

판매에 있어 확신이 중요한 이유는 자명합니다. 파는 이에게 확신을 주지 못한 제품이 어찌 사는 이의 관심을 얻을 수 있을까요. 그건 도박이나 다름없습니다. 일단 아무렇게나 던져보고 누구라도 물길 바라는 심보입니다. 억대 매출을 낸 다이어트 책이 있습니다. 그 책을 읽은 독자는 책의 내용을 신봉합니다. 그 책의 문체는 확신에 차 단호했습니다.

물론 문체만으로 신뢰를 얻은 것은 아닙니다. 독자들은 바보가 아니기 때문입니다. 논문 자료와 명확한 수치의 데이터를 근거로 내

세웠고 거기에 확신에 찬 문체가 독자의 믿음을 강화한 것입니다.

그 책이 잘 팔린 것을 보면 다이어트가 절실한 사람들은 실용적인 정보만큼이나 살을 뺄 수 있다는 확신을 주는 강력한 인물을, 그 자신감을 원했을지도 모릅니다. 사람들은 어떤 특정 제품에 미친 사람이나 전문가가 1부터 10까지 이렇게만 하면 된다고 확신에 찬 어조로 알려주길 원합니다. 주식 단톡방에서 주식에 어떻게 접근해야 하는지 같은 따분한 이야기 말고 당장 내가 무슨 주식을 사고 언제 팔아야 하는지 알려주길 원하는 것과 같습니다. 저 또한 제 글에 확신이 있습니다. 그것은 전해집니다. 물론 소위 '뇌피셜'로 끝나지 않도록 다양한 사례와 수치로 제 주장을 뒷받침하지요.

고객은 우리가 예상하는 것보다 훨씬 더 복잡한 의사결정 과정을 거쳐 구매 버튼을 누릅니다. 따라서 우리는 엉엉 울거나 보여주기식 눈물을 만드는 것보다 때론 침묵하고 눈물을 삼키는 글을 써야 합니다. 그 글이 자칫 지루하고 덜 주목받을 수 있지만 우리의 메시지에 귀 기울인 고객은 스스로 충분한 시간을 갖고 결국 구매 버튼을 누를 것입니다.

그럼 이런 신뢰받는 눈물의 톤은 어떻게 만들 수 있을까요?

## ⤷ 신뢰를 주는 톤을 만드는 퇴고 방법

하나의 메시지가 명확하게 전해지려면 신뢰가 있어야 합니다. 이런 신뢰를 주는 톤을 만들려면 오랜 시간의 퇴고가 필요합니다. 글을 묵히고, 다듬는 시간이 쌓여야 한다는 뜻입니다. 시간의 쌓임이 묻어난 글은 신뢰받는 눈물의 톤에 가까워지는 것을 넘어서요. 그 자체로도 신뢰에 가까워집니다.

시험 전날 친구들이 밤새우며 공부할 때, 저는 밤 9시만 되면 잤습니다. 다들 제가 시험을 포기한 줄 알았지만, 저는 고등학생 때부터 A 이하 점수를 받아본 적이 없습니다. A−도 없습니다. 내신 만점에 과도한 강박과 집착이 있었습니다. 그래서 미뤄뒀다가 공부를 몰아서 했다가는 몸이 거덜 납니다. 강박과 집착으로부터 생존하기 위해 미리 조금씩 해두는 습관이 생겼습니다.

글쓰기도 마찬가지입니다. 마감에 쫓겨 글을 몰아 쓰지 않으려 미리 써두고 퇴고, 즉 글을 다듬고 고치는 행위에 오랜 시간을 들였습니다. 이 글도 초고를 쓰고 나서 SNS에 올릴 때 한 번 퇴고를 거치고, 책으로 출판될 때는 적어도 세 번의 퇴고를 거치게 되지요. 글쓰기에 있어 퇴고란, 제품을 만드는 데 있어 제품 검수의 단계와 같습니다. 검수하지 않은 제품을 세상에 내보냈다가는 브랜드가 나락으로 가는 고속도로를 타는 것과 같습니다.

다음의 퇴고 노하우는 제가 쓰는 모든 글에 적용하는 건 아니고 힘주어 쓸 때 신뢰를 주는 톤을 만들기 위해 활용했던 방법입니다.

## 직접 소리 내 읽는다

가장 중요한 노하우이니 집중해 주세요. 글을 읽는 데는 소리 내지 않고 마음속으로 읽는 묵독법과 직접 소리 내 읽는 음독법이 있지요. 요즘에야 책을 눈으로만 읽는 것이 당연하지만, 조용히 글을 읽는 것을 이상하게 여기던 시대도 있었습니다. 문자가 지식과 이야기를 전달하는 주요 매체가 되기 전에는 구술이 수천 년 동안 이야기와 지식, 역사를 공유하는 주요 수단이었기 때문입니다. 그래서 능숙하게 말을 구사하는 이야기꾼은 신이나 초자연적인 존재와 특별한 관계를 맺고 있는 것으로 여겨지곤 했습니다.

문자의 등장과 그에 따른 문해력의 확산은 인류의 커뮤니케이션에 중대한 변화를 가져왔습니다. 문자의 중요성이 부각되면서 눈으로 조용히 글을 읽는 새로운 관행이 등장했습니다. 이 행위는 매혹과 의심, 심지어 두려움까지 불러일으켰습니다. 구전 스토리텔링의 오랜 전통에 익숙한 사람들에게 조용히 글을 읽는다는 것은 거의 초자연적인 일처럼 보였습니다. 마치 개인이 사적이고 신비로운 의식을 통해 페이지에 적힌 단어와 교감하는 것으로 비춰졌습니다.

인쇄 기술의 발전 덕분에 일반 대중이 책을 접하기가 더욱 쉬워졌고 조용한 독서가 보편화되었습니다. 조용한 독서를 둘러싼 신비로운 분위기는 점차 사라지고. 사람들은 눈으로만 글을 읽는 행위가 신비스러운 의식이 아닌 자연스러운 행동임을 받아들였습니다.

소리 내서 읽는 음독법이 인간에게는 원초적으로 익숙한 방법입니다. 데이비드 A. 수자의《세계 최고 전문가들의 학습과학 특강》에 따르면 낭독의 효과는 뇌과학적으로도 의미가 있습니다. 독서를 하면 시각과 기억을 담당하는 후두엽, 단어의 의미를 이해하는 베르니케 영역, 주의력을 담당하는 두정엽까지 쓰게 되는데요. 낭독을 할 때는 여기에 문장 형성과 발음을 담당하는 브로커라는 영역까지 활성화된다는 것입니다.

퇴고를 할 때 굳이 낭독까지는 하지 않는 경우가 많습니다. 소리 내서 읽으면 시간도 오래 걸리니까요. 하지만 낭독을 해 보면 마음속으로 읽었을 때는 느낄 수 없었던 문장의 어색함을 잡아낼 수 있습니다. 읽는 소리를 들으면 제삼자의 입장에서 글을 읽는 효과가 있거든요. 그래서 소리 내서 읽을 때 이상하다고 느끼면 읽는 사람도 이상하게 느낄 확률이 높지요.

## 문단을 한 줄로 요약한다

논리정연한 글을 쓰면 독자는 '글이 논리정연하구나'라고 생각하는 것이 아니라 술술 읽힌다고 느낍니다. 술술 읽힌다는 건 글에 장애물이 없고 질서가 있다는 뜻이지요.

술술 읽히는 글을 쓰려면, 문단에서 말하고자 하는 바를 한 줄로 요약해 보는 방법이 있습니다. 그리고 요약된 문장들만 읽었을 때 맥락이나 순서가 막힘없이 이해되어야 합니다. 이 한 줄을 기준으로 삼아 문단의 순서를 바꿀 수도, 필요하지 않은 문단을 삭제할 수도 있습니다. 문단을 통째로 없애거나 순서를 바꾸는 데 주저하지 마세요.

# [B] 논리로 고객을
# 세뇌하는 법

한때 진리라고 여겨졌으나 시간이 지나고 돌아보면 반드시 진리가 아닐 수도 있는 생각이 있을까요? 예를 들어 교과서에 적힌 내용은 모두 사실인가, 대학교에 꼭 가야 하는가와 같은 생각이요.

우리는 어떤 이유로 특정 생각이 진리라고 생각할까요? 그 생각에 유혹당했을 때입니다. 유혹당한지 모른 채 받아들이기도 하고, 유혹당한 걸 알면서도 진리라 받아들이기도 합니다. 개인적으로 고등학교를 가야 한다는 생각은 질문해 보지도 않고 진리라고 받아들였고요. 어른이 되면 운전할 줄 알아야한다는 생각은 진리의 여부와 관계없이 기동력 있는 이미지에 유혹당했습니다. 어떤 사람은 고등학교를 왜 가야 하는지 의문을 품고, 운전의 필요성을 못 느끼기도 하는데 말입니다. 어느 쪽의 생각도 진리라고 말할 수는 없습니다. 다만 나라는 주체를 유혹한 어떤 사실이라고는 말할 수 있습니다.

그러면 어떻게 해야 고객을 우리 제품에 유혹시킬 수 있을까요? 다시 한번 B 구조를 4 프레임과 함께 불러와 보도록 하겠습니다.

**Brainwash(세뇌하기)**
**1. 논리로 고객을 세뇌합니다.**
**2. 효과: 신뢰**
**3. 정체성: 크리에이터**

## ∟→ 뇌를 씻는 것 같은 세뇌와 마케팅의 공통점

우선 'Brainwash'라는 단어부터 살펴볼게요. 직역하면 뇌를 씻는다는 뜻인데, 뇌를 씻고 그 위에 다른 정보를 넣는 '세뇌'와 같은 뜻이라 이해하면 됩니다. 세뇌와 마케팅은 분명 차이가 있지만, 공통적인 목적은 사람들의 행동이나 의견을 바꾸는 것입니다. 이 책에서는 'Brainwash', 즉 세뇌를 강제적인 수단으로써 타인의 의견이나 행동을 조종하는 기술이 아닌, 강력하고 설득력 있는 유혹 정도로 정의하겠습니다. 우리는 제품을 파는 판매자이자 고객을 유혹하는 글을 쓰는 크리에이터이니까요.

다시 말해 우리는 B를 위해 크리에이터의 시선을 탑재하고요. 논리를 바탕으로 설득력 있는 제품 소개 페이지를 작성합니다. 여기서 논리라는 키워드는 매우 중요합니다. 논리에 설득력이 있다고 느끼게 하는 포인트는 뭘까요? 주장이 A였다가 B였다가 하며 말이 바뀌면 앞뒤가 다르고 이상하다고 느낍니다. 논리가 설득력 있다는 것은 어떤 방향에서 그 주장을 보든 한결같다는 것이지요. 물론 논리 외에도 다양한 방법을 동원해 세뇌가 이루어질 수 있지만 고객을 강력하게 유혹하기 위해서는 논리가 필수입니다.

메시지가 어떻게 논리로 이어지는지 묻지 않을 수 없습니다. 글에서 논리란 메시지와 가지런히 걸어가는 직선에 가까운 모양을 지닌다는 정도로만 언급하겠습니다. 뒤에서 더 자세히 설명해 드릴 거예요. 메시지가 단 한 개의 문장이었다면, 논리는 한 문장이 A4 용지 몇 장의 소개 페이지가 되어도 결국 한 문장만 외치는 것입니다. 처음부터 마지막 순간까지 한 번이라도 샛길로 빠져서는 안 돼고요. 이 한 문장을 외치는 논리정연한 과정에서 도움이 될 만한 심리학 개념을 살펴보겠습니다.

## ↳ 꼭 대학교를 가야 할까?

대학교 입시를 준비할 때로 돌아가 봅시다. 저는 입시에 대한 막중한 부담감과 막연한 불안함을 뒤로하고, 대학교 진학 자체에 의문을 품기 시작했습니다. 대학교도 어떤 절대적인 신이 만든 절대적인 목적지가 아니라 어느 한 개인이 만든 지극히 주관적인 장소가 아닌가요? 내가 아직 고등학생이라 대학교를 만들 수는 없지만, 나 또한 언젠가 그런 장소를 만들 수 있는 한 개인이라고 생각하게 되었지요. 그렇다면 왜 한 개인이 만든 대학교라는 틀에 온갖 애를 쓰며 입학을 안달 내야 할까요?

하지만 이러한 논리로 대학교에 가기를 거부한다면요. 내가 왜 대학교 진학에 회의적인지 주장하기에 설득력이 떨어진다는 결론에 다다랐습니다. 누구나 선망하는 대학교에 당당히 입학해 보고, 그곳에 다녀봤는데도 별 실효가 없다고 말해야지 설득력이 있지 않을까 하고요. 그렇게 대학교를 바라보는 시선을 바꾸니 무서웠던 입시가 조금은 가볍게, 그리고 또 웃기게도 느껴졌습니다. 내가 지원하는 학교도 어떤 절대적인 기준으로 나를 평가하는 게 아니고, 나 또한 학교를 선택하는 주체적인 존재라고 여기게 되었죠. 이 깨달음을 기점으로 다시 입시를 적극적으로 준비할 수 있었습니다.

무슨 일이 일어난 걸까요? 인지부조화가 일어난 것입니다. 인지부조화는 상충하는 정보나 생각을 동시에 가지고 있을 때 느끼는 심리적 불편함입니다. 이러한 상황에서 사람들은 자신의 생각이나 행동을 조정하여 부조화를 해소하려고 노력합니다. 저의 경우 대학교에 입학하려고 애쓰는 일이 이상하다는 생각과 그럼에도 주변 사람들이 다 대학교에 가야 한다고 말하는 진리에 가까운 사실이 상충한 것입니다. 이러한 상황에서 저는 이 심리적 불편함을 해결하기 위해 내가 대학을 선택하는 주체라고 생각을 바꾼 것입니다.

달라진 생각은 강력합니다. 생각을 바꾸기 위해 이미 많은 에너지를 소모했기 때문입니다. 여기서 더 나아가 확증편향 개념에 대해서도 생각해 볼 필요가 있습니다. 이는 사람들이 자신의 믿음이나 가치관을 뒷받침하는 정보를 선호하고 찾아내는 경향을 설명하는 심리학 용어입니다. 이 현상은 자신이 이미 믿고 있는 것에 집중하게 만들고, 상반되거나 모순되는 정보는 간과하거나 부인하게 만듭니다.

대학교에 대한 생각이 바뀌고 나서는 입시 준비에 대한 장점을 마구잡이로 갖다 붙이기 시작했습니다. 입시 에세이를 쓰는 과정을 지금까지 내 학창 시절을 정리하는 기회로 삼는다고 여겼고, 작문 시험을 준비하면서 영어 문법에 대한 개념을 제대로 다지는 기회라고 생각했습니다. 우리는 땅을 구매하기 직전까지는 이 투자가 과연 합당한지 지독하게 공부하고 따져봅니다. 하지만 계약서에 서명한 이후로는 땅값이 오를 것이라는 신문 기사만 찾아봅니다. 땅값이 내려갈 수 있다는 언질만 봐도 고개를 돌리고 귀를 닫습니다. 내 제품에 대한 고객의 생각을 변화시켜 유혹하면, 고객은 변화된 생각이 맞는다는 증거를 계속 찾을 것입니다.

## ↳ 글쓰기에서 세뇌란?

대학 입시 사례처럼 당연하게 생각했던 것을 의심하고 질문하는 자세에서 남을 설득하는 강력한 힘이 생깁니다. 이제 인지부조화와 확증편향을 글쓰기와 연관시켜 고객의 관심을 끌고 행동을 유도하는 네 가지 방법을 살펴보겠습니다.

### 1. 도전적인 주장

글의 시작 부분에서 고객이 기존에 가지고 있을 법한 생각이나 가치관에 도전하는 주장을 제시할 수 있습니다. '대학교를 꼭 가야 하나?'와 같은 주장 말이죠. '꼭 부동산 투자를 해야 하나?' '고양이에게 자동으로 물을 주는 기계는 꼭 전기 콘센트에 연결되어야 하나?'와 같은 주장도 있습니다. 이로 인해 고객의 호기심을 자아내어 글을 끝까지 읽고 싶도록 이끕니다.

## 2. 직선의 논리

도전적인 주장을 하고 난 다음, 그 주장이 어떻게 논리적으로 타당하며 정당한지 설명합니다. 이 과정에서 독자들은 부조화를 해소하고 싶어 하고 결과적으로 크리에이터의 입장에 동의하게 됩니다. 이때 논리가 메시지와 동떨어지면 안 됩니다. 논리는 메시지와 직선으로 연결되어 있어야 합니다.

예를 들어 고양이 급수기를 판매한다고 가정해 봅시다. 이 제품에 대한 메시지가 전기 콘센트에 연결하지 않아도 되는 무선 급수기라면요. 이를 위한 논리로 갑자기 급수기가 얼마나 가벼운지를 말해서는 안 됩니다. 가벼운 무게가 아주 큰 장점일지라도요. 의도적으로 무게에 대한 설명은 분량을 줄여야 합니다. 대신 유선 제품일 때의 감전 위험, 고장 문제 등 단점이 있지만 무선일 때는 자유로운 배치와 저소음이라는 장점을 들어야 논리적입니다.

## 3. 자발적인 행동 유도

이 논리로 일반 그릇이나 유선 급수기를 쓰던 고객이 무선 급수기가 더 낫다고 생각을 바꾸었다면요. 마지막으로는 자발적으로 행동하도록 유도합니다. 제품을 썼을 때 긍정적인 결과를 경험한 다른 고객들의 후기나 수많은 고양이가 무선 급수기에 옹기종기 모여 물을 맛있게 마시는 모습을 보여줄 수 있습니다. 그렇게 스스로 선택한 고객은 본인의 변화된 생각과 이를 반영하는 구매 제품에 대해 확증편향을 가지게 됩니다.

이러한 인지부조화 및 확증편향의 과정을 우아하게, 또 논리적으로 사용하려면 먼저 메시지가 강력해야 합니다. 그리고 이 메시지를 뒷받침하는 정당한 논리를 갖추어야 합니다. 그렇지 않으면 독자의 신뢰를 잃게 되고, 결국 독자와 브랜드의 연결이 약해져 지속적으로 성공하기 어려워집니다.

### 4. 의심의 해체

마지막입니다. 자발적인 행동을 유도하는 것만으로도 세뇌법을 충분히 익힌 것인데요. 여기에 강력한 방법론을 하나 더하겠습니다. 바로 의심의 해체입니다. 우리는 책을 읽으며 스스로 '이게 말이 돼?' '흠, 그건 아닌 것 같은데'와 같이 의심 섞인 평가를 합니다.

크리에이터는 이 의심을 그대로 문장에 녹이고 의심에 대한 답을 해주어야 합니다. 예를 들어 저는 "이 책을 끝까지 읽게 하겠다"고 장담합니다. 이 문장을 읽는 사람은 그게 어떻게 가능한지 의심을 할 테고요. 저는 바로 다음 문장에서 "당연히 호언장담이라 생각해 의심이 스멀스멀 올라왔을 것임을 안다"고 말합니다. 그럼에도 불구하고 저는 "이 글을 끝까지 읽게 만들 수 있다"고 말합니다. 왜

냐면 지금도 이 글을 읽고 있기 때문입니다. 쓰는 이가 고객보다 먼저 나서서 의심을 풀어주는 문장은 유효할 뿐만 아니라 강력합니다.

의심을 해체하면 호감까지 살 수 있습니다. 사실 호감이란 것은 돈을 주고도 사기 어려운 것인데요. 한 친구의 결혼식에서 신랑 아버지가 주례를 했습니다. 모두가 의아했습니다. 보통 신부 아버지가 주례를 하는 경우가 더 많아서일 겁니다. 그때 신랑 아버지가 미리 선수를 칩니다. "신랑 아버지가 주례해서 의아하셨죠? 제가 머리카락이 없어서 신부 아버님께서 배려를 해주셨습니다." 그러고 보니 신랑 아버지의 귀여운 머리숱도, 말하지 않았지만 모두가 인지하고 있던 사실이었습니다. 웃음이 터졌습니다. 저는 이 문장 하나로 신랑 아버지의 말에 귀를 기울이게 됐습니다. 자세를 고쳐 바로 앉았습니다. 그 사람의 말에 귀 기울이게 하는 것을 넘어 호감까지 살 수 있다면 의심의 해체를 놓칠 이유가 없습니다.

# [B] 파는 데
# 왜 논리가 필요한가

팔리는 글에는 논리가 필요합니다. 지겹게 복습합니다. 글에서 논리는 메시지와 가지런히 직선에 가깝게 걸어갑니다. 처음부터 마지막 순간까지 샛길로 빠져서는 안 됩니다. 메시지가 단 한 개의 문장이었다면 논리는 한 문장이 한 페이지가 되어도 한 문장만을 외치는 것입니다.

가령 '딸기 모자 아저씨'라는 메시지는 오직 딸기만 파는 상인을 떠올리게 합니다. 얼마나 딸기에 몰두했으면 딸기 모자까지 쓰고 딸기를 팔까 그 마음을 헤아려 보게 합니다. 그런데 이 가게에 들어갔더니 아저씨가 천혜향도 팔고 망고도 판다고 해봅시다. 그러면 메시지의 힘이 반감됩니다.

실제로 이 아저씨는 정말 딸기만 보고 사는 사람으로 기억됩니다. 딸기 위에 키친타월을 덮고 비닐로 밀봉해 냉장고에 보관해야 맛있다며 제 뒤통수에 대고 재차 설명하는 외침이 사랑스럽기까지 합니다.

더불어 딸기에 진심인 사람의 이미지는 마땅히 딸기가 얼마나 맛있을지 기대하게 만듭니다. 아저씨는 맛에 자신이 있는지 붉디붉은 딸기를 무료로 시식하게 해줍니다. 고개를 끄덕이게 되는 흐름입니다. 그런데 아저씨가 딸기를 노란색으로 만들기 위해 얼마나 노력했는지만 떠든다고 생각해 보면 고개를 갸우뚱하게 됩니다.

요지는 딸기만 사랑하는 사람이 맛있는 딸기를 파는 것 외에 다른 행위는 의도적으로 줄여야 합니다. 천혜향을 같이 판다거나 딸기를 개량한다는 것은 버리거나 중요도를 낮춰야 합니다. 판매자는 내가 팔 수 있다고 다 파는 것이 아니라 내가 팔아야 하는 것만 파는 겁니다. 물론 딸기 아저씨가 천혜향을 팔 능력도 있겠지요. 하지만 딸기 모자 아저씨가 천혜향 대신 딸기와 함께 먹을 수 있는 생크림을 곁들여 판다면 자연스럽게 고개가 끄덕여집니다. 이 자연스러움은 글의 논리가 낳은 결과물입니다.

제가 오프라인 가게가 아닌 온라인에서 이 딸기를 판다면요. 상세 페이지의 처음부터 끝까지 내가 왜 딸기에 미치게 됐는지, 이 맛있는 딸기를 팔기 위해 지난 8년 동안 어떤 산전수전을 겪었는지 쓸 겁니다. 이 딸기의 당도를 측정한 수치, 딸기와 꿀의 당도 비교, 딸기를 처음부터 끝까지 달게 먹을 수 있는 보관법, 이 딸기만 찾는 분당권 딸들의 후기를 쓸 겁니다. 주야장천 내가 얼마나 딸기에 미쳤으며 이 딸기가 얼마나 맛있는지를 메시지로 전달하는 건데요. 다른 각도에서 하나의 메시지를 말하므로 읽는 사람 입장에서는 지루하지 않습니다. 이 상세 페이지를 읽고 나면 "와, 딸기에 미친 사람이 파는 진짜 맛있는 딸기구나"를 혀가 먼저 느낍니다. 그것이면 충분합니다.

## ↳ 논리의 끝판왕 구조: 주장-이유-근거

이 설명이 약간 추상적으로 느껴지나요? 그렇다면 논리의 끝판왕이 될 수 있는 구조 하나를 알려드리고 싶습니다. 주장-이유-근거의 3단 구조입니다. 이유와 근거가 같은 말인 것 같지만 조금 다릅니다. 예를 들어 제가 "초콜릿을 먹으면 기분이 좋아집니다"와 같은 주장을 했다고 칩시다. 이유는 그 주장을 만들어낸 개인의 경험, 생각, 감정 등 주관적 요소를 포함합니다. "저는 초콜릿을 먹을 때마다 달콤한 맛에 행복해지기 때문입니다"까지 적었다면 이유만 적은 것입니다. 더 나아가 이유는 근거를 포함할 수 있습니다. 근거는 이유를 뒷받침해서 더 강력하게 만들어주는 객관적인 사실이나 정보입니다. "여러 연구에서 초콜릿 섭취가 세로토닌 수치를 증가시켜 기분을 좋게 만듦을 밝혔습니다"와 같은 것이 근거입니다.

이유가 너무 주관적인데? 너무 가벼운데? 싶어도 괜찮습니다. 이유가 있는 것과 없는 것은 차원이 다릅니다. 줄을 새치기할 때도 "제가 먼저 좀 갈게요"라고만 말하지 말고 "제가 좀 급한 일이 있어서 그런데(이유), 제가 먼저 좀 갈게요"라고 하면 양보를 더 잘 해줍니다. 한번 해보세요. 이유의 힘을 체감할 겁니다.

저는 업무와 관련 커뮤니케이션을 할 때도 요청만 하지 않고 요청에 대한 이유를 의도적으로 붙입니다. 보통 "요청에 무슨 이유가 있어, 그냥 요청하면 되는 거 아니야?"라고 생각해 내가 아는 이유를 상대도 알 거라 생각합니다. 하지만 이유가 있을 때 주장은 강력해집니다. "원고 검토에 소요되는 일정을 알려주시면 감사하겠습니다."라고 요청하는 것 대신 이렇게 쓸 수 있습니다. "원고 검토에 소요되는 일정을 간략하게라도 알려주시면, 추가로 수정할 시간을 미리 비워두겠습니다." 이때 받는 사람에게 이익이 될 만한 이유를 덧붙이면 더할 나위 없이 좋습니다. 예를 들어보겠습니다.

### 1. 주장(claim)

원고 검토에 소요될 일정을 사전에 알려주세요.

### 2. 이유(reason)

그에 맞춰 제 일정도 조정해 두려고 합니다.

### 3. 근거(evidence)

원고를 추가로 수정할 시간을 미리 확보하여 더 완성도 높게 작업할 수 있습니다.

주장은 말하고자 하는 바의 핵심을 나타내고, 이유는 주장을 논리적으로 지지하며, 근거는 이유를 구체화하고 뒷받침합니다. 이러한 구조를 사용하면 글을 보다 논리적이고 타당하게 구성할 수 있습니다.

## └→ 철학자의 말놀이처럼 논리 구조 완성하기

저는 학부 시절 내내 철학을 공부하면서 철학자들이 말놀이를 한다고 생각했습니다. 한 철학자가 어떤 주장을 하면 그 주장을 다른 철학자가 반박합니다. 그 반박에 대한 이유를 대고 근거를 붙이기도 전에 또 다른 철학자가 반박한 주장에 대해 반박하는 이유를 댑니다. 이 반박 놀이가 글의 구조를 만드는 연습이 된다는 것을 깨달았습니다. 반박하는 과정에서 이유의 논리가 탄탄해지기 때문입니다.

하지만 철학자가 아닌 일반인인 우리가 근거를 먼저 대거나 근거만 대거나, 이유만 대면 힘이 떨어집니다. 주장-이유-근거 구조로 말하면 글솜씨가 뛰어나지 않아도 힘 있는 글이 될 것입니다.

논리적인 글은 대부분 이 구조를 갖추고 있습니다. 다시 한번 이 내용을 제품을 파는 상세 페이지에 대입해 볼게요. 제품을 설명하는 단 하나의 메시지를 주장합니다. 이 제품이 좋으니 사라고요. 그 주장에 대해서만 이유와 근거를 함께 들어야 논리적입니다. 갑자기 다른 주장이 나오거나, 처음에 했던 주장과는 별 관계없는 이유나 근거가 나오면 논리가 깨집니다.

과하게 압축해 메시지와 논리를 정리하면 다음과 같습니다. 메시지는 제품을 가장 잘 설명하는 한 문장이며, 논리는 이 한 문장을 한 페이지로 늘려도 고개가 끄덕여지는 이유와 근거를 품은 직선의 흐름입니다.

# [B] 이질적인데 사게 되는 글은 뭐가 다른가

'이질적이다'라고 느꼈을 때를 떠올려 보세요. 전체적인 분위기에 어울리지 않는 무언가가 덩그러니 있을 때, 서로 다른 성질이 섞여 있을 때 우리는 '이질적'이라고 표현합니다. 고가의 예술 작품 사이에 변기가 놓여 있을 때, 여의도 공원 한복판에 얼룩말 무리가 지나갈 때, 기왓집 대문에 달린 도어락을 볼 때, 우리는 이질감을 느낍니다.

이질적이라고 느끼면서도 구매 버튼을 누르는 경우가 있습니다. '이질감'과 '구매' 사이의 과정에서 어떤 일이 일어난 걸까요? 이에 앞서 왜 이질감이 논리의 맥락에서 등장하는지 이질감이 들지 않았나요? 제가 논리적인 근거로 설득해 보겠습니다.

## ⤷ 이질감으로 설득하기

이질적인 상황에서는 인지부조화가 발생합니다. 앞서 논리를 설명하면서 인지부조화에 대해 간략히 언급했습니다. 인지부조화란 두 가지 이상의 서로 모순되는 생각, 감정, 믿음 등을 동시에 가지고 있을 때 발생하는 심리적 불편함을 말합니다.

이때 우리는 부조화를 줄이기 위해 다른 의견에 대해 열린 자세를 취하게 됩니다. 판매자는 이 지점을 파고들 수 있습니다. 고객을 설득할 때 이질감을 건들면 고객은 호기심을 느낄 뿐 아니라 고객 스스로 이 인지부조화를 해결하려고 제품 설명에 귀를 기울이게 됩니다.

## ⤷ 인지부조화로 이목을 끄는 법

인지부조화를 활용하여 이질감을 촉발하고 제품의 관심을 끌어내는 전략은 레온 페스팅거<sup>Leon Festinger</sup> 실험에 기반합니다. 이 실험은 사람들이 큰 노력을 들인 대가로 작은 보상을 받더라도 긍정적으로 인식하게 되는 현상입니다.

레온 페스팅거와 제임스 메릴 칼스미스<sup>James Merrill Carlsmith</sup>은 인지부조화를 관찰하기 위한 실험을 했습니다. 실험 참가자들은 지루하고 의미 없는 작업을 완료한 후 한 그룹은 1달러, 다른 그룹은 20달러의 보상을 받았습니다.

이후 참가자들은 작업이 얼마나 재미있었는지 평가했습니다. 결과는 1달러의 적은 보상을 받은 참가자 그룹이 작업에서 더 큰 즐거움을 느꼈다고 답했습니다. 이는 인지부조화 현상 때문입니다.

이러한 결과를 레온 페스팅거는 다음과 같이 설명합니다.

이러한 차이는 피실험자가 스스로에게 자신이 한 일은 재미있었고, 즐거웠다고 설득하는 과정에서 발생한 인지부조화 때문에 나타난 것이다. 1달러를 보상받은 집단의 사람들이 느낀 인지부조화의 정도가 가장 크고, 또 그 부조화를 줄여야 할 압력도 그들이 가장 강하게 받았다. 1달러 보상 그룹에 비해, 20달러를 보상받은 사람들이 겪은 인지부조화 정도는 상대적으로 좀 더 낮아서 그 부조화를 감소시키는 압력도 상대적으로 약하게 받은 것이다.

즉, 작은 보상에도 불구하고 노력이라는 행위를 긍정적으로 인식하기 위해 지루한 작업을 즐겁다고 여기게 된 것입니다. 이 실험을 통해 이질감이나 인지부조화를 느끼는 상황에서도 소비자가 제품에 관심을 가지고 구매할 수 있음을 알 수 있습니다.

## ↳ 이질감 활용하기 실전

그럼 우리는 어떻게 이질감을 활용해 문장을 쓸 수 있을까요? 상반되는 두 키워드를 충돌시키는 방법이 있습니다.

제가 팔았던 전자책 중 '아이비리그 출신이 만든 직장인 10분 영어'라는 키워드도 이 충돌법을 사용했습니다. '아이비리그'는 딴 세상에 있는 단어처럼 느껴질지라도, '10분'은 누구나에게 아주 가까운 단어입니다. 나와 각 단어 사이의 거리감이 다를 때도 이질감이 자극됩니다. '아이비리그'가 영어 학습에 있어 신빙성을 세우는 도구이자 '10분'이라는 키워드와 함께 사용될 때는 이질감을 촉발하는 역할도 합니다.

또 다른 예로 '날씬한 아이스크림'이라는 키워드를 봅시다. 날씬함과 아이스크림은 상반돼도 아주 상반된 키워드입니다. 아이스크림을 먹으면 날씬해지기는커녕 살이 찔 겁니다. 하지만 날씬한 아이스크림이라는 게 무슨 말인지는 알겠죠? 이 제품이 말하고자 하는 바는 '저칼로리 아이스크림'입니다. 이 아이스크림을 먹는다고 날씬해지는 건 아니지만, 일반 아이스크림보다는 칼로리가 훨씬 적겠다는 생각이 듭니다. 날씬함과 아이스크림이라는 두 가지 상반된 키워드가 자아내는 요상한 이질감이 고객 입장에서는 이 제품을 보다 잘 기억할 수 있습니다. 이렇게 인지하게 된 '날씬한 아이스크림'은, '오늘은 아이스크림이 당기는데?' 할 때 문득 떠오릅니다. '아, 그 날씬한 아이스크림 한번 먹어볼까?' 하고요.

이렇게 어울리지 않는 키워드 두 개를 충돌시키는 방식은 소위 '떡상'하는 영상을 만드는 방법으로도 쓰입니다. 예로 빌 게이츠(부자)가 식료품 가게 자재들(일반적)의 가격을 맞히는 영상은 조회 수가 4043만 회 나왔고요. 할아버지들이 섹시한 춤을 추는 영상도 시선을 끕니다.

'어딘가 낯선데 묘하게 끌린단 말이지?' 하고 고객에게 제품을 세뇌하는 과정에서 다양한 방법을 동원할 수 있습니다. 그중 제가 제안하는 건 바로 이질감을 촉발하는 방법입니다.

# [B] 술술 읽히는 글은
# 상도덕이 있다

술술 읽히는 글에서 가장 중요한 특징이 뭘까요? 우선 문단을 나누라는 고루하고 기초적인 말로 시작하고 싶지 않지만, 문단을 나누라는 말부터 하겠습니다. 3시간 동안 혼자 말할 수 있는 분량이면 책 한 권이 된다고 합니다. 말도 3시간 동안 쉬지 않고 계속 떠들면 길을 잃기 쉬운데요. 책의 경우 챕터별로 나눠져 있지 않으면 독자는 반드시 길을 잃습니다.

눈치채셨는지 모르겠지만, 한 편의 글 안에서도 저는 문단을 나눠서 소제목까지 붙였습니다. 소설이라면 굳이 이러지 않을 텐데요. 왜 소제목을 붙이며 문단을 나눴을까요?

# ↳ 금붕어보다 짧은 우리의 주의집중 시간

저는 파는 글이라면 시대의 흐름에 따라 역성장한 콘텐츠 집중력도 고려해야 된다고 생각합니다. 제가 어렸을 땐 좋아하는 드라마를 일주일 내내 기다렸어요. 저녁 7시에 시작하는 드라마를 6시 50분부터 앉아서도 기다렸지요. 드라마가 시작하기 전에 나오는 광고도 전부 달게 봤습니다. 그러다 유튜브라는 신세계가 도래했고, 지금은 유튜브 광고도 지루해서 광고를 건너뛰는 프리미엄을 구매하고, 이제 몇 분짜리 영상도 지루해서 쇼츠를 보지요. 가관입니다.

마이크로소프트에서 진행한 연구에 따르면 인간의 집중력이 2000년에는 12초에서 2013년 8초로 감소했는데, 이는 디지털화된 생활 방식이 뇌에 미치는 영향을 극명하게 보여줍니다. 집중력이 떨어지는 것으로 악명 높은 금붕어의 평균 집중 시간은 9초지만, 사람들은 이제 8초 후에 집중력을 잃는 겁니다. 금붕어보다 짧은 우리의 주의집중 시간이라니요.

우리의 주의집중 시간은 콘텐츠를 제작하는 가이드라인에서도 중요한 역할을 합니다. 퓨 리서치 센터의 연구에 따르면 온라인 영상을 시청하는 미국 성인의 62퍼센트는 계속 시청할지 또는 다른 영상으로 이동할지에 대한 결정을 시청한 지 10초 미만에 내리는 경향이 있습니다.[8] 쇼츠 형식으로 대변되는 요즘 영상에는 도입부인 처음 5초를 잡아야 한다고들 합니다.

영상만 그럴까요? 《스마트 브레비티》에서 소개하는 연구에 따르면 클릭한 뉴스 콘텐츠를 읽는 데 독자가 소비하는 시간은 평균 15초에 불과했습니다.[10] 대부분의 텍스트는 스캔될 뿐 읽히지 않는다는 겁니다. 콘텐츠 환경이 완전히 바뀌었는데도 영상과 비교해 텍스트는 여전히 과거에 머물러 있지 않은지 돌아볼 필요가 있습니다.

제 파는 글이 잘 읽혔다면 그건 문단을 나눠서일 겁니다. 문단을 나눈다고 제가 지금 하는 것처럼 문단마다 제목을 붙일 필요는 없습니다. 그 문단을 끌고 가는 질문을 제목으로 적어도 되고, 그 문단에서 말하고자 하는 핵심을 큰 제목으로 적어도 됩니다. 핵심은 금붕어보다 짧은 우리의 집중 시간을 고려해 나누는 것입니다.

## ⤷ 운율을 가진 단어가 잘 읽힌다

'술술 읽히는 글은 상도덕이 있다.' 이 문장을 소리 내서 읽어보실래요? 이 문장 중 술술이라는 단어는 /술/ /술/ 이렇게 끊어 발음하기가 어려울 겁니다. '술술'은 단어 자체로 술~ 술~ 읽히는 편이죠. 이처럼 운율이 있는 단어를 사용하면 더 매끄럽게 읽힙니다.

하지만 단어 자체로 운율이 있는 단어가 한정적이기 때문에, 운율을 가진 단어를 찾기보다 노래를 부르듯이 써봅시다.

원숭이 엉덩이는 빨개, 빨가면 사과, 사과는 맛있어, 맛있으면 바나나, 바나나는 길어, 길으면 기차, 기차는 빨라, 빠르면 비행기, 비행기는 높아, 높으면 백두산

단어 자체에 운율이 있지도 않은데, 운율을 붙여 읽게 되죠? 친숙한 노래여서 그런 것도 있지만요. 이 가사는 다음과 같이 구조화됩니다.

**1. A는 B다.**

**2. B는 C다.**

**3. C는 D다.**

**4. D는 E다.**

눈치채셨어요? 문장과 문장 간에 연결점이 있는 겁니다. 2번 문장의 시작, 즉 주어는 1번 문장과의 연결점이 됩니다. 연결점은 단어일 수도 문장 전체의 내용일 수도 있습니다. 단어도, 전체 문장도 아니라면 '그리고'나 '하지만'과 같은 접속사가 필요한데요. 되도록 접속사를 생략하도록 노력하면 더할 나위 없이 바람직합니다. 이 포인트도 꼭 염두에 두고 글을 쓰시면 좋겠습니다.

우리의 금붕어 집중력을 고려해 '술술'의 운율을 다뤘던 문단을 다시 가져와서 해체해 볼까요?

1. "술술 읽히는 글은 상도덕이 있다." **이 문장**을 소리 내서 읽어볼까요?

2. **이 문장** 중 **술술**이라는 단어는 /술/ /술/ 이렇게 끊어 발음하기가 어려울 겁니다.

3. **술술**은 하나의 단어로 술~ 술~ 읽히는 편이죠.

4. 이처럼 **운율을 가지고 있는 단어를 사용**하면 더 매끄럽게 읽히는 느낌이 듭니다.

이제 좀 보이시죠? 1번 문장에 쓰인 '이 문장'이 2번 문장의 주어로 사용되고요. 2번 문장에 쓰인 '술술'이라는 단어가 3번 문장의 주어로 사용됩니다. 그리고 3번 문장 전체에서 말하는 바가 4번 문장의 주어로 사용됩니다.


## ⌐→ 주어만 명확해도 전달이 훨씬 잘된다

주어 얘기를 조금 더 해볼까요? 글이 좀 두서없고, 뭔 말인지 모르겠을 때는 전 문장에서 주어를 가져오지 않은 경우가 많습니다. 주어 자체가 모호할 때도 있습니다.

앞으로 보실 문장 하나로 화가 날 수 있음을 미리 경고합니다. 제가 실제로 협력 업체로부터 전달받은 문자를 다소 가공했습니다.

이 내용은 제가 본사와 얘기를 해봐야 하는 부분이라, 약간의 시간을 주시면 제가 이것저것 잘 좀 이렇게 처리해서 앞으로 이런 일이 없도록 하겠습니다.

무슨 말인고 하니 협력 업체가 제공한 제품 중 상당수가 불량품으로 확인돼, 앞으로 불량률을 줄이겠다는 건데요.

우리는 이야기를 할 때 '이 내용은, 이 부분은, 이런 일은, 이렇게, 이것은, 이번에'와 같은 '이'로 시작하는 애매한 표현을 과하게 쓰곤 합니다. 말할 때는 문맥상 의미를 파악할 수도 있습니다. 문제는 이 단어들이 글쓰기에도 자주 나타난다는 것입니다. 쓴 글을 고치는 과정에서 '이'가 많아서 모호하다 싶으면 '이'를 구체화하는 연습이 필요합니다.

'이 내용'과 '부분'은 '3일자로 납품된 X 제품 중 불량률이 5퍼센트 이상 발생한 것'으로 구체화할 수 있고요. '이것저것'과 '이렇게'는 '본사와 해결 방안을 논의하는 것'으로 구체화할 수 있습니다. '이런 일'은 '동일한 문제가 반복되는 것'이겠네요.

그대로 본 문장에 대입해 볼게요.

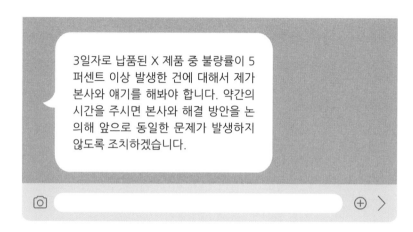

3일자로 납품된 X 제품 중 불량률이 5퍼센트 이상 발생한 건에 대해서 제가 본사와 얘기를 해봐야 합니다. 약간의 시간을 주시면 본사와 해결 방안을 논의해 앞으로 동일한 문제가 발생하지 않도록 조치하겠습니다.

조금 낫지요? 이 모호한 문장으로 난 화를 풀어드리기 위해 조금 더 노력해 봅니다. 위 문자를 받으면 받는 사람 입장에서는 또 질문이 생기거든요. "해결 방안에 대한 회신은 언제까지 기다려야 할까요?" '15일까지' 회신하겠다고 추가해서 질문을 미리 막아봅시다.

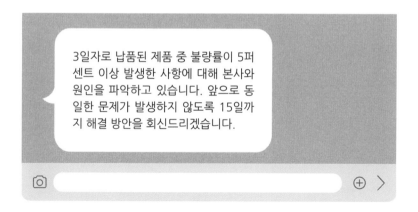

3일자로 납품된 제품 중 불량률이 5퍼센트 이상 발생한 사항에 대해 본사와 원인을 파악하고 있습니다. 앞으로 동일한 문제가 발생하지 않도록 15일까지 해결 방안을 회신드리겠습니다.

## ⌐→ 단어의 배치에도 상도덕이 있다

화를 풀어드렸는데, 제가 다시 한번 화를 돋워도 될까요? 위 문장을 아주 약간만 바꿔보면 상도덕이 없는 문장이 됩니다.

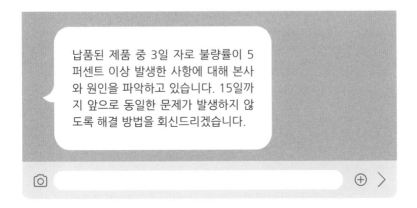

> 납품된 제품 중 3일 자로 불량률이 5퍼센트 이상 발생한 사항에 대해 본사와 원인을 파악하고 있습니다. 15일까지 앞으로 동일한 문제가 발생하지 않도록 해결 방법을 회신드리겠습니다.

"이 내용은"으로 시작한 문장보다는 조금 덜 화가 나지만 이전 문장보다 덜 술술 읽혔을 겁니다. 단어의 배치 때문인데요. 첫 번째 문장은 심각합니다. 납품된 제품의 불량품이 3일에 발견된 걸로 오해할 수 있습니다. 사실은 3일에 납품된 제품의 불량품이 7일에 발견된 거거든요. '3일 자로'의 위치가 '납품된' 앞이어야지 '불량률이' 앞에 있으면 뜻이 아예 달라져 버립니다.

### 1. 기존 문장

**3일자로 납품된** 제품 중 불량률이 5퍼센트 이상 발생한 사항에 대해 본사와 원인을 파악하고 있습니다.

## 2. 상도덕이 없는 문장

납품된 제품 중 **3일자로 불량률**이 5퍼센트 이상 발생한 사항에 대해 본사와 원인을 파악하고 있습니다.

두 번째 문장은 영어를 배울 때처럼 나눠봅시다.

## 1. 기존 문장

앞으로 동일한 문제가 발생하지 않도록 / 15일까지 해결 방법을 회신 드리겠습니다.

## 2. 상도덕이 없는 문장

15일까지 / 앞으로 동일한 문제가 발생하지 않도록 / 해결 방법을 회 신 드리겠습니다.

두 번만 끊어도 되는 문장이 세 번 끊겨서 덜 술술 읽히는 겁니다. 또한 듣는 사람 입장에서는 며칠까지 회신받는 것이 중요한데 15일까지 논의해서 15일까지 회신을 주는지, 논의는 15일까지 하고 회신은 그 후에 주는지 헷갈립니다. 따라서 '15일까지'의 위치는 '회 신드리겠습니다'와 붙어야 합니다. 이처럼 평소 구어로 말하던 것을 문장으로 옮겨올 때는 상도덕을 생각하며 단어를 배치해야 합니다. 술술 읽히는 걸 떠나서 문장의 뜻이 아예 달라질 수 있습니다.

# [C] 고객과 은근히
# 연결되는 법

내 삶에 은근히, 그리고 깊숙이 스며든 제품이나 서비스가 있는 지 돌아볼까요? 내가 꾸준히 찾는 것이라면 더 좋습니다. 그것이 어떻게 내 삶에 들어오게 됐는지 첫 만남의 순간을 생각해 봅시다.

꾸준히 찾는 것이라면 스타벅스, 애플, 나이키, 토스, 컬리와 같이 진부한 대답만이 떠오릅니다. 조금 더 생각해 봅니다. 집 내부의 물건도 둘러보고요. 네이버페이에 들어가 최근에 구매한 내역도 살펴봅니다. 그러다가 신형철 문학평론가의 책이 제 삶에 은근히 그리고 깊숙이 스며든 제품임을 발견합니다. 그가 책을 내면 제목도 안 보고 그냥 삽니다. 그가 거의 10년 전에 녹음한 팟캐스트를 몇 번이고 다시 듣고 있고요. 신형철이라는 브랜드는 별다른 홍보도 하지 않는 것처럼 보입니다. 그는 마케팅과 아주 멀리 떨어져 있는 것처럼 보이죠. 하지만 동시에 범접할 수 없는 마케팅을 하고 있는 사람이라고 생각합니다.

## ↳ 마케팅을 시작한 계기

저는 대학생 때 경제학과 철학을 공부했지만 뜬금없이 첫 번째 직장에서 팀원도 없는 마케팅 헤드로 일하게 되었습니다. 더 정확하게는 사내 1인 마케터였습니다. 마케팅의 마 자도 모르는데 그 자리가 덜컥 주어졌어요. 제가 회사에서 글을 써서 제품을 파는 모습이 대표님에게는 마케팅을 하는 것으로 보였나 봅니다. 그렇게 마케팅이라는 직무로 사회생활을 시작하니, 다음 직장에서도 마케터로 일하게 되었습니다. 하지만 저는 한 번도 스스로를 마케터라고 생각한 적도 없고, 마케팅을 하고 있다고 느끼지도 못했습니다. 저는 그저 글을 쓰고 글로 커뮤니케이션을 하는 사람이었어요.

하지만 마케팅이라 불리는 영역 언저리에 있는 고민은 멈추지 않았습니다. 마케팅이란 제품만 좋으면 굳이 필요하지 않은 행위라는 생각도 했었고, 무엇보다 제품을 파는 사람이 중요하다고 섣불리 답을 내기도 했습니다. 하지만 제품이 아무리 좋아도 팔리지 않는 제품을 보았고, 제품을 파는 사람이 드러나지 않아도 잘 팔리는 제품도 보았습니다.

그래서 제품을 만든 스토리, 즉 철학이 전부라는 생각을 했습니다. 제품을 만든 사람이 드러나지 않더라도 철학이 담긴 제품이 팔리는 것이라고요. 아니면 사람들이 떠들 만한 재미있는 이야기가 담긴 브랜드여야 마케팅하기 쉽겠다는 생각도 했습니다. 예를 들어 아빠가 딸의 입냄새를 없애기 위해 만든 가글이라든가, 남편이 아내를 위해 만든 여성용 영양제라든가 그런 이야기 말이에요.

퍼포먼스 마케팅이 유행일 때는 어떻게 하면 최소의 비용으로 최대의 효과를 거두는 광고 효율을 낼 수 있나 고민하기도 했습니다. 그런데 이 최적화라는 것도 광고비를 작게는 몇십만 원, 많게는 몇백만 원 단위로 쓰면서 논한다는 게 새삼 웃겼습니다. 적어도 몇천만 원, 최대 몇억 원 단위로 광고를 태워야 최적화도 의미가 있음을 알게 되었습니다. 최적화를 위한 실험을 하려면 일단 자본이 필요한 만큼 그렇다면 광고비를 많이 태울 수 있는 것이 곧 마케팅 파워가 아닌가 하고 좌절하기도 했습니다. 모델을 써서 브랜드를 단번에 띄우는 것을 보면서 돈이 곧 마케팅이라는 생각이 굳어졌습니다. 하지만 그런 시각으로 보면 대기업 제품만 성공해야 하는데 그것도 아니었는 겁니다.

시간이 지나 글이 아닌 이미지로 고객을 설득해야 하는 시대가 왔습니다. 이미지는 제품을 쓰기 전과 후의 차이가 잘 드러날수록 좋았습니다. 기획 단계부터 전과 후 이미지가 명확하게 드러나도록 제품을 설계해 판매하기도 했습니다. 예를 들어 발바닥에 붙이면 체내 노폐물 배출을 돕는다는 패치가 한때 유행했었죠. 배출을 돕는다는 것을 확인이라도 시켜주듯, 하얀색 패치가 검은색으로 변하는 것을 드라마틱하게 보여준 이 제품은 불티나게 팔렸습니다. 검은색이 진짜 노폐물인지 아닌지는 아직도 모르겠습니다. 엄마는 노폐물이라 주장하고, 저는 아니라 주장합니다.

이미지를 중심으로 하는 광고 트렌드는 곧 영상으로 넘어왔습니다. 시간이 지나면서 그 영상 또한 더 짧고 강력해야 함을 요요구받았습니다. 고객은 점점 더 똑똑해졌습니다. 자신이 언젠가 강아지 사료를 검색했거나 관련 사이트에 들어갔으면 사료 관련 광고에 리타기팅되는 것도 알게 되었고 '인스타템'에 대한 거부감도 높아졌습니다. 공신력 있는 인플루언서를 믿고 구매하는 공구 시대도 갈수록 힘을 잃었습니다.

## ↳ 마케팅이란 무엇일까

이 시대의 흐름에서 과연 마케팅이란 무엇인지 고민하게 됩니다. 마케팅은 고객을 창조하고 유지하고 관리함으로써 고정 고객으로 만드는 모든 활동, 즉 고객과 관련된 모든 활동을 의미합니다. 교과서적인 정의는 그렇습니다.

이 정의 가운데 고객을 창조하는 단계를 주목할 필요가 있습니다. 어쩌면 우리는 고객을 끌어들이는 단계만 딱 떼어놓고 마케팅이라 부르진 않는지요. 마케팅 자문을 받을 때면 고객을 창조하는 단계부터 숨이 턱 막힙니다. 이 제품으로 고객을 창조하려면 제품 기획부터 엎고 다시 시작해야 할 것 같거든요. 고객을 창조하는 것을 염두에 두지 않고 제품이 이미 만들어졌기 때문입니다. 마케팅이 제품 기획까지 포함하는 건지 그 경계도 애매합니다.

나아가 마케팅을 단순히 물건을 사게 만드는 기술적인 광고 기법이라고만 여기지 않는지 돌아봅니다. 그러면 광고를 최적화해야 한다느니, 이제 SNS 광고 시대는 갔고 유튜브와 네이버 광고에 집중해야 한다느니 하는 추정만 늘어갑니다. 저에게도 이렇다 할 정답은 없지만 우리는 지금 마케팅의 어디에 위치해 있는지에 대한 화두를 던져봅니다.

결국 제가 지금 이 시점에서 도달한 결론은 글쓰기입니다. 이 글을 이미지로, 영상으로, 또 다른 미디어로 확장할 수도 있습니다. 이처럼 글은 모든 미디어의 원형입니다. 이 원형을 탄탄하게 만드는 것은 생각입니다. 마케팅은 어쩌면 연결을 만드는 행위가 아닌가 생각해 봅니다. 고객과 만나는 첫 접점, 그 접점에서 고객을 설득하고 설득한 고객과의 접점을 늘려가려고 부단히 에너지를 쏟으면서 연결이 이어집니다. 연결되려면 서로가 끈을 잡고 있어야 합니다. 내가 끈을 잡아당기는데 상대방이 끈을 놓으면 저는 쓰러지고 맙니다. 고객이 끈을 잡고 기꺼이 내게 걸어오기도 하고, 멀어져도 그 끈을 놓지 않는 선이, 그래서 내가 몇 걸음 다가가기도 하는 연결의 유지에 대한 성찰이 필요합니다.

## → 글쓰기로 고객과 연결되는 마케팅

그렇다면 마케팅은 결국 글쓰기를 통한 고객과의 연결이네요? C 구조를 다시 한번 불러와 보도록 하겠습니다.

**Connect(연결하기)**
**1. 다각도의 카피(수사)로 고객과 연결됩니다.**
**2. 효과: 노출**
**3. 정체성: 마케터**

우리는 C를 위해 마케터의 시선을 탑재하고요. 다각도의 카피를 이용해 제품을 알립니다. 한 개의 메시지를 상세 페이지로 늘리는 데 논리가 중요했듯이, 한 개의 메시지가 자칫 지나치거나 지루해지지 않도록 다각도의 수사를 이용해 메시지를 다양한 표현으로 노출하는 노력도 중요합니다.

글쓰기 목적이 오직 판매가 될 때, 무조건 먹히는 카피에 쉽게 손이 갑니다. "모르면 손해 보는, 오늘 놓치면 후회하는" 이런 카피를 받아 적습니다. 잘못된 접근은 아닙니다. 다만 질문해 봅시다. '뭐가 먼저일까? 지금이 카피를 들이밀 때인가?'를 생각해 보는 것입니다. 고양이를 좋아하지 않는 사람에게 "사지 마세요, 입양하세요" 카피는 씨도 안 먹힙니다. 다른 상황에 대입해 보면 선명하게 보이는데 내 상황이 되면 안 보이기 쉽습니다. 카피를 배워 사업에 적용했지만, 안 팔리는 건 매한가지라는 소리가 나오는 이유입니다.

저도 소리치는 광고만 주야장천 해온 건 아닌가 돌아봅니다. 생각을 바꿉니다. 고객에게서 아끼는 마음을 먼저 얻어야겠다고 다짐합니다. 아끼는 마음이란 어떤 걸까요? 저는 친구네 고양이를 아낍니다. 이 마음을 갖는 데 꼬박 1년이 걸렸습니다. 10번 부르면 8번은 안 옵니다. 꾹꾹이도 자기가 내킬 때만 해줍니다. 제게 별 효용이 없는 이 고양이를 아끼게 됐습니다.

아끼는 마음은 고객의 구매 여정에서 재구매 단계에 이른 것과 같습니다. 광고 노출, 고객의 관심과 고민, 구매 결정 단계를 넘어선 재구매의 단계 말입니다. 고양이는 제 공간에 답답하리만큼 서서히 노출됐고, 저의 시간에 스며들었습니다. 천천히 마음을 샀습니다. 그 마음은 아끼는 마음이 되어 저는 자꾸 재구매 버튼을 누릅니다.

그렇다면 아끼는 마음은 노출로 시작하는 걸까요? 자꾸 내 집에 오면 되는 걸까요? 아닙니다. 단순 노출, 특히 소리치는 광고로는 마음을 살 수 없습니다. 요란하게 '이거 좋아요, 사세요! 지금 안 사면 내일 가격이 올라요!' 하고 목소리만 높이는 게 아니라 마음에 스며들어 자꾸 생각나는 마케팅을 생각해 봅니다. 꾸준히 다각도에서 제품을 얘기하는 노출 방법에 대해서 말입니다. 그렇게 천천히 스며들어 얻은 마음은 귀합니다.

그래서 여기까지 글을 읽어준 마음이 귀합니다. 진심입니다. 제가 글과 돈, 그리고 이 상관관계에 대해 어떻게 생각하는지 이제 잘 알게 되었을 겁니다. 우리가 본 영상이나 글을 만든 사람을 오프라인에서 직접 만날 때면 그 영상이나 글을 미친 듯이 좋아하지 않더라도 만든 사람을 호감 어린 시선으로 바라봅니다. 그 사람은 내게 직접적으로 시간을 쓰지는 않지만 저는 이미 몇 쪽 혹은 몇 분이나 그 사람의 창작물에 투자해 내적 친밀감이 생겼거든요.

내적 친밀감이 생기면 작은 브랜드도 큰 브랜드만큼의 파워를 갖게 됩니다. 우리가 참치를 살 때 여러 선택지가 있지만 귀찮을 땐 그냥 브랜드만 보고 사는 것처럼 말입니다. 참치는 '동원'이지, 커피는 'TOP'지 하면서요. 우리의 뇌는 최대한 간단한 선택으로 에너지를 보존하려고 합니다. 우리가 글쓰기와 관련된 어떤 서비스를 사고 싶은데 이미 배작가를 알고 있다면요. 별생각 없이 그의 제품을 선택하게 될 것입니다. 제가 생각하는 은근히 스미는 마케팅의 방향입니다.

# [C] 어떻게 팔 것인가

팔리는 글을 썼다면, 이를 어떻게 판매와 연결시킬까요?

앞에서 기억하려고 하지 않아도 자꾸 생각나고, 술술 읽히고, 신뢰까지 받는 글을 쓰는 방법에 대해 다뤘습니다. 이 방법에서 핵심이 되는 요소는 바로 메시지와 논리였고요. 이번에는 홀린 듯, 더 나아가 애태우며 사게 되는 글에 대해서 다뤄보고자 합니다. 여기서 핵심이 되는 요소는 바로 수사입니다.

# ⟶ 수사란 무엇인가

수사라 하면 학창 시절 배웠던 대구법과 도치법, 반어법, 역설법, 은유법 등이 떠오르는데요. 수사는 그리스 철학자 아리스토텔레스가 있던 시절부터 발달한 학문으로, 영단어에서 차용하여 '레토릭rhetoric'이라고도 합니다. 누군가를 설득하려 적재적소의 어휘를 선택하거나 수식하는 것이지요. 한때는 수사가 미사여구로 문장을 꾸미는 데 쓰는 허세로 여기던 시절도 있었습니다. 오늘날에도 '레토릭에 지나지 않는다' 같은 표현에서 이런 인식을 확인할 수 있지요.

하지만 이는 수사학 중에 표현법elocution에 해당하는 부분만을 가리킬 뿐입니다. 이 표현법에 치중한 나머지, 글쓰기는 어렵다는 오해를 부르기도 하죠. '글을 잘 쓴다'는 건 뭔가 멋들어진 문장을 써야 할 것만 같이 느껴지기 때문입니다. 이 부담감 앞에서 우리가 겨우 적어내는 한 문장은 비루하기 그지없습니다. 그래서 '난 글쓰기랑은 거리가 멀어'하고 지레 그만두지요. 또 한 번 강조하지만 아름다운 글을 적는 것과 누군가를 설득하는 글을 쓰는 것은 다릅니다.

수사학에 대한 오명을 벗겨보자면, 수사학 자체는 본디 논리의 근거를 발견하거나 배열하는 기술 등 설득하는 과정을 모두 다루는 종합적 기법입니다. 즉, 수사학이란 주어진 상황에 가장 적합한 설득 수단을 발견하는 예술이지요.

아리스토텔레스는 수사학에서 우리가 다른 사람을 설득하기 위

한 말을 하거나 글을 쓸 때 로고스, 파토스, 에토스 세 가지가 필요하다고 말합니다.9

### 1. 로고스(Logos)

다른 사람들을 설득하기 위해 논리, 즉 '이성'을 사용할 때 필요합니다. 예를 들어 친구에게 재활용을 권유하고 싶다면 "1톤의 종이를 재활용하면 약 17그루의 나무를 구할 수 있대"라고 말할 수 있습니다.

### 2. 파토스(Pathos)

우리가 사람들을 설득하기 위해 '감정'에 호소할 때 필요합니다. 예를 들어 친구에게 유기 동물 보호소에서 자원봉사를 하도록 설득하고 싶다면 "너도 힘들 때 집에 혼자 있으면 외롭지? 그 작은 동물들이 함께 놀아줄 사람이 있을 때 얼마나 행복해할지 생각해봐"라고 말할 수 있습니다.

### 3. 에토스(Ethos)

다른 사람을 설득하기 위해 자신의 '신용'을 사용하는 경우입니다. 예를 들어 친구에게 새로운 식당을 가도록 설득하고 싶다면 "이 식당에 가본 적이 있는데 음식이 정말 맛있어. 나 믿어도 돼. 너도 좋아할 거야"라고 말할 수 있습니다.

## ↳ ABCD 구조 속 수사

수사가 ABCD 구조에서 어떤 역할을 하는지 기억이 가물가물하죠? 다시 한번 ABCD 구조를 데려와 볼까요? 238쪽의 표를 다시 봅시다. 정말 지겹도록 계속 보자고 하죠? 이 정도면 꿈에도 나올 것 같습니다.

왜 세 번째의 수사를 따로 빼서 깊게 다루는지 의아할 수도 있겠습니다. 우리가 다루는 글이 파는 글이기 때문입니다. 아무리 좋은 글이라도 읽히지 않으면 좋다고 평가받을 수 없듯이, 아무리 좋은 제품이라도 고객에게 노출되지 않으면, 그래서 고객이 이 제품을 구매하지 않는다면 의미가 없습니다. 수사는 노출을 높일 때 필요하므로 따로 이야기할 필요가 있습니다.

노출을 높이려면 먼저 한 개의 강력한 메시지가 있어야 하고 이를 논리적으로 설명할 수 있어야 합니다. 메시지와 논리가 제대로 갖춰졌다는 가정하에, 메시지까지 고객을 데려오는 여정이 필요합니다. 이 여정이 ABCD 구조에 어떻게 적용되는지, 더 나아가 아리

| | 일반 글쓰기 | 팔리는 글쓰기(ABCD 구조) | 효과 | 정체성 |
|---|---|---|---|---|
| **본질** | 메시지 (Message) | Articulate(또렷이 말하기) : **메시지** 한 개를 고객에게 또렷이 말합니다. | 인지 | 기획자 |
| **기본** | 논리 (Logic) | Brainwash(세뇌하기) : **논리**로 고객을 세뇌합니다. | 신뢰 | 크리에이터 |
| **보완** | 수사 (Rhetoric) | Connect(연결하기) : 다각도의 카피(**수사**)로 고객과 연결됩니다. | 노출 | 마케터 |
| **기술** | 형식 (Format) | Delight(기쁨 주기) : 구매 여정의 시작부터 끝까지 **형식**을 갖춰 기쁨을 줍니다. | 전환 | 운영자 |

스토텔레스가 말하는 설득의 방법론과 어떻게 맞닿아 있는지 생각해 봅시다.

## └→ 고객의 구매 여정

고객의 구매 여정을 살펴봅시다. 이제는 좀 친숙하지 않나요? 맞습니다. ABCD 구조에서 효과로 안내했던 내용이 그대로 구매 여정으로 이어질 수 있습니다.

### (1) 인지 → (2) 신뢰 → (3) 노출 → (4) 전환

구매 여정에 있어서는 인지가 먼저입니다. 우선 X라는 제품이 이 세상에 존재한다는 것을 고객이 알아야 하지요. 여기서 하나의 강력한 메시지가 필요합니다. A 구조를 떠올려 보세요. 보통의 사람은 X라는 제품이 존재하는 것을 알더라도 자신에게 필요하지 않다면 인지 단계로 넘어가지 않습니다. 그냥 그런 게 있구나, 하고 말지요. 하지만 제품 X가 필요했거나, 제품의 메시지만으로 '혹시 나도 이 제품이 필요한가?'라는 의문을 가졌다면 비로소 제품 X를 인지한 것입니다.

제품 X를 인지한 이후 보다 자세히 알아보기 위해서 상세 페이지를 봅니다. 이때 논리가 필요합니다. B 구조를 떠올려보세요. 여기서 고객은 아직 인지의 단계에 머물러 있기 때문에 쉽게 의심합니다. 정품이 맞는지부터 시작해서 기능이 제대로 작동할지, 가격이 적당한지, 정말 필요한 물건인지 등 이런 수많은 의심을 잠재울 도구들이 필요합니다. 대표적인 도구로 제3기관에서 진행된 실험의 수치라든가 고객들의 실제 후기가 있지요. 처음부터 끝까지 한 개의 메시지를 서포트해 줄 수 있는 흐름으로 상세 페이지가 준비되어 있지 않다면 고객은 쉽게 이탈해 버립니다.

고객은 신뢰를 쌓아가는 도중에 상세 페이지를 나가버리기도 합니다. 그리고 본인의 바쁜 삶으로 돌아가 제품 X를 까먹기도 합니다. 이때 리타기팅 마케팅을 이용해 고객을 다시 상세 페이지로 데려올 수도 있습니다. 리타기팅 마케팅이란 내가 관심을 가지고 검색했거나, 방문한 웹사이트의 접속 기록, 장바구니에 담아둔 제품 내역 등의 정보를 토대로 광고를 보여줌으로써 구매 가능성을 높이는 것입니다. 내가 지난밤 검색해 보았던 핸드폰 케이스 광고가 오늘 유독 광고로 많이 뜬다면 그것은 바로 리타기팅 마케팅의 대상이 되었기 때문입니다.

## ↳ 고객의 구매 여정 속 '수사'

리타깃팅 마케팅의 목적은 연결입니다. 제품 X를 지속적으로 노출하면서 고객과 다시 연결되는 과정입니다. 여기서 수사가 등장합니다. 인지 단계에서 한 개의 강력한 메시지만 계속 떠들면 고객이 지루해질 수도 있고, 메시지가 고객에게는 와닿지 않을 수도 있지요. 신뢰 단계에서 신뢰가 충분히 쌓이지 않았거나, 단순히 고객이 바빠서 연결이 끊어질 수 있습니다. 이때 수사는 메시지를 다각화한 카피를 이용해 메시지의 노출을 강화합니다.

노출을 강화할 때 로고스, 파토스, 에토스를 활용해 카피를 짤 수 있습니다. 즉 이성, 감정, 신용을 사용하는 것입니다. 예를 들어 여행 내내 하루 3만 보를 걸어도 편한 운동화를 판매하는 판매자라고 해봅시다. 로고스, 파토스, 에토스를 각각 이용해서 이 메시지의 노출을 강화할 수 있습니다.

### 1. 로고스(이성)

발의 움직임을 세심하게 캐치하는 성능으로 **특허를 받은 유연한 구조**는 3만 보를 걷는 내내 편안함을 선사합니다.

### 2. 파토스(감정)

여행 중 아름다운 경치를 즐기며 한 걸음 한 걸음 걷는 것은 얼마나 멋진 경험일까요? **불편한** 신발 때문에 그 소중한 시간을 **낭비하지 마세요.**

### 3. 에토스(신용)

하루 동안 신발을 신어보고 편하지 않다면 바로 반품해 주세요. 왕복 택배 비용까지 **100퍼센트 저희가 책임집니다.**

결국 전하고자 하는 메시지는 동일합니다. 3만 보를 걸어도 편한 신발이라는 메시지 말입니다. 이 메시지를 '특허를 받은 유연한 구조'라는 이성을 강조할지, '불편하다'는 감정을 강조할지, '왕복 택배 비용까지 100퍼센트 책임지겠다'는 신용을 강조할지를 생각해 보면 또 다른 메시지를 만들 수 있습니다. 이를 광고 카피라 말하기도 하죠. 그러면 지루함 없이 반복해서 메시지를 노출할 수 있습니다.

우리가 아직 2부에 머물러 있지만, 이미 여러 개의 구조를 전두엽에 입력해 뒀네요. 4 프레임을 시작으로 일반적인 글에서 팔리는 글로 변환해 ABCD 구조를 살펴봤고, 이 구조의 효과(인지-신뢰-노출-전환)는 고객의 구매 여정과도 연결되어 있다는 것을 확인했고요. 그 과정에서 노출을 돕는 아리스토텔레스의 수사학(로고스, 파토스, 에토스)까지 등장했습니다.

# [C] 홀린 듯 사는 글은
# 문자로도 홀린다

무엇을 홀린 듯 샀던 경험을 떠올려보세요. 저도 홀린 듯 제품을 구매했던 기억이 있습니다. 그 제품은 화장품이었습니다. 제가 화장품을 직접 기획하고 판매하는 직장 생활을 오래 했기에 웬만한 화장품 광고에는 넘어가지 않는데요. 화장품이 거기서 거기고, 대단한 효과를 기대할 수 없음을 뼛속까지 알고 있으면서도 기어코 구매 버튼을 누른 적이 있습니다.

물론 바로 설득되어 제품을 구매하지는 않았습니다. 하지만 그 제품의 광고가 저를 계속 따라다니면서 여러 번 노출이 되는 겁니다. 여러 번 노출이 되면 신기하게도 우리는 그 제품이 유명하다고 착각합니다. 단순노출효과<sup>Mere Exposure Effect</sup>로, 사람들이 광고를 통해 제품이나 브랜드 로고 등에 반복적으로 노출될 때 그 자극에 대한 긍정적인 태도나 호감도가 증가하는 현상입니다. 즉 무의식적으로 자주 보는 것에 대한 익숙함이 긍정적인 감정을 유발하는 것입니다.

여기에 바더-마인호프 현상<sup>Baader-Meinhof Phenomenon</sup>까지 더해지면 효과는 증폭됩니다. 우리가 새로운 정보나 아이디어, 단어 등을 처음 알고 나면 그것을 주위에서 더 자주 보거나 듣는 것처럼 느끼는 현상입니다. 전두엽의 주의집중 기능과 비슷하지요. 우리가 처음 필라테스에 관심을 가지고 배우기 시작하면, 새삼 '내 주위에 필라테스 학원이 이렇게 많았어?'라고 느낍니다. 관심을 가지기 전에는 생전 보이지도 않았는데요.

실제로 해당 대상이 주변에서 많아진 것이 아니라, 대상에 대한 우리의 인식이 강화된 결과입니다. 이렇게 되면 마치 그 제품이 유명하다거나 사람들 사이에서 널리 알려져 있다는 착각에 빠질 수 있습니다.

제가 화장품 업계에 있을 때는 제가 보는 모든 광고가 화장품이었기 때문에 대한민국 모든 사람이 화장품 광고만 보는 줄 알았습니다. 자연히 일상생활에서 화장품의 중요도도 높게 평가했지요. 하지만 화장품 업계를 벗어나고 출판 업계에 들어서니까요. 제가 보는 모든 광고가 출판 쪽으로 바뀌었습니다. 화장품 광고는 보이지도 않아요. 저는 매년 서울에서 국제도서전이 열리는 것도, 이에 사람들의 관심이 지대하게 높은 것도 그제야 알게 됐습니다. 내가 어디에 지속적으로 노출되느냐에 따라서 삶을 바라보는 관점이 바뀌는 것입니다.

노출의 힘은 그만큼 강력합니다. 노출에서 로고스(이성), 파토스(감정), 에토스(신용)의 힘을 같이 쓸 수 있도록, 이 세 가지 수사학 방법을 거의 동시에 건드리는 방법을 공개합니다.

## ⌐→ 파는 사람의 아이덴티티

파는 사람을 내세워 제품을 노출하면 세 가지 수사학 방법을 거의 동시에 건드릴 수 있습니다. 시장에 많은 제품이 상향평준화되고 있습니다. 특히 화장품 업계에서는 그렇게 혁신적인 제품도, 그렇게 형편없는 제품도 찾기 어렵습니다. 단순히 화장품을 만든 레시피가 개인의 피부에 비교적 더 잘 맞냐, 안 맞냐의 문제가 화장품의 곧 효능처럼 보일 때도 있습니다.

제품 자체보다 그것을 누가 파는지가 중요한 시대가 되었다는 겁니다. 큰 기업에서 파는 화장품은 문제가 생긴다면 사후 관리도 확실할 거고, 많은 사람이 오랜 시간 구매한 제품이니 믿을 수 있습니다. 이 제품을 선택한다면 논리적인 선택이 될 것입니다. 하지만 많은 경우 내 파토스(감정)까지 건드리지는 않습니다. 화장품이 공장에서 기계가 만든 공산품 정도로 느껴지기도 합니다.

반면 엄마가 아토피로 고생하는 자식을 위해 손수 만들었다는 제품은 파토스(감정)를 건드립니다. 하지만 논리적으로 생각해 봅시다. 화장품을 모르는 엄마가 처음 만들어본 제품이 안전할지, 진짜 효과가 있을지는 의문입니다.

이 엄마가 피부과 의사 출신이라면? 상황은 조금 달라집니다. 게다가 화장품 연구 분야에서 20년 동안 근무한 경력이 있는 동생과 협업했다면요? 로고스(논리)와 에토스(신용)를 같이 건드립니다.

파는 사람의 서사가 로고스, 파토스, 그리고 에토스까지 같이 건드리면 고객은 홀린듯 구매 버튼을 누르게 됩니다.

그런데 사실 이 엄마가 한때 유명한 수영 선수였고요. 동생은 미국에서 유명한 피아니스트였던 경력이 있습니다. 이 내용도 같이 노출한다면 어떨까요? 제품의 메시지에 힘이 더해질까요?


## ↳ 필명의 다각화

이미 정답을 정해두고 여쭤봤지요? 엄마가 한때 유명한 수영선수였건 말건 이 내용은 화장품을 파는 데 쓸모가 없음을 넘어 방해가 되기까지 합니다.

파는 사람의 아이덴티티를 유지하는 것은 중요합니다. 앞서 딸기 모자 아저씨가 딸기를 판다는 것 외에 다른 부가적인 내용, 예컨대 천혜향을 같이 팔거나 노란색 딸기를 만든다거나 하는 것들은 중요하지 않다고 말한 바 있습니다. 딸기 모자 아저씨가 아주 훌륭한 드러머일 수도 있지만, 드러머라는 아이덴티티는 의도적으로 드러내지 말아야 한다는 말입니다.

글이 요점을 벗어나지 않고 직선의 흐름을 유지하는 것도 중요하지만, 글을 쓰는 사람 또한 아이덴티티를 하나로 유지하는 것이 중요합니다.

한 사람에게는 여러 개의 아이덴티티가 있습니다. 저도 가족과 함께 있으면 K-장녀가 되고, 친구들과 함께 있으면 소설《아몬드》의 무표정한 주인공처럼 허술해지고, 승마장에 가면 말 태권이의 누나가 됩니다. 그런데 가족들과 함께 있으면서 허술한 아몬드가 되거나 승마장에서 K-장녀가 되면, 사람들이 의아해합니다. "너 괜찮아?"라고 물어봅니다.

여러 종류의 물건을 판다면 여러 개의 아이덴티티를 만들어도 괜찮습니다. 회사 밖에서 글을 쓰는 저만 해도 3개의 필명이 있습니다. 3개의 서로 다른 제품을 팔 때 저는 3명의 다른 사람이 됩니다. 만약 한 사람이 서로 연관 없는 물건 3개를 팔면, 사는 사람이 의아해할 겁니다. 논리가 떨어진다는 얘기죠.

회사 안에서도 한 번은 기초화장품에 미친 까다로운 소비자로서 글을 써 제품을 팔았고, 다른 한 번은 34억 원치 탈모 방지 제품을 팔아본 탈모 장인으로서 글을 써 제품을 팔았습니다. 기초화장품에 미친 까다로운 소비자가 갑자기 탈모 방지 제품을 팔겠다고 나서면 논리가 떨어지기 때문입니다. 소비자는 두 제품을 소개하는 글을 보고, 연관이 없는 다른 회사라고 인지할지도 모릅니다. 그렇다면 오히려 다행입니다. 기초화장품을 파는 회사에서 탈모 방지 제품을 같이 파는 일은 논리적으로 설득하기 어려우니까요.

## ⌐→ 선택지를 좁혀라

파는 사람의 아이덴티티를 하나로 명확하게 정하고, 이 아이덴티티에 로고스(이성)와 파토스(감성) 그리고 에토스(신용)까지 부여했다면요. 나아가 구매자의 선택지를 좁혀줄 수 있습니다. 구매자가 이 제품을 살지 말지의 선택지가 아니고요. 이 제품을 3개월 분량을 살 건지, 6개월 분량을 살 건지로 프레임을 바꾸는 것입니다. 아니면 실버 색상으로 살 건지, 골드 색상으로 살 건지 고민하게 만드는 겁니다.

고객이 이 제품을 사는 것을 아예 가정해 버리는 선택지를 주는 겁니다. 이 선택지는 두 개 중 하나의 선택이면 가장 좋고요. 세 개가 최대입니다. 네 개 이상이 되면 소비자는 오히려 선택을 포기하기도 합니다. 제가 판매할 때는 세 개를 기준으로 선택지를 만들었지만, 제품군에 따라 이 기준은 달라질 수 있습니다. 예를 들어 핸드폰 요금제나 과일주스를 선택할 때는 네 개 이상의 옵션이 선호될 수도 있지요.

선택지의 최적 개수는 상황에 따라 달라져 이론적으로 고정된 숫자를 제시하기는 어렵습니다. 선택지가 너무 많으면 선택하기 어렵다는 전반적인 추세만은 인지하는 것이 좋습니다.

쉬나 아이엔가Sheena Iyenga와 마크 레퍼Mark Lepper는 식료품점에 시음 부스를 설치하고 고객에게 6가지 또는 24가지 다양한 맛의 잼 중 하나를 선택하여 샘플을 제공하는 실험을 했습니다. 실제로 24가지 맛 진열 매대에서 시음한 고객 중 3퍼센트만이 잼 한 병을 구입한 반면, 6가지 맛이 놓인 매대에서 시음한 고객 중 30퍼센트가 구매했습니다.[11] 과잉 선택권 효과Overchoice Effect입니다. 선택의 다양성이 너무 많을 때 사람들이 결정을 내리지 못하고 선택을 미루거나 덜 만족스러운 결정을 내리는 경향이 있음을 보여줍니다.

이는 더 많은 선택지가 소비자에게 매력적으로 보일 수 있지만 실제로는 구매 결정으로 이어지지 않음을 시사합니다. 너무 많은 선택지에 직면하면 소비자는 결정을 내리기 어려우며 최종 선택을 후회할 수도 있습니다.

제가 한 번 더 홀려서 산 서비스가 있어요. PT 업체였는데요. 운동 시설을 고를 때 집 주변의 웬만한 업체는 다 가보는 편이라 여러 업체에 체험 문의를 넣어뒀습니다. 시간이 될 때마다 한 업체씩 1회

체험을 해보며 어디에 정착할지 정하려고요. 그런데 제가 그 시기에 갑자기 바빠지면서 체험을 하러 갈 여유가 없는 거예요. 문의해 둔 여러 업체에서 언제 방문할 건지 물어보는 문자가 왔습니다. 답변을 자꾸 미루게 됐어요.

그때 한 PT 업체에서 문자가 왔습니다.

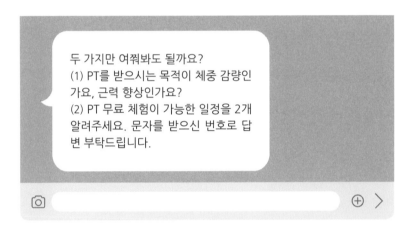

저는 홀린 듯 목적이 근력 향상이며, 체험 가능한 일정은 언제라고 알려줬습니다. PT를 받으시는 목적이 뭐냐고 주관식으로 물어봤거나, 가능한 일정을 여러 개 알려달라고 했으면 일단 답장을 미뤘을 것 같은데요. 체중 감량과 근력 향상 이 두 가지 중 고르라고 하고 일정도 딱 두 개만 알려달라고 하니 금방 대답할 수 있었죠. 뇌가 처리하기 간편했나 봅니다.

멋들어진 상세 페이지로만 파는 것만이 글로 파는 것이 아닙니다. 광고 이미지에 한 줄 들어가는 카피, 몇 줄의 문자로 파는 것도 글로 파는 것입니다.

자신이 홀린듯 샀던 서비스가 어떤 텍스트를 사용했는지 주목해 보세요. 글이 어떻게 돈이 되는지에 대한 꽤 쓸 만한 아이디어를 얻을 수 있습니다.

# [C] 애태우며 사는 글은
# 침묵을 견딘다

PT 업체에서 애태우며 서비스를 구매했던 경험담을 이어가겠습니다. 의구심을 안고 시도한 첫 PT 체험은 마치 첫눈에 반한 것 같은 감정을 선사했습니다. 정말이지 마음에 쏙 드는 겁니다. 다른 업체를 가볼 필요도 없었습니다. 이런 마음은 쉽게 생기지 않으니까요. 체험 후에 상담을 신청했고요. 당연히 등록 안내가 올 줄 알고 기다렸습니다.

하지만 이내 당황했습니다. 제게 PT를 원하는 스케줄을 물어보시더니 그 시간대는 현재 자리가 없다는 겁니다. 대신 대기 명단에 넣어주겠다고 하셨습니다. 그래서 원하는 시간대가 아닌 가능한 시간대를 모두 말씀드렸습니다. 그런데 제가 말한 어떤 시간대도 자리가 없는 겁니다. 저는 더 당황했습니다. "그럼 언제 가능한 거예요?" 그러자 어쩜, 제가 불가능한 시간대만 알려주는 겁니다. PT 선생님은 최대 2주 정도만 기다려달라고, 그때까지 자리가 안 나면 다른 PT 업체를 소개해 주겠다고 했습니다. 그렇게 카드도 내밀어보지 못하고 그곳을 나오게 됐습니다. 어리둥절했습니다.

다른 업체도 안 가고 2주 동안 기다리며 꼭 거기서 받아야겠다는 마음이 들었습니다. 한 달도 기다릴 수 있었습니다. 마음 한편에는 제가 마케팅 기법에 넘어간 건가 싶기도 했지만요. 보여주기식 밀당이라면 며칠 안에 연락이 와야 하는데 2주가 다 돼도 연락이 없는 겁니다. 무진장 애가 탔습니다.

딱 2주가 되는 날, 자리가 하나 생겼다며 연락이 왔습니다. 제 스케줄에 맞는 시간대도 아니었어요. 하지만 두말할 것 없이 답했습니다. "저 지금 결제할게요! 6개월로 할게요!" 애가 타려면 시간이 필요하다는 얘기입니다.

이 이야기에서 설득의 기법 로고스(이성), 파토스(감정), 에토스(신용)가 어떻게 조밀히 건드려졌는지 확인해 보겠습니다.


## 1. 로고스(이성)

**PT 체험을 통해 평균 이상의 퍼포먼스를 보여줬습니다. 여러 업체를 다 돌아봐도 이 정도의 서비스를 받을 수 없다는 직관적인**

판단이 가능했습니다. 철학적으로 '이성'이란 진위와 선악을 식별하여 바르게 판단하는 능력뿐만 아니라, 절대자를 직관적으로 인식하는 능력을 포함합니다. 절대적으로 이 서비스를 구매하는 것이 맞다고 생각하게 만드는 것입니다.

2. 파토스(감정)

2주간 침묵을 통해 애가 타는 감정을 발효시켰습니다. 침묵은 이성적인 영역에서는 잘 설명되지 않습니다. 정확히 감정을 타깃으로 합니다.

3. 에토스(신용)

우리는 다짜고짜 카드 결제기부터 내미는 업체를 신뢰할 수 없습니다. 2주를 기다려도 자리가 안 나면 다른 PT 업체를 소개시켜주겠다는 말에 묘한 신뢰감이 듭니다. 더불어 2주간의 침묵을 통해 이미 많은 사람이 서비스를 이용하고 있음을 증명했습니다.

"50퍼센트 세일 오늘까지!" "두 번은 없을 70퍼센트 세일!"과 같은 광고 문구를 많이 접하게 됩니다. 현명한 우리는 더 이상 이런 문구에 애태우지 않습니다. '광고를 하는구나. 내일 또 세일하겠지. 아니면 다음 주에 하겠지' 하는 태연한 마음으로 화면을 넘깁니다.

팔리는 글쓰기에 관련된 수업을 들어보면 데드라인을 정해주고, 그때까지 고객을 밀어붙이는 형식의 워딩을 써보라고 배웁니다. 잘못됐다는 말이 아니라 이제 흔해진 마케팅 기법이라 효과가 크지 않다는 것입니다. 흔한 마케팅 기법을 배우려고 이 책을 읽는 것이 아니라는 가정하에, 저는 '시간의 수'를 두는 글을 알려드리고자 합니다.

## ⌐→ 침묵을 견딜 때 생기는 일

침묵은 불편합니다. 특히 편하지 않은 사람과 대화할 때 발생하는 침묵은 더욱 부담스럽습니다. 어떤 사람은 이런 상황에서 침묵을 깨기 위해 다른 대화 주제를 꺼내고, 또 어떤 사람은 이 침묵을 견디기도 합니다. 옳고 그름의 문제는 아닙니다. 사람들은 저마다의 방식으로 대화를 하며 관계를 맺으니까요.

다만 침묵이 대화의 한 방식임을 이해할 필요가 있습니다. 때론 침묵이 말보다 더 명확한 메시지를 전달하기도 하니까요 어떤 강조 방법보다 더 큰 강조점을 찍기도 하니까요.

우리는 설득을 목적으로 말하는 경우가 많습니다. 내가 어떤 배우를 좋아한다는 말을 하면서 상대도 내 생각에 동의하도록 만들고 싶어 하거나, 어떤 영화가 괜찮았다고 말하면서 상대도 이 영화를 보길 은근히 바랍니다. 이때 상대가 동조하지 않고 침묵을 지키면 약간 애가 탑니다. 그래서 그 공간을 말로 채웁니다. 영화에 대해 더 설명하기도 하고, 이 영화가 어떤 상을 탔는지에 대해서도 말합니다.

하지만 이럴 때 오히려 침묵에 도전해 볼 필요가 있습니다. 그때 상대방에게 우리가 상상하지 못한 생각의 흐름이 진행 중일 수도 있기 때문입니다. 예컨대 상대는 소개받은 영화가 이미 마음에 들었고요. 영화관에 갈 시간을 어떻게 낼지 생각하고 있을 수 있습니다. 영화관에 가서 어떤 간식을 먹을지 생각하고 있을 수도 있지요. 우리는 상대의 상황과 생각을 가늠할 수 없습니다.

제품을 파는 상황에서 침묵은 의외로 큰 힘을 발휘합니다. 앞서 소개한 PT 업체의 사례에서 알 수 있듯 2주 동안이나 침묵을 하고도 구매를 이끌어낼 수 있습니다.

## ↳ 글에서의 침묵은 어떻게 만들까

대화에서의 상황은 이해했습니다. 그렇다면 글쓰기에서는 이 침묵을 어떻게 적용할 수 있을까요? 글에 여백을 두면 될까요? 단어나 문장에 간격을 줘볼까요? 아니면 문장의 강세나 억양을 조절해 침묵을 표현해 볼까요? 한번 생각해 보세요.

제가 제안하는 첫 번째 방법은 독자가 잠깐 책을 덮고 생각에 잠길 만한 문장을 넣는 겁니다. 제품을 파는 상세 페이지든, 첫 미팅을 잡기 위한 문자 메시지든, 그 문장을 읽는 사람이 생각할 시간을 주는 거예요. 수건을 판다면 "수건을 살 때 어떤 요소가 가장 중요한가요?" 운동 프로그램을 판다면 "운동을 하러 오도록 영향을 준 사람이 있는지 떠올려보세요"처럼 제안을 해도 좋습니다.

두 번째 방법은 대화문을 이용하는 것입니다. 간파하셨을지도 모르겠습니다만, 제 글에는 대화문이 이따금 삽입됩니다. 앞으로의 글에서도 이 지점을 알아챌 겁니다. 대화문은 큰따옴표(" ") 사이에 들어가는 인용문입니다. 독백도 좋고, 두 사람이 얘기하는 형식도 좋습니다. 다른 사람이 한 말을 그대로 가져오는 것도 인용문 중 하나입니다. 대화문이 실제 상황에 가깝게 구체적이고 적나라할수록 더 효과적입니다.

우리는 줄글로 된 글을 쭉 읽다가 대화문이 삽입된 곳을 보면 순간적으로 상태가 바뀝니다. 읽기의 상태에서 몰입의 상태로 진입하는 겁니다. "그거 들었어?" "뭐?" "지금 이 대화문을 글에 넣는 순간 말이야." "응? 그게 왜?" "지금 바로 이 순간에 네가 이 글을 전혀 다른 상태에서 읽게 됐을 거야." 느껴지나요? 저자와 실제로 얘기를 하거나 다른 사람들이 하는 얘기를 엿듣는 것처럼 나라는 주체가 대화문이 묘사하는 장면에 빠져들어 생생하게 느낍니다. 그 장면에 몰입하는 시간은 짧지만 강력한 감정을 남깁니다.

시간이 지나면 매몰비용이 발생합니다. 매몰비용은 이미 발생하여 복구하거나 변경할 수 없는 모든 비용을 의미합니다. 즉, 매몰비용은 취소할 수 없는 과거의 투자 비용을 나타내기 때문에 신중

한 의사결정을 요구합니다. 예를 들어 1000원에 산 주식이 떨어져 500원이 되었다고 칩시다. 그리고 이 주식은 앞으로 계속 곤두박질을 칠 것 같아요. 이때 구원자가 나타나 지금이라도 500원을 빼서 다른 곳에 투자하면 1500원이 될 거라고 말합니다. 하지만 투자자는 이미 발생한 매몰비용 때문에 의사결정이 어렵습니다. 그래서 투자 여부를 결정할 때는 매몰비용을 고려하지 말고, 미래 비용과 잠재적 이익만 고려해야 한다는 말이 나옵니다.

하지만 그게 말처럼 쉽나요? 우리의 무의식은 매몰비용을 늘 고려합니다. 특히 어떤 제품이나 서비스에 많은 시간을 썼다면, 그 시간을 비용으로 인식해 보상받고 싶어 합니다.

예를 들어 어떤 사람이 여러 가지 세무 대행 서비스를 조사하고 직접 상담받은 후 최종적으로 하나를 결정한다고 상상해 보세요. 이 서비스에 시간과 노력을 투자한 후에는, 다른 서비스로 전환하는 것이 더 효과적이더라도 그렇게할 가능성이 낮아집니다.

다른 예로 비디오 게임 회사는 오랜 시간을 플레이하는 유저에게 보상이나 인센티브를 제공하여 게임에 대한 형성시키고 더 많은 시간을 쓰도록 만듭니다. 우리도 제품에 대한 충성도와 헌신을 만들기 위해 고객의 매몰비용을 증가시키는 전략을 사용할 수 있습니다. 그것도 비용이 들지 않는 글쓰기로 말입니다.

## ⌐→ 애태우는 문장 하나 슥 놓기

매몰비용을 발생시킨 글은 당장 사지 않더라도 자꾸 생각이 나고, 나중에 직접 검색해 다시 찾아보게 합니다. 그때 고객을 애태울 수 있는 문장을 슥 보여줄 수 있습니다.

"이 책을 읽지 않았으면 하는 사람들"같은 내용 말입니다. 그럼 독자는 애가 탑니다. '어? 나 이 책 읽으려고 했는데? 나 이 책 못 읽도록 제지당할 사람 아닌데?'

다른 예로 제가 화장품을 파는 글을 썼을 때도 실컷 화장품 성능을 자랑해 놓고 마지막 즈음에 민감성은 사지 말라는 문장 하나를 넣었습니다.

아쉽지만 저희 제품은 모두를 위한 제품이 아닙니다. 피부가 예민하고 민감하다면, 뒤로가기를 눌러주세요.

정말 민감성인 고객은 이 문장 하나를 보고 상세 페이지를 떠날 테지만요. 애매한 사람은 애가 탑니다. '내가 그렇게 민감성은 아닌데? 한번 써볼까?' 이때 무료 샘플을 제공하면 보다 부드러운 구매 전환이 이루어집니다. '이 브랜드는 아무나 다 사라고 하지 않는 걸 보니 믿을 수 있겠어. 샘플도 준다는데 한번 써봐야겠다.' 이렇게 의심이 걷히고 구매 버튼을 누릅니다.

애태우기 전략도 요즘에는 많이 보이는 추세입니다. "이런 사람은 사지 마세요"라고 해놓고 리스트를 살펴보면 모든 사람이 해당되지 않는 항목만 나열합니다. 결국 다 사라는 겁니다. 이 경우 애태우기 문장은 원래 가질 수 있었던 힘을 잃습니다.

제품이 실제로 어떤 사람에게 팔려야 하고, 어떤 사람에게는 안 팔려야 하는지를 정확하게 꼬집는 문장을 씁시다. 이 문장이 설령 많은 사람의 구매를 방해하더라도요. 구매할 수 있도록 선택받은 자는 애태우며 구매 버튼을 누를 겁니다. 기쁜 마음으로요.

# [D] 고객에게 기쁨을 줘야 하는
# 진짜 이유

비슷한 제품을 사는 거라면요. 특정한 판매자에게 구매한 경험이 있나요? 그 판매자에게는 어떤 특별함이 있었나요?

저희 동네 근처에는 세 곳이 수박을 팝니다. 수박의 가격은 1만 원이고 크기도 맛도 비슷합니다. 세 곳에서 파는 수박을 모두 먹어본 후 저는 한 곳에서만 수박을 사기 시작했습니다. 왜일까요?

A 판매자는 트럭에서 수박만 팔았습니다. 수박만 파니까 전문성은 높게 쳐줄 수 있겠지만 고객의 질문에 답하거나 포장할 때 판매자의 시선은 내내 핸드폰 속 게임에 고정되어 있었습니다. 수박은 참 달고 맛있었습니다.

B 판매자는 전형적인 과일 과게를 운영합니다. 이전에 수박뿐만 아니라 망고도 이 가게에서 사고 크게 만족한 경험이 있습니다. 모든 과일이 백화점 과일처럼 깨끗하게 포장되어 있습니다. 전반적으로 가격대가 조금 높긴 하지만 당도가 보장된 집입니다. 판매자와는 가격 질문 외 별다른 얘기를 나누지 않습니다. 이전에 친구와 같이 가게에 갔을 때 친구가 맛보기 과일 좀 챙겨달라고 하니, 귤을 챙겨줬던 기억이 있습니다. 내향인인 저는 그런 요구를 못 하기 때문에 덤의 기적은 일어나지 않았습니다. 이유 모를 손해 보는 느낌을 안고 가게를 나옵니다. 수박은 역시나 달고 맛있었습니다.

C 판매자 또한 과일 가게를 운영합니다. B 판매자처럼 과일 종류가 다양하지도 않고 백화점 뺨치는 포장을 자랑하지도 않습니다. 하지만 가게에 들어서는 순간 판매자의 인사만으로도 엄청난 에너지를 얻습니다. "안녕하세요! 또 오셨네요! 오늘 산딸기가 엄청 맛있어요. 한번 드셔보세요." 산딸기를 몇 개 건네받은 저는 이렇게 받은 에너지와 친절을 갚기 위해서라도 이 집에서 다른 과일도 사야겠다고 생각합니다. 과일을 사는 내내 제철 과일을 잘 고르는 팁을 얻어갑니다. 이 가게에서는 단 한 번도 제가 뭔가를 요구한 적이 없는데, 판매자가 알아서 1000원이라도 깎아주거나 맛보기 과일을 줍니다. 저는 과일이 아니라 에너지를 사서 나온 기분이 듭니다. 이 기분은 기억에 남습니다. 수박은 예외 없이 달고 맛있었습니다.

## ⌐→ 초두효과와 최신효과로 고객 붙잡기

저는 C 판매자에게 정착했습니다. 단순히 친절하기 때문이라고 하기에는 설명이 부족합니다. 친절함 너머의 요소를 살펴보도록 하겠습니다. C 판매자의 경우 오직 판매에만 급급하지 않고 운영까지 신경 썼습니다. 그리고 이 운영의 영역에서 초두효과primary effect와 최신효과recency effect 둘 다를 잡았습니다.

초두효과는 처음 제시한 정보 또는 인상이 나중에 제시한 정보보다 기억에 더 큰 영향을 끼치는 현상입니다. C 판매자는 가게에 들어서자마자 활기찬 인사로 긍정적인 인상을 심어주었습니다. 그리고 맛보기 과일로 산딸기를 먼저 주면서 이 인상을 강화했습니다.

초두효과의 다른 예로는 특정 뉴스의 첫 댓글을 눈여겨볼 수도 있습니다. 첫 댓글이 긍정적이냐 부정적이냐에 따라서 나머지 댓글의 편향이 결정되기도 하거든요. 이 때문에 내 제품의 후기도 초반에 달린 것이 중요합니다. 모두가 어떤 제품이 좋다고 하는데, 나만 줏대 있게 이 제품이 별로라고 말하기가 어렵습니다. 깨끗한 화장실에 들어서면 모두 깨끗하게 사용하려고 노력하지만, 더러운 화장실은 더 더러워지는 것도 초두효과로 설명할 수 있습니다. 쉽게 말해 첫인상이 중요하다는 얘기입니다.

최신효과는 초두효과와는 반대로 가장 나중에 들어온 정보가 가장 큰 영향을 미치는 현상입니다. 마지막 인상이 중요하다는 얘기입니다. C 판매자는 제가 가게를 나서기 전에 알아서 할인을 해주거나 덤을 주면서 마지막 인상까지 긍정적으로 남깁니다. 온라인 판매에서는 고객이 구매 후 제품에 문제가 생겨서 교환을 문의했을 때, 최신효과를 염두에 두고 대응해야 합니다. 고객의 문제를 해결한 후 다음 구매를 위한 할인 코드를 개인별로 제공해 주는 식으로요. 고객은 중간에 제품 문제로 성가신 반품 과정을 겪었지만, 마지막 인상은 긍정적으로 남아 재구매로 연결될 확률이 높습니다.

## ↳ 꾸준한 고객관리가 중요한 최신효과

초두효과와 최신효과 둘 다 고집할 필요도 없습니다. 저의 경우 최신효과를 더 중요하게 생각했습니다. 신규 고객을 새로 유치하는 데 자원을 들이기보다 기존 고객과의 관계를 더 강화하는 데 집중하는 것이죠.

구매 직전까지 엄청 친절하다가 구매 이후에는 연락을 취하기 어려운 보험 설계사나 가전·가구 판매자, 공인중개사를 쉽게 만날 수 있습니다. 그들이 아무리 초두효과를 이용해 좋은 인상을 남겼더라도 최신효과의 측면에서 보면 다시 찾아갈 사람이 되지 못합니다.

한 예로 제가 찾고 또 찾는 공인중개사의 경우 최신효과를 중요하게 생각하는 사람입니다. 그는 본인의 사비로 레이저 줄자를 사서 집 구조의 구체적인 치수를 측정해 알려줍니다. 미리 가구 배치를 시뮬레이션해 보라고 말이죠. 이미 거래가 성사되어 계약서까지 다 쓰고 중개비를 입금했음에도 불구하고요. 이미 끝난 거래인데 왜 이렇게까지 하나 했지만, 이렇게까지 할 만한 일임을 나중에야 깨달았습니다. 저는 주변 사람들이 공인중개사를 찾을 때 이 레이저 줄자 중개사를 먼저 떠올리게 됐거든요. 실제로 제 동네 주변에 친구가 이사를 오자 두말할 것 없이 이 공인중개사를 소개해 주었습니다.

이 중개사에게 영감을 받아 제가 설정한 최신효과의 목표는 "이런 것까지 챙겨준다고?"라는 말을 듣는 것입니다. 고객에게 기쁨을 준 것입니다. 예를 들어 저는 팔리는 강의를 만드는 전자책을 판매했을 때 고객이 단 한 줄의 후기만 써도 100퍼센트 받을 수 있는 보너스를 미리 만들어두었습니다. 이 보너스는 강의를 판매하는 사람에게 필요한 수강생 관리 템플릿과 수료증 템플릿이었습니다.

C 판매자의 산딸기처럼 고객에게 내어줄 수 있는 선물을 미리 설계하는 것이죠. 이 선물은 내가 내어주기에는 큰 수고가 들지 않으나 받는 입장에서는 그 가치가 크다면, 또 판매자가 파는 제품과 그 성격을 같이 한다면 더 좋습니다. 예를 들어 그림 그리기 도구를 판다면 뜬금없이 화장품 샘플을 준비하는 것보다, 붓을 세척하는 물통을 선물로 준비하면 좋습니다. 266쪽의 예는 구매자에게 보냈던 선물 소개 글의 일부입니다.

아래 링크를 클릭해 X월 말 자정까지 후기 캡쳐본을 보내주시면 기간 내 보내주신 분들께 묻지도 따지지도 않고 (1) 제가 수강생을 관리했던 엑셀 파일과 (2) 수료증을 만드는 pptx 파일을 보내드립니다. 모든 분께요. 100퍼센트.

요즘 PPL도 뒤에서 숨어서 몰래 하는 게 아니라 앞에서 대놓고 해야 하는 시대잖아요. 저도 대놓고 말씀드릴게요. 좋은 점은 후기에 잔뜩 적어주시고, 개선이 필요한 점은 후기 캡쳐본 전해주실 때 이메일로 알려주세요. 개선이 필요하지 않은 제품이나 서비스가 어디 있을까요? 저 또한 첫 번째 원고에 안주하지 않고 계속 발전해 나가야 합니다. 받아보신 전자책은 세상에 두 번째로 태어난 원고인 점도 꼭 기억해 주세요. 주신 피드백은 고치고 개선하여 3차 개정본에 반영할 계획입니다.

여기까지는 보통의 판매자가 후기를 요청하기 위해 충분히 할 수 있는 일입니다. 하지만 이 후기를 쓰는 이유에 대한 프레임을 바꿔볼 수 있습니다. 보통 후기를 쓸 때는 고객 자신이 아닌 판매자를 위할 때가 많습니다. 하지만 후기 또한 고객 자신을 위해 쓰는 행위로 바꿀 수 있습니다. 어떻게요? 오직 글을 통해서요.

무엇보다 후기를 적을 때 그냥 적지 마세요. 제가 가지고 있는 작은 습관 중 칭찬할 만한 습관이 하나 있는데 공유하고 싶군요. 그건 바로 어떤 세미나를 듣든 영화를 보든 끝나고 나면 허공을 보며 내가 배운 것을 한 줄로 정리해 보는 거예요. 딱 1분만 투자하면 되거든요? 그래서 저는 이걸 '허공 1분 타임'이라고 불러요. 아무리 기대 이하의 세미나나 영화였어도 한 가지는 배우는 게 있더라고요. 기왕 내 시간을 투자했는데 거기에 1분만 더 투자하는 것과 안 하는 것에는 차이가 있습니다. 게다가 이 차이가 계속 쌓이면 더욱 커지겠지요. 이 책을 훅훅 읽는 30분에서 1시간 동안 배운 게 한 가지라도 있을 거잖아요? 그 한 가지가 뭔지만 적어도 됩니다. "좋아요." 이렇게만 남길 거면 고객님의 시간이 아까우니까 그래요. 후기를 남기는 시간조차도 고객님 자신을 위해서 사용하세요.

특별히 감사한 후기를 적어주신 분들께는 전자책 개정 시 개정판을 무료로 보내드릴 거예요. 앞에서 대놓고 도와달라고 말씀드립니다. 저의 퇴사 직전 그 자유로운 삶을 도와주시면, 저 또한 당신의 자유로운 삶을 도와드릴 수 있어요. 치얼스.

## ↳ 글에도 톤 앤 매너가 있다

고객과 소통하는 매 순간 이 초두효과와 최신효과를 염두에 두고요. 그 소통의 방식이 글이라면 글의 형식을 점검할 필요가 있습니다. D 구조를 다시 한번 불러와 보도록 하겠습니다.

**Delight(기쁨 주기)**

**1. 구매 여정의 처음부터 끝까지 형식을 갖춰 기쁨을 줍니다.**

**2. 효과: 전환**

**3. 정체성: 운영자**

우리는 D를 위해 운영자의 시선을 탑재하고요. 제품 구매 여정에서의 전환, 더 쉽게는 판매를 달성하고자 합니다. 여기서는 형식이 중요합니다. 형식이란 글의 대상과 목적에 맞게 글의 톤 앤 매너를 조정하는 것을 말합니다.

이번엔 톤 앤 매너에 집중해 보겠습니다. 그리고는 언제, 어디서, 어떻게 글을 건네야 하는지에 대한 형식까지 다뤄보려 합니다.

다시 톤 앤 매너로 돌아옵니다. 상황에 따라 톤을 동일하게 하고 매너만 변형할 수도 있습니다. 매너는 동일한데 톤만 조정할 수도 있습니다.

톤은 쓰는 이가 글에서 드러내는 태도나 감정을 나타냅니다. 어조 또는 말투라고도 쉽게 이야기할 수 있습니다. 어조는 글의 분위기, 즉 감정적인 색채를 나타냅니다. 공식적, 비공식적, 진지한, 유머러스한, 공감하는, 비판적인 등 다양한 감정을 나타내지요. 예를 들어 어떤 광고 글은 가볍고 흥미로운 어조를 사용하는 반면, 뉴스 기사는 객관적이고 중립적인 어조를 사용합니다. 친구에게 보내는 이메일에서는 더 친근하고 개인적인 어조를 씁니다. 글에서 어떤 '감정'이 느껴진다면 그것은 톤의 설정에서 시작합니다.

### 1. 친근하고 비공식적인 톤

"안녕, 친구야! 너의 의견이 정말로 궁금해. 네 생각에는 이번 프로젝트에서 우리가 더 집중해야 할 부분이 어디라고 생각해?"

### 2. 전문적이고 공식적인 톤

"안녕하십니까, 김 대리님. 대리님의 전문적인 견해를 듣고 싶습니다. 이번 프로젝트에서 주목해야 할 영역은 어디라고 판단하시나요?"

매너는 글을 표현하는 방식, 즉 스타일을 말합니다. 이것은 쓰는 이가 글에서 메시지를 어떻게 전달하는지에 관한 것입니다. 이는 단어의 선택 방식과 문장 구성 방식을 포함합니다. 예를 들어 어린이를 대상으로 하는 글은 간결하고 이해하기 쉬운 단어, 대화형 문장 스타일을 사용하는 반면에요. 학술논문은 복잡한 어휘와 길게 구조화된 문장 스타일을 사용합니다. 생생하고 상세한 묘사를 중시하는 표현 방식, 간결함을 중시하고 불필요한 설명을 피하는 표현 방식이 있을 수도 있습니다. 이 매너는 글을 어떻게 배치하고 보여줘야 하는지에 대한 구조 또한 포함합니다. 교육 자료는 간결하고 논리적인 직선 구조를 가지고 있고, 소설은 독자가 글에 흥미를 가지도록 복잡한 서술 구조를 가지고 있습니다. 글에서 어떤 '스타일'이 느껴진다면 그것은 매너의 설정에서 시작합니다.

### 1. 직설적으로 요청하는 매너

"이번 프로젝트에서 중점을 둘 영역에 대한 당신의 의견을 제게 알려 주세요."

### 2. 부드럽게 요청하는 매너

"혹시 시간 되실 때 이번 프로젝트에서 중점을 둘 영역에 대한 당신의 생각을 알려주실 수 있나요?"

톤 앤 매너를 맞추기가 말이 쉽지, 막상 실천하려고 하면 어렵습니다. 그때는 글을 사람이라고 생각해 보면 됩니다. 단순히 단어와 문장과 문단의 합이 글이라면, 우리는 어떤 글을 보고 울고 웃지 않을 것입니다. 글은 사람을 품고 있고, 사람도 글을 품고 있습니다. 글이 사람이라면, 특정한 톤과 매너를 엮을 수 있습니다. 제 친구 미니를 떠올리면 한껏 들뜬 어조(톤)와 꾸밈없는 스타일(매너)이 즉시 연상됩니다. 다른 친구 영훈이를 떠올리면 상대에게 힘을 북돋아 주는 힘찬 어조(톤)와 강박적으로 정돈된 스타일(매너)이 생각납니다.

사람이 곧 글이라면, 그 글에는 어떤 어조와 스타일이 묻어나야 합니다. 글을 쓸 때 어떤 특정 사람이 말하는 톤과 풍기는 매너를 설정해 보세요. 미니가 말하는 건지, 영훈이가 말하는 건지에 따라 다른 글이 나와야 합니다. 단, 글의 시작에서 끝까지 한 사람이 말해야 합니다. 한 개의 글에서 미니가 말했다가 영훈이가 말했다가 하면 안 됩니다.

온라인 판매는 글을 써야 하는 영역이 다양함에 따라 상황이 조금 복잡해집니다. 정해진 글자 수 안에 한 문장으로 써야 하는 광고 카피의 톤과 한 페이지 안에 제품을 설명하는 글의 톤, 그리고 고객과 상담할 때 쓰는 글의 톤이 모두 같을 수는 없습니다. 한 사람이 직장 내에서 동기들과 쓰는 말투와 상사 혹은 외부 파트너에게 얘기하는 말투가 다른 것과 같습니다. 프레젠테이션 자료에 쓰는 글의 매너와 외부로 보내는 이메일의 매너, 사내 메신저로 간단히 상황을 브리핑하는 글의 매너가 다른 것도 같은 맥락입니다.

그런데도 말하고 쓰는 화자는 같기에 큰 맥락의 성향은 변하지 않아야 합니다. 간혹 이 맥락은 의료 장비, 소프트웨어, 음향 장비와 같이 전문적인 제품을 판매할 때 길을 잃기 쉽습니다. 온라인상에서 글을 통해 고객과 상담하는 경우에도 전문적인 어조와 스타일을 고집하게 되기 때문입니다. 어떤 경우에는 공식적인 어조를 유지할 수는 있지만 고객 중심적인 글의 스타일을 취해야 함을 인지해야 합니다. 고객의 지식 수준과 경험에 따라 더 쉬운 단어를 선택해 고객 친화적인 어조로 바꿀 수도 있습니다. 고객과 만나는 최전선에서의 형식은 늘 변화할 수 있음을 염두에 두자는 이야기입니다.

# [D] 사람을 상대로 사고판다는 것

톤 앤 매너를 갖춘 글의 형식뿐 아니라, 팔리는 글에 대한 형식을 이해하려면요. 결국 우리는 사람을 상대로 사고판다는 사실을 기억해야 합니다. 이를 위해 오프라인에서 온라인으로 관점을 바꾸는 프레임을 제시하려고 합니다. 이 프레임을 통해 고객에게 언제, 어디서, 어떻게 글을 건네야 하는지에 대한 답을 구할 수 있습니다.

온라인이 생기기 전에 우리는 오프라인에서 물건을 거래했습니다. 핸드폰을 개통하려고 해도 대리점에 가야만 개통이 가능한 시대도 있었죠. 은행 거래도 마찬가지입니다. 우리가 당연하게 오프라인에서 하던 일을 온라인으로 옮겨온 과도기를 따지고 보면 그리 오랜 시간이 지난 것도 아닙니다.

　그런데 우리는 오프라인과 온라인이 마치 다른 영역인 양 선을 긋는 행동을 하곤 합니다. 오프라인에서는 당연히 하던 일을 온라인에 와서는 하지 않는다든가 오프라인에서 하지 않던 일을 온라인에서 하는 거죠.

## ↳ 오프라인과 온라인의 차이

　예를 들면 오프라인 매장에서 우리는 A와 B 제품 중 어떤 제품을 골라야 할지 헤매고 있으면 주인이 제품의 차이점을 설명해 줍니다. 비슷한 맥락의 질문을 두 번 해도 두 번 다 똑같은 대답을 앵무새처럼 반복하지 않습니다. 단골로 방문하는 매장이라면 제가 들어가자마자 주인이 격하게 반겨줍니다. "어머, 오셨어요?" 하고요. 주인과 별 실없는 소리를 몇 마디 나누고, 뭐라도 하나 사고 나오는 날에는 기분이 좋아집니다.

　온라인에서는 상황이 조금 다릅니다. 파운데이션을 사려는데 아무런 추가 설명 없이 골드와 실버 중 선택하라는 옵션이 뜹니다. 신규 구매자인 저는 어떤 옵션이 내게 맞을지 알 길이 없습니다. 골드는 평소 23호를 사용하는 피부에 자연스럽게 맞을 거고, 실버는 21호를 사용하는 밝은 피부 톤에 맞을 거라는 설명 한 줄만 있어도 헤매지 않을 텐데요.

다행히도 이 설명을 대신해 주는 챗봇을 상시 운영하는 온라인 몰도 있습니다. 하지만 챗봇은 똑같은 대답을 반복하기에 제 질문에 정확히 대답해 주기 힘든 경우가 많습니다. 저는 평소에 23호를 사용하는데 살짝 밝은 톤을 원하면 실버를 사야 하는지, 골드를 사야 하는지 궁금합니다. 그러나 챗봇은 21호는 실버, 23호는 골드를 사라는 말만 반복합니다.

게다가 온라인 쇼핑 사이트에서 꽤 자주 구매하는데도 결제가 끝날 때마다 병아리 회원이라는 안내가 뜹니다. 얼마를 더 구매하면 그다음 단계의 회원이 되고 어떤 추가 혜택이 생기는지 안내 한 줄만 떠도 좋겠다는 생각이 듭니다.

이런 생각을 그냥 지나치지 않고 습관처럼 하고 있다면 칭찬하고 싶습니다. 이 아쉬움을 모아 자신의 온라인 사업에 꼭 적용하시길 바랍니다. 신규 고객을 위해서는 제품별 차이를 고객의 상황에 맞게 안내하고 단골 고객에게는 일반 고객과는 다른 서비스를 제공해야 합니다. 이는 오프라인이건 온라인이건 파는 사람이라면 반드시 고민해야 할 지점입니다.

## ↳ 만약 오프라인이면 어떻게 했을까?

온라인에서 판매를 목적으로 하는 글을 쓸 때, 이 질문을 꼭 해 보세요.

"만약 오프라인이라면 어떻게 했을까?"

이 질문이 단순히 제품 판매 페이지에만 적용되는 건 아닙니다. 제품을 인지하기 전 마주하는 광고라든가 구매 확정을 알리는 이메일, 배송 상황을 알려주는 카카오톡 메시지, 택배 상자에 새겨진 문구, 제품과 함께 동봉된 설명서, 제품 수령 후 사용 시 문제가 없는지 물어보는 문자에도 사용할 수 있습니다.

글은 고객이 제품을 인지하고 구매하고 사용하고 또 재구매를 결정할 때까지의 전체 여정을 함께합니다. 오프라인에서는 일요일 오전 8시에 고객이 제품을 잘 사용하고 있는지 물어보지 않을 것입니다. 제품 홍보든 중간 점검이든 언제 고객에게 연락할지를 위의 질문을 기준으로 설정하면 보다 합리적인 결정이 가능합니다.

또 다른 예로 1월에 치약 할인 이벤트가 있어 제가 10개의 치약을 쟁여둔 상황이라고 해봅시다. 2월에도 똑같은 제품에 대한 할인 이벤트를 진행한다면 저는 이 이벤트 안내를 받아야 할까요? 이에 대한 상황 판단도 오프라인에서 했을 만한 행동인지 물어보면 쉽게 알 수 있습니다.

오프라인에서는 단골손님이 1월에 잔뜩 치약을 사 갔다면, 2월에 방문했을 때는 칫솔이나 비누가 필요하진 않은지 물어볼 겁니다. 치약을 10개나 다시 들이밀지 않을 겁니다. 그런데 온라인에서는 똑같은 이벤트 안내를 지난달에 받고 이번 달에 또 받는 상황을 종종 목격합니다. 저, 지난달에 샀다니까요?

오히려 오프라인에서는 모든 고객의 구매 내역을 기억할 수 없으니 주인이 까먹고 재차 치약 10개를 들이밀 수도 있을 것 같습니다. 하지만 온라인 판매의 장점 중 하나는 고객의 구매 내역이 모두 남는다는 겁니다. 이벤트를 진행하기 전에 구매 내역을 기반으로 고객을 필터링해 시기적절한 이벤트 메시지를 보내는 수고가 필요합니다.

## ↳ 결국 본질은 사람이라는 것

오프라인 옷 매장에 가면, 들어서자마자 상당량의 정보를 흡수하게 됩니다. 무겁게 열리는 문의 무게, 눈을 사로잡는 화려한 벽지 색감, 매장 음악의 장르와 음량, 걸어 다닐 때마다 코끝을 스치는 향, 직원의 인사말 등의 측정할 수 없는 정보 말입니다. 이 감각 정보는 구매에 실질적으로 영향을 미치는지도 모르게 미미한 존재라 간과하기 쉽습니다. 하지만 우리는 이 모든 감각 정보와 실제 제품의 실효성과 매력을 종합적으로 평가해 구매를 결정합니다.

그렇다면 온라인 옷 매장은 어떻게 해야 할까요? 사이트를 들어가자마자 어떤 감정 또는 감각을 건드려야 할까요? 감정과 감각이라고 하면 대단한 영상이나 이미지라도 삽입되어야 할 것 같지만, 계속 이야기했듯 글이 충분히 그 역할을 할 수 있습니다. 이 지점이 온라인 시장의 매력이죠.

오히려 영상이나 이미지는 고객이 상상할 수 있는 영역을 축소하기도 합니다. 가령 우리가 재미있게 봤던 책이 영화화될 때 실망하는 것과 같습니다. 문장과 문장 사이에 있던 여백 여백, 즉 행간에서 제멋대로 상상했던 주인공이 내가 생각지도 못했던 배우로 나타날 때의 위화감처럼요.

핸드크림을 예로 들어봅시다. 핸드크림을 차 안에서, 사무실 책상에서, 그리고 침실 머리맡에서 사용할 수 있음을 모델 화보로 직접 보여줄 수도 있습니다. 저는 뻔하게 연출된 이미지가 즉시 떠오릅니다. 하지만 아래와 같은 텍스트를 사용한다면 누군가는 이 핸드크림이 필요한 순간으로 퇴근했을 때, 비행기에 탄 채 여행지에 막 도착했을 때, 혹은 반신욕을 마쳤을 때를 떠올릴 수도 있습니다.

피곤한 하루 끝, 따스한 핸드크림의 포옹이 필요합니다. 손에만 사용하지 마세요. 팔, 다리뿐만 아니라 부드러움이 필요한 곳 어디라도 좋습니다. 그때 스치는 향기는 마치 매혹적인 여행지에서 불어온 밤바람과도 같아요.

비주얼의 한계를 뛰어넘는 텍스트의 힘은 분명합니다. 텍스트를 이용하든 비주얼 도구를 이용하든 결국 본질은 사람을 상대로 사고파는 것입니다. 그리고 본질은 오프라인이든 온라인이든 변하지 않습니다. 오프라인의 경험을 온라인으로 최대한 잘 가져올 때, 거기에 온라인만의 특성, 가령 내가 직접 매장에 갈 필요도 없고 은근한 구매 압박을 받지 않아도 된다는 장점이 잘 버무려질 때 글의 힘은 더욱 커집니다.

## ⌐→ 온라인에서 형식을 갖추는 것

온라인에서 글의 힘이 더욱 커지려면 온라인 특유의 형식을 고려할 필요도 있습니다. 단편적인 예를 들자면 홍보 문자를 보낼 때도요. 그게 문자 메시지냐 카카오톡이냐에 따라 형식이 달라져야 합니다. 279쪽과 같이 홍보 문자 메시지를 작성했다고 칩시다.

※ 오늘 자정에 보면 후회할 카톡: 직장인 10분 미드 영어

1. 지금 가장 핫한! 5.4억 신화의 미드 영어 펀딩은 오늘 자정 마감합니다.
2. 1월부터 공부할 수 있도록 12월 31일까지 발송됩니다.
3. 만족도는 부동의 4.9/5.0입니다.

학창 시절 아무리 공부해도 성적이 오르지 않는 친구, 직장에서 늘 야근하는 것 같은데 실적이 없는 동료가 있습니다. 그게 다 요령이 없어서 그런 건지도 모릅니다. 영어를 잘못 공부했을 뿐, 영어를 못하는 게 아닙니다. 미국 아이비리그 출신이 알려주는 영어 법칙 'ELATA'. 2024년에는 부디 일상에 녹여보세요.

→ 마감 전 구매 링크(링크 생략) 클릭

동일한 내용이 카카오톡에서 작성되면 280쪽처럼 달라집니다.

내용은 거의 같습니다. 형식만 달라졌습니다. 크게 세 가지의 형식이 달라졌는데요. 먼저 첫 문장에서 주체를 드러내느냐 마느냐가 달라졌습니다. 문자 메시지에서는 드러내고, 카카오톡에서는 드러내지 않았습니다.

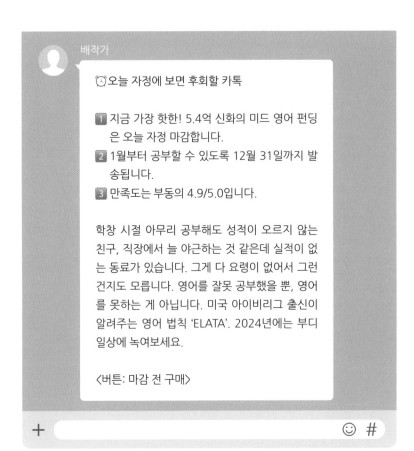

배작가

⏰오늘 자정에 보면 후회할 카톡

1️⃣ 지금 가장 핫한! 5.4억 신화의 미드 영어 펀딩은 오늘 자정 마감합니다.

2️⃣ 1월부터 공부할 수 있도록 12월 31일까지 발송됩니다.

3️⃣ 만족도는 부동의 4.9/5.0입니다.

학창 시절 아무리 공부해도 성적이 오르지 않는 친구, 직장에서 늘 야근하는 것 같은데 실적이 없는 동료가 있습니다. 그게 다 요령이 없어서 그런 건지도 모릅니다. 영어를 잘못 공부했을 뿐, 영어를 못하는 게 아닙니다. 미국 아이비리그 출신이 알려주는 영어 법칙 'ELATA'. 2024년에는 부디 일상에 녹여보세요.

〈버튼: 마감 전 구매〉

우선 첫 번째 문장이 중요하다는 것은 자명합니다. 상세 페이지에서도 첫 문단이 중요하듯, 홍보 문자에서는 첫 문장이 너무나 중요한데요. 이 문장으로 메신저 앱을 열어볼지 말지를 결정하기 때문입니다. 어느 누구도 단번에 전체 내용을 읽지 않습니다. 첫 문장만 힐끔 보고 나머지 내용을 읽을지 말지를 결정하지요. 첫 문장에서 홍보를 하는 주체가 드러나지 않으면 망합니다. 특히 문자 메시지에서는 이를 더 신경 써야 합니다. 제가 받은 문자 메시지의 첫 번째 문장은 다음과 같았습니다.

★재구매 감사 이벤트★

282쪽 문자 메시지의 내용에서도 어떤 브랜드인지를 전혀 알아볼 수 없습니다. 링크를 클릭하기 전까지 말이에요.

주체가 누구인지도 모르는데 어떻게 링크를 클릭할 수 있을까요? 만약 카카오톡이었다면 프로필을 통해 어떤 제품인지 알 수 있어서 굳이 주체를 드러내지 않아도 됩니다. 주체를 드러내느라 제한된 글자 수를 채우기보다는 후킹에 중점을 둘 수 있습니다. 하지만 문자 메시지에서는 첫 문장에서 단순 후킹뿐만 아니라 말하는 주체가 누군지를 드러내는 일도 신경 써야 합니다. 대체 누군지 알아야 문을 열어주지요.

★재구매 감사 이벤트★
#추가10퍼센트 #사은품증정 #한정수량

재구매 고객님들에게만
알려드리는 특별 혜택 링크!
오늘까지만 구매 가능합니다♥

▶ 사은품 증정
▶ 추가 12퍼센트 할인!
▶ 67퍼센트 할인!

▷▶지금 바로 확인해 보세요!
https://bit.ly/OOO

두 번째로는 이모지의 사용 여부가 달라집니다. 문자 메시지에서는 이모지 사용이 불가하지만, 카카오톡에서는 이모지 사용이 가능합니다. 문자 메시지에서는 이모지가 깨져서 이상하게 보이기 때문입니다. 대신 세모나 별표, 화살표처럼 문자에서 깨지지 않는 특수문자로 대체했습니다. '뭐 이런 것까지 신경 써야 해?' 싶지만 신경 써야 합니다.

마지막으로는 링크의 삽입 방법이 달라졌습니다. 문자 메시지에서는 링크를 적었지만 카카오톡에서는 버튼 기능을 이용해 링크로 이동시킬 수 있습니다. 링크 대신 '마감 전 구매'와 같은 액션을 유도할 수 있는 단어를 삽입할 수 있다는 겁니다. 문자 메시지에는 이 버튼 기능이 없으니 링크를 직접 삽입하지만요. 이때도 길고 복잡한 링크를 그대로 삽입하기보다 URL 축약 사이트를 이용해 더 깔끔히 링크를 삽입할 수 있습니다. 이 또한 고객의 입장을 고려해 형식, 즉 D 구조를 지키는 일입니다.

요즘에는 카카오톡에서 채널을 추가한 사람들에게는 카카오톡 메시지를 보내고, 그 외의 사람들에게는 문자 메시지를 발송하는 서비스가 있습니다. 문자 메시지로 보내면 홍보 글을 다시 적을 기회가 있습니다. 이때 문자 메시지에 맞게 형식을 다르게 해보세요.

우리는 결국 사람을 상대로 사고파니까요. 같은 사람을 저녁 자리에서 만나느냐, 결혼식장에서 만나느냐, 테니스장에서 만나느냐에 따라 옷 스타일을 다르게 갖춰 입습니다. 온라인에서도 마찬가지입니다. 그 사람이 문자 앱에서 보느냐, 카카오톡으로 보느냐에 따라 글의 형식을 다르게 갖춰 입을 필요가 있습니다.

# [D] 이미 레드오션이 아닌가

어떤 물건을 파는 적기란 존재할까요? 판매자로부터 제가 숱하게 들은 질문은 "이미 레드오션이 아닌가요?"라는 우려였습니다. 시장에 진입하기 너무 늦은 것 같아 망설이는 겁니다. 혹은 진입하기 너무 이를까 봐 망설이거나요. 언제가 가장 판매하기 좋은 타이밍일까요? 사실 이 질문은 의미이 없습니다. 판매하는 제품의 유형, 타깃의 현 위치, 경제 상황과 같은 다양한 요인에 따라 팔기 좋은 타이밍은 달라지기 때문입니다.

이는 마치 주식을 언제 사고파는 게 좋냐고 물어보는 것과 같습니다. 어떤 주식이냐에 따라, 시장 상황에 따라 다르겠지요. 하지만 어떤 주식인지 안다고 해서, 그 주식을 사고파는 최고의 타이밍도 안다면 그 사람은 신이 아니고 무엇일까요.

## ⮡ 판매하기 좋은 타이밍이란

좋은 타이밍이란 지금이 아닐까 하는, 자기계발서에 공통적으로 등장하는 뻔한 말을 하고 싶지는 않습니다. 그렇지만 판매 타이밍까지 떠올린 지금 이 순간이 무언가를 팔기에 가장 적기라 생각하는 마음은 변하지 않습니다. 무언가가 팔리기까지는 일정 시간이 쌓여야 하거든요. 내가 준비를 완벽하게 해서 시장에 내놓으면 그때부터 불타나게 팔릴 것 같지만요. 이런 경우는 흔치 않습니다. 이런 경우가 사람들의 입에 오르내리는 이유는 흔하기 때문이 아니라 특별하기 때문이지요.

뷰티 업계에서 일하면서 "어, 이 브랜드 왜 갑자기 뜨지?" 하고 살펴보면 최소 몇 년은 경력을 쌓아온 브랜드인 경우가 많습니다. 어떤 탈모 관리 샴푸 브랜드의 경우 수년간 적자로 엄청 고생했다고 하더라고요. 그러다가 최근에 투자를 받고 연예인 모델을 사용하면서 급부상했다고 합니다. 그럼 투자받고 연예인을 쓰면 바로 뜨는 거 아닌가 싶지만, 지난 몇 년간 적자로 고군분투하며 쌓아왔던 고객과 후기가 쌓여왔기 때문입니다. 게다가 매출이 급성장해도 이를 받쳐줄 수 있는 CS, 오퍼레이션, 물류 조직이 있었기에 가능한 일이 었을 겁니다.

따라서 언제 판매를 시작해야 적기인가에 대해 제가 정답을 제 시할 수는 없습니다. 다만 제가 덧붙이고 싶은 말은 바로 글을 건네 는 타이밍입니다. 세일 이벤트 문자를 보내거나, 제품을 알리는 광 고를 띄우는 타이밍에 대해서는 앞에서도 언급한 적이 있습니다. 오 프라인에서도 적합한 타이밍이면 온라인에서도 적합할 확률이 높 습니다. 더 나아가 온라인이기에 가능한 타이밍에 대해서도 생각해 보면 좋겠습니다.

## ↳ 온라인에서의 적절한 타이밍

보통의 오프라인 매장은 오전 9시에 열고 저녁 7시에 닫는다고 칩시다. 하지만 온라인 매장은 24시간 돌아갑니다. 잠이 오지 않는 새벽에도 온라인 매장에서 물건을 고르고 고민할 수 있습니다. 새벽 에 온라인 매장에 들어온 고객에게 심야 한정 이벤트 팝업을 띄워 말을 건넬 수도 있겠네요. 마트에서도 문을 닫기 전에 마감 세일을 하는 것처럼요.

고객이 이미 우리 온라인 몰에 접속해 있는 상태이기 때문에 새 벽 3시든 4시든 불편해하지 않습니다. 하지만 고객이 자고 있는 새

벽 3시에 울리는 광고성 메시지는 불편합니다. '정보통신망 이용촉진 및 정보보호 등에 관한 법률'에 따라 오전 8시부터 밤 9시까지만 광고성 메시지를 보낼 수 있으니 법의 가이드라인 안에서 움직여야 합니다.

그럼 오전 8시부터 밤 9시까지 중 언제가 고객에게 메시지를 건네기에 최적인 시간일까요? 또 요일은 언제가 적당할까요? 판매 대상에 따라서 어느 정도 예상해 볼 수도 있겠고, 구매가 많이 들어오는 요일과 시간대 데이터를 이용할 수도 있습니다. 육아를 담당하는 사람이 타깃 고객이라면 육아 퇴근을 하는 시간대를 공략해야 하고요. 직장인이 타깃이라면 출퇴근길 지하철에서 핸드폰을 바라보고 있는 시간, 점심시간 직전 핸드폰 시계만 바라보고 있는 시간을 잡아야 합니다.

무엇보다 수많은 옵션을 시도해 보면서 직접 최적의 타이밍을 찾아야 합니다. 저는 직장인을 타깃했을 때, 금요일 저녁은 약속이 많을 거라고 생각해서 프로모션 메시지를 보내는 날에서 아예 제외했던 시기가 있었습니다. 하지만 금요일에 시험 삼아 메시지를 보내 봤더니 전혀 다른 결과가 나왔습니다. 약속으로 바쁜 금요일 저녁을 보내는 사람보다 한 주에 지쳐 집에서 핸드폰을 보는 사람이 더 많았나 봅니다. 금요일 저녁 시간대의 반응이 압도적으로 좋더라고요. 직접 시도해 보지 않고 지레짐작해서 시간대를 설정하고, 이를 당연한 진리인 양 생각했다면 결코 알 수 없었을 겁니다. 제게는 금요일

밤이 30~40대 직장인을 타기팅하는 최적의 타이밍이었습니다.


## ⌐→ 어디서 팔 것인가

어디서 팔 것인가에 대한 질문에 대해서도 명쾌한 정답을 제시하기 힘듭니다. 제가 앞으로 설명하는 내용은 제게는 정답이었으나 모든 판매자에게 해당하지는 않습니다. 하지만 언제 팔 것인지와 마찬가지로, 누군가의 성공 케이스를 통해 나의 경우에 어떻게 적용할지 생각해 볼 계기가 될 수 있을 거라 믿습니다.

누군가는 자사 몰을 키워야 한다고 하고, 누군가는 대규모 플랫폼의 힘을 빌려야 한다고 말합니다. 어느 쪽도 완벽히 맞는 말도, 완벽히 틀린 말도 아닙니다. 다만 어떤 플랫폼의 규정이 변화해도 굳건히 내 고객을 지킬 베이스캠프를 만들어두는 건 중요합니다.

베이스캠프는 두 가지 유형으로 나뉩니다. 한 가지는 판매하는 제품을 모아두고 판매하는 곳이고, 다른 한 가지는 고객을 모아두고 메시지를 보내는 곳입니다.

자사 몰이나 네이버 스마트스토어가 제품을 모아둔 대표적인 베이스캠프인데요. 큰 맥락에서 고객에게 보이는 브랜딩이 중요하고 고객의 행태를 보다 세밀히 관찰해 활용하고 싶다면 자사 몰을 선택하고, 네이버에서 검색했을 때 얼마나 잘 노출되는지가 중요하다면 스마트스토어를 선택할 수 있습니다.

이렇게 베이스캠프가 있는 상태에서 큰 플랫폼의 힘을 빌리는 것도 나쁘지 않은 선택입니다. 큰 플랫폼의 장점은 그들이 이미 만들어둔 타깃에 내 제품을 노출시킬 수 있다는 점입니다. 단 플랫폼의 주 이용자가 내 브랜드의 실구매자와 겹쳐야 하겠죠. 내가 입점해 있는 플랫폼 숫자가 늘어나면 노출될 가능성은 높아지지만 그만큼 수수료에 대한 부담도 커지고, 할인 이벤트를 한번 할 때도 가격 설정에 큰 제약이 걸립니다. 플랫폼마다 사이트 성격과 수수료에 따라 가격 설정을 다르게 해야 하기 때문이지요.

또한 일반적으로 큰 플랫폼에서는 내 브랜드 외에도 여러 브랜드가 같이 입점해 있다는 사실을 인지해야 합니다. 따라서 초반에는 내 돈을 태워서라도 플랫폼 내에서 내 브랜드가 조명받도록 광고를 돌려야 할지도 모릅니다. 이 부분에서 많은 판매자가 갸우뚱합니다. 내가 플랫폼 수수료도 내는데, 이 플랫폼에서만 노출시킬 수 있는 광고까지 돌려야 한다고? 하지만 플랫폼 내에서 주목받으면 내 브랜드를 이용해 플랫폼 광고를 돌려줍니다. 그제서야 눈덩이 효과가 발생합니다. 눈덩이 효과란 장기적인 안목의 투자로 눈덩이가 비탈을 구르며 주변의 눈들을 집어삼키고 불어나듯 덩치가 불어나는 것을 의미합니다. 잘되는 브랜드가 더 잘된다는 말입니다.

## ↳ 고객을 모으는 베이스캠프

저는 언제든지 고객에게 메시지를 건넬 수 있도록 고객을 모아 두는 베이스캠프로 카카오톡 채널을 설정하는 편입니다. 이 또한 시간의 흐름에 따라 플랫폼이 변할 수는 있습니다. 어떤 분은 이메일 주소를 모아 뉴스레터를 보내기도 합니다. 개인적으로 카카오톡 채널을 베이스캠프로 설정한 데는 두 가지 이유가 있습니다.

첫째, 제 경우에는 카카오톡 채널로 광고성 메시지를 보냈을 때 문자 메시지에 비해 구매 전환율이 확실히 높았습니다. 아무래도 카카오톡 채널의 경우에는 채널을 추가하는 과정에서 이 브랜드가 발신하는 메시지를 받아보겠다고 암묵적으로 동의한 상태이기 때문이라고 생각합니다.

둘째, 카카오톡 채널을 구독하는 한 제가 보내는 메시지는 무조건 고객에게 닿습니다. 반면 인스타그램의 경우 제 브랜드를 팔로우한다고 해서 제가 올리는 모든 포스팅이 모든 고객에게 노출되는 구조가 아닙니다. 따라서 모든 고객을 인스타그램 팔로워로 모아두는 것은 한계가 있습니다. 또한 자주 바뀌는 인스타그램 노출 알고리즘을 따라가기 어렵다는 현실적인 문제도 있습니다.

물론 카카오톡으로 광고성 메시지를 보내는 행위도 남발하면 고객이 채널 구독을 취소하거나 알림 설정을 끄기도 합니다. 따라서 구매를 독촉하기 위한 목적으로만 메시지를 보내는 것이 올바른 방향인지도 생각해 볼 필요가 있습니다. 어떤 브랜드는 연말에 대표의 인사 메시지를 통해 한 해 동안 얼마나 성장했는지를 알리고, 기부 소식을 전하며 사회에 환원하겠다는 취지를 보여주기도 하더군요. 매출과 직접적인 관계는 없지만, 이런 비광고성 메시지가 이 브랜드의 행보를 지켜보고 싶다는 고객의 마음을 살 수는 있습니다. 또 다른 브랜드는 자사 제품을 더 잘 활용하는 방법을 영상으로 제작하여 보내기도 했습니다. 그 메시지 어디에도 구매 링크는 없었지만, 해당 브랜드를 한 번 더 생각하는 계기가 되었습니다.

3부

# 팔리는 글쓰기
# 실전

# 4장

# 팔리는 글쓰기에
# 마케팅 설계 더하기

# ABCD 구조를 적용한
# 글쓰기 수익화

 

드디어 팔리는 글쓰기의 실전까지 왔습니다. 목적지를 설정하고 글쓰기 안목을 갖추겠다며, 그 전에 시력부터 만들겠다며 운전해 온 지 꽤 오랜 시간이 지났습니다. 축하드리고 또 대단하다는 말을 전하고 싶습니다. '이 많은 구조와 개념들을 다 알고 써야 한다고? 이것까지 신경 써야 한다고?'라는 마음에 버거웠을지도 모릅니다. 하지만 앞으로 돌아가 복습할 필요는 없습니다. 눈치채셨겠지만 제일 중요한 내용은 ABCD 구조고요. 이 구조를 여러 각도에서 바라보며 계속해서 반복하고 있습니다. 사실 ABCD만 지겹도록 들으신 겁니다.

이번에는 실전에 들어가기 전에 지금까지의 여정을 간단히 다시 돌아보고 재정비하는 시간을 갖겠습니다. 편한 마음으로 쭉 읽어보세요. 지금 당장 모든 내용이 가지런히 정리되지 않아도 좋습니다. 다시 앞 장으로 돌아가 제대로 공부하겠다는 욕구가 일지도 모릅니다. 하지만 이 책에서만큼은 그 욕구는 잠시 내려두셔도 좋습니다. 실전 사례를 다 보고 나면 그제야 퍼즐이 맞춰질 수도 있거든요.

ABCD 구조를 살펴보며 몇몇 철학적·심리학적 개념을 설명했습니다. 우리가 집중해야 할 것은 이 개념들이 각 구조에서 어떤 역할을 하느냐입니다. 그러니 개념 자체는 그냥 그런 게 있구나 정도로 흘려 읽으셔도 좋습니다. 흘려 읽은 것 같지만, 사실 그 개념을 알고 나면 그 전으로 돌아갈 수 없습니다. 우리의 뇌가 말입니다. 바더-마인호프 현상이라는 용어 자체는 기억하지는 못해도, 이 개념에 대한 설명은 이미 뇌세포에 새겨져 필요한 순간에 기지를 발휘합니다. 저는 이를 '세포 저장'이라고 부릅니다. 참고로 바더-마인호프 현상은 우리가 수사를 다룰 때 설명했듯 특정 제품이 지속적으로 노출되면 그 제품이 유명하다고 생각하는 현상을 말합니다.

## ↳ 세포에 저장되는 과정을 거쳐 내 실력이 된다

'세포 저장'이라는 건 우리가 지금 계속 반복하고 있는 구조에도 동일하게 적용됩니다. 이 구조를 어떻게 다 생각하면서 글을 쓰고 사업을 하지, 싶지만 이것이 세포에 새겨지면 내 글에도 자연스럽게 묻어나옵니다. 저는 제가 무언가를 배우는 과정에서 도저히 실력이 늘지 않는 것 같을 때 이 세포를 떠올립니다. 오늘은 A와 B의 차이점을 모를지라도 무언가를 모른다고 인지하는 것 자체가 세포에 새겨지는 과정이라 생각합니다. 나중에 때가 되면 이렇게 저장된 것들이 정말 힘을 씁니다.

지금 당장은 개념이니 구조니 하는 것들이 당연히 어렵게 느껴집니다. 농구를 배울 때도요. 아직 자유투도 제대로 못 쏘는 사람에게 농구의 룰을 알려주고, 실전 게임에서 어떻게 공을 다뤄야 하는지 아무리 말해줘도 모릅니다. 내가 슛을 일관성 있게 쏘는 단계일 때는 일관성에만 집중하면 됩니다. 자유투가 내 몸에 익으면 다음 단계로 넘어갑니다. 공을 받을 때도 아무 생각 없이 건네받지 않고, 바로 슛을 쏠 수 있는 손의 자세를 취해서 받게 됩니다. '이런 것까지나' 고려할 수 있게 된다는 말입니다.

글도 마찬가지입니다. 지금은 주술 관계도 못 맞추고 있으면서 구조를 이해하려고 하면 될 것도 안 됩니다. 지금 당장 이 구조가 이해가 가지 않더라도, 일단 '아, 이런 구조가 있구나' 하고 내 세계를 확장해 두세요. 그것이면 충분합니다. 이 세계에서 필요한 요소들을 알려드렸으니 하나씩 정복해 보세요. '아, 술술 읽히는 글은 운율이 있구나'를 배웠다면 우선 이것만 연습하는 겁니다. 글의 운율이 눈에 익으면 상도덕이 있는 단어의 배치를 유의해서 읽고 쓰는 연습을 해보고요. 그 다음에는 감각 소금을 가지고도 놀아봅니다. 첫 문장을 쓰는 4계명도 떠올려봅니다. 그리고 A 구조에 대해서도 생각해 봅니다. 이미 글쓰기 세계에서 기본적으로 필요한 도구는 갖추게 됩니다. 시력이 생겼다는 말입니다.

자, 다시 ABCD 구조를 불러와 봅시다. 299쪽의 표를 보며 이번에는 4 프레임부터 시작해 프레임을 일반 글쓰기에 어떻게 적용할지, 이 구조를 어떻게 팔리는 글쓰기로 확장했는지 되짚어 봅시다. 각 구조의 효과는 인지, 신뢰, 노출, 전환을 강화하고 있으며 이는 기획자, 크리에이터, 마케터, 운영자의 관점에서 볼 수도 있습니다. 더 나아가 이 효과는 사실 고객이 제품을 구매할 때의 구매 여정과도 맞닿아 있습니다. 고객이 제품을 한 문장으로 '인지'하고, 상세 페이지를 통해 해당 제품에 대한 '신뢰'를 쌓고요. 그 제품에 꾸준히 '노출'되었을 때 비로소 구매로 '전환'됩니다.

| | 팔리는 글쓰기의 ABCD 구조 | | | |
|---|---|---|---|---|
| | 일반 글쓰기 | 팔리는 글쓰기(ABCD 구조) | 효과 | 정체성 |
| 본질 | 메시지 (Message) | Articulate(또렷이 말하기) : 메시지 한 개를 고객에게 또렷이 말합니다. #부정적수용능력 #감정기억강화 | 인지 | 기획자 |
| 기본 | 논리 (Logic) | Brainwash(세뇌하기) : 논리로 고객을 세뇌합니다 #인지부조화 #확증편향 | 신뢰 | 크리에이터 |
| 보완 | 수사 (Rhetoric) | Connect(연결하기) : 다각도의 카피(수사)로 고객과 연결됩니다. #바더-마인호프현상 #과잉선택권 | 노출 | 마케터 |
| 기술 | 형식 (Format) | Delight(기쁨 주기) : 구매 여정의 시작부터 끝까지 형식을 갖춰 기쁨을 줍니다. #초두효과 #최신효과 | 전환 | 운영자 |

## ⮑ 구조를 배우는 이유

무언가를 새롭게 배울 때 구조를 먼저 배우면요. 전체적인 그림을 파악하면서 세부 사항을 이해하는 틀이 잡힙니다. 이 틀의 도움으로 정확한 이해를 하고 나면 구조를 바탕으로 새로운 문제나 상황에 적용하고 응용하기가 쉬워지고요.

하지만 구조를 알아가는 과정이 모호하기도 합니다. 구체적인 예시가 없어 실제 상황에 대해 이해하기 어렵습니다. 이때 세부 사항을 먼저 접하고 구조를 배우면 구조를 더 빨리 익힐 수 있습니다. 이미 세부 사항에 친숙해졌다면 구조에 대한 설명이 등장해도 쉽게 퍼즐이 맞춰집니다.

눈치채셨는지 모르겠지만, 이 책에서는 구조에 대한 이야기 전에 제 사례를 먼저 가볍게 풀었습니다. 이야기를 통해 독자와 저 사이에 신뢰 관계를 형성하고자 하는 목적도 있었지만, 더 앞선 의도는 세부 사항에 대한 퍼즐을 먼저 드리는 것이었습니다. 1부에서는 구조를 이야기하는 분량을 줄이고 제 사례를 통해 세부 사항을 먼저 전개했습니다. 2부에서는 구조를 A, B, C, D로 나눠서 하나씩 정복했습니다. 이제 3부에서는 이 구조를 다른 시각에서 다시 조망하면서 실전에서 이 구조가 어떻게 녹아 있는지 살펴보겠습니다.

굳이 이 전개 순서를 설명하지 않아도 되는데도 언급한 이유가 있습니다. 우리는 이미 알고 있던 것도 다시 한번 의도적으로 짚지 않으면 자신이 알고 있음을 인지하지 못하기 때문입니다. 이 책에서 전에 생각지도 못했던 것을 발견한 것도 있겠지만요. 대부분은 자신이 알고 있었던, 더 정확히는 알고 있다는 사실을 인지하지 못했을 뿐 이미 알고 있던 내용일 수 있습니다. 이 책이 한 일은 그 내용에 언어를, 나아가 구조를 입힌 것이지요.

## → 소쉬르의 언어결정론

스위스의 언어학자인 소쉬르의 이론 중 언어결정론이 있습니다. 그는 언어가 사물을 보는 방식을 결정한다고 주장했습니다. 즉, 우리는 사용하는 언어에 의해 세상을 이해하고, 세상을 이해하는 방식에 따라 행동한다는 것입니다.

예를 들어 한국어에는 '눈치'라는 단어가 있습니다. 이 단어를 떠올리자마자 눈을 재빠르게 굴리고 상황을 파악한 후 문제 해결을 위해 움직이는 모습이 연상됐나요? 눈치는 눈으로 미루어 알아차리는 지혜를 의미합니다. 한국어를 사용하는 사람들은 눈치로 상대방의 마음을 읽고, 상황에 맞는 행동을 합니다. 반면에 영어에는 눈치와 같은 단어가 없습니다. 에둘러 비슷한 뜻을 전하는 문장이 여럿 있기는 하지만요. 그래서인지 영어를 쓰는사람들은 눈치를 살피는 대신 직접 말로 의사소통하는 경우가 많습니다. 지나치게 일반화를 해보자면 그렇습니다.

또 다른 예로 우리가 파란색과 녹색을 구별할 수 있다면, 그것은 언어가 그 두 가지 색깔을 구별하는 단어를 갖고 있기 때문입니다. 만약 파랑과 녹색을 구별하는 단어가 없는 언어라면 우리는 그

두 색깔을 구별하기가 어려울 것입니다.

이처럼, 소쉬르는 언어가 세상을 어떻게 생각하고 느끼고 이해하는지에 중요한 영향을 미친다고 주장합니다. 말은 개인의 경험을 만들어내는 도구이자 세상을 보는 프레임이라고 할 수 있습니다.

물론 모든 사람이 그의 주장에 동의하는 것은 아닙니다. 언어가 단순히 세상을 묘사하는 도구일 뿐이라는 견해를 가진 언어학자도 있습니다. 언어가 사고를 규정하는 것이 아니라, 사고가 언어를 형성한다는 것이죠. 이 논쟁은 아직까지도 계속되고 있습니다.

어떤 주장이 옳든 간에 인간의 사고에서 언어가 강한 힘을 가지고 있음을 인지할 필요가 있습니다. 무언가를 설명하는 언어와 구조를 가지면 우리는 결코 그 이전의 세계로 돌아갈 수 없습니다. 이 책을 다 읽은 후 1부로 돌아가서 다시 글을 읽어보면 쓰기에 대한 구조가 눈에 더 선명히 들어올 것입니다.

이 부분에서 설명하는 것이 메시지인가, 논리인가, 수사인가, 형식인가를 알아차릴 수 있다는 겁니다. 그것이 바로 팔리는 글쓰기가 뭔지를 알아보는 안목입니다.

## └→ 몸부터 풀기

본격적으로 들어가기에 앞서 다시 한번 가벼운 마음을 상기시켜야겠습니다. 지금 당장 크게, 천천히 심호흡을 하고요. 목을 뒤로 젖히고 팔꿈치를 뒤로 모아 날개뼈를 가깝게 모아줍시다. 30초만 이렇게 계셔보세요. 단 30초만 있었을 뿐인데 조급한 마음이 조금 가라앉았습니다. 손목을 털어주고 일어나 콩콩콩 뛰어보아도 좋습니다. 실제로 제가 대단한 글을 쓰기 전에요. 부담감이 저를 덮치기 전에 몸을 털어주는 의식을 반드시 치릅니다.

손목을 탈탈 털고 심호흡을 하고 긴장을 풉니다. 피아니스트가 곡을 시작하기 전에 크게 한숨을 쉬고 첫 건반을 치는 모습을 상상합니다. 첫 건반을 치면 마칠 때까지 쭉 연주합니다. 실수를 했던 것을 알아도 곡을 끝까지 칩니다. 더 나아가 내 안의 또 다른 내가 나를 평가하지 않도록 합니다. 셀프 비판자만큼 일을 진행시키는 데 강력한 방해물은 없습니다. 자, 다시 한번 크게 호흡을 하고요. 힘을 풉시다.

잔뜩 긴장을 하고 글을 쓰면 글이 잘 써지지도 않을뿐더러 글에도 긴장이 묻습니다. 정말입니다. 우리의 뇌와 몸은 서로 연결되어 있습니다. 스트레스 상황에서 우리의 신체는 비상 상태로 전환되며, 원시적인 생존 본능인 투쟁-도피 반응fight-or-flight 모드를 활성화합니다. 이 상태에서는 심장박동수가 빨라지고, 근육이 긴장하며, 숨쉬기가 어려워집니다.

전두엽을 건드려 필력을 키우고자 했던 것을 기억하나요? 창의적인 아이디어를 떠올리거나 복잡한 문구를 구사하는 등 고차원적인 사고력이 필요한 활동은 전두엽이 수행합니다. 하지만 스트레스 반응이 발생하면 전두엽의 활동은 억제되고, 대신 감정과 생존 관련 정보 처리를 중시하는 편도체가 활성화됩니다. 그 결과 창의성과 집중력 등 글쓰기에 필요한 능력이 저하되는 건 당연합니다.

반면에 깊게 숨을 쉬거나 체조를 하면 신체는 이런 비상 상태에서 벗어나고 휴식 및 소화rest and digest 모드로 전환됩니다. 이때 혈압과 심박수가 낮아지고, 근육의 긴장이 풀리며, 호흡도 정상화됩니다. 몸을 움직여 스트레스를 해소하면 뇌 기능이 개선되어 좋은 아이디어와 문장을 자연스럽게 떠올릴 수 있습니다.

읽기도 마찬가지입니다. 내가 뭐 하나 놓치지 않을까 긴장하고 읽으면 잘 읽어지지도 않을뿐더러 글이 원래 의도한 의미를 이해하기 어렵습니다. 읽는 시간 동안 집중력을 유지하고 정보를 잘 받아들이는 최적의 조건은 몸과 마음을 편안하게 만드는 것입니다.

긴장은 말로 푸는 게 아닙니다. 몸으로 직접 풀어야 합니다. 몸을 푸는 데 30초밖에 안 걸리는데 밑져야 본전 아닙니까. 30초만 몸을 움직여보세요.

# 객단가를 높이는 글쓰기

먼저 '객단가'가 무엇인지에 대해서 살펴봅시다. 객단가를 높여야 한다는 말 많이 들어보셨지요? 객단가는 고객 1인당 평균 구매액을 말합니다. 100명의 고객에게 객단가 1000원짜리 제품을 팔아서 10만 원을 버는 것보다요. 10명의 고객이 1만 원 객단가의 제품을 구매해 10만 원을 버는 것이 더 구미가 당깁니다. 그래서 햄버거를 팔 때 감자튀김은 1000원에 추가할 수 있게 하거나 시즌별 한정 메뉴를 구성해 더 비싼 햄버거를 판매하는 것도 객단가를 높이는 방법 중 하나입니다.

그렇다고 무작정 객단가를 높일 수 있는 건 아닙니다. 같은 제품인데 고객이 지불하는 객단가가 높다는 건 그만큼 고객이 제품에 기대하는 바가 크다는 것입니다. 예를 들어 한국에서 뉴욕으로 가는 비행기를 탈 때, 일반석을 타든 비즈니스석을 타든 뉴욕으로 가는 목적은 달성할 수 있습니다. 하지만 누군가는 금액을 더 주고서라도 비즈니스석을 탑니다. 비즈니스석을 탈 때 기대하는 바는 일반석을 탈 때 기대하는 바와 다릅니다. 이 기대를 충족시키지 못하면 고가의 제품은 살아남을 수 없습니다.

판매자의 입장에서는 제품의 가치가 실제로 1만 원인데 1000원에 팔고 있지는 않은가 정도만 살펴보면 됩니다. 내 제품의 가치가 실제로 1000원인데, 1만 원으로 높여 팔 순 없을지의 관점이 아니라는 겁니다. 내 제품이 가진 가치보다 더 싸게 팔게 되는 경우가 있을까요? 정답은 '있다'입니다.

탈모 방지 제품을 판매한다고 가정합시다. 동일한 제품인데 그 제품을 스프레이 용기에 담아 토닉으로 판매할지 스포이드 용기에 담아 앰플로 판매할지에 따라서 가격이 달라집니다. 토닉과 앰플 모두 동일한 성분이고 앰플의 제형만 조금 더 묵직하게 만들면 됩니다. 판매자 입장에서는 만드는 비용의 차이가 크지 않습니다. 하지만 소비자 입장에서는 토닉보다 앰플에 더 많은 돈을 지불할 의사가 있습니다. 그래서 단순히 스포이드보다 스프레이가 더 사용하기 편하겠지 하며 토닉으로 결정해 놓고 고객에게는 앰플 가격을 받으려고 하면 판매가 어려워집니다.

제품이 어떤 그릇에 담기느냐에 따라서 고객이 지불할 의사의 정도인 객단가가 달라짐을 이해한다면, 나아가 제품의 객단가 수준이 정해지는 맥락을 알고 있으면, 제품 기획에 접근하는 방향이 달라집니다. 이 개념을 조금 더 확장해 봅시다. 제품의 가치는 단순히 제품 자체의 특성과 기능만으로 결정되지 않고, 그 제품이 어떤 맥락에서 어떤 방식으로 소비자에게 제시되는지에 따라 변할 수 있다는 개념으로요. 이를 '제품 포지셔닝'이라고 합니다.

글을 돈으로 변환하려면 단순히 로고만 잘 만들어서, 상세 페이지만 뜯어고쳐서, 혹은 글만 유려하게 잘 써서 될 일이 아니라는 걸 가늠하셨을 겁니다. 제품 포지셔닝이 이뤄지는 기획 단계부터 상세 페이지를 적는 크리에이티브 단계, 제품을 노출하는 마케팅 단계 그리고 고객과 맞닿아 커뮤니케이션하는 운영 단계까지 촘촘히 설계되어야 팔리는 글쓰기의 효과를 얻을 수 있습니다.


## ↳ 객단가를 높이는 글쓰기란

내가 만드는 제품의 객단가를 높이는 글쓰기의 사례로, 1부에서 잠깐 소개했던 과외 시급을 3배 높인 글쓰기를 더 세밀히 다뤄보겠습니다. 그때 과외 구인 글을 세 단계를 나눠서 보여드렸는데요. 세 단계의 제목만 가져오도록 하겠습니다.

### 1단계

영어 과외 구합니다

### 2단계

[구인] 열정적인 영어 과외 학생을 찾습니다!

### 3단계

[아이비리그 출신, 대치학원 라이팅 전문 강사] SAT 라이팅 만점 8주 완성 프로그램 온라인 과외

객단가가 정해지는 맥락에 대해서 잠깐 설명드렸던 내용 중에요. 동일한 제품인데 어떤 그릇에 담기느냐에 따라서 고객이 지불할 의사가 있는 금액이 달라지는 이야기가 있었지요. 1단계, 2단계에서는 영어 수업이라는 그릇에 담긴 서비스가 3단계에서는 '8주 완성 프로그램'이라는 그릇에 담겼습니다. 1단계, 2단계의 강사도 마음속으로는 8주 만에 작문 시험에 만점을 맞도록 계획했고, 수업도 그에 맞게 진행할지도 모릅니다. 사실 1~3단계 모두 같은 과외 서비스일 수도 있습니다. 하지만 소비자는 강사의 마음을 알 길이 없습니다. 강사가 8주 완성 프로그램이라는 그릇에 예쁘게 담아 보여주지 않으면 소비자는 모른다는 겁니다.

화장품은 제품을 담는 용기라는 물질이 실재합니다. 있는 용기 중에서 내 제품에 맞는 그릇을 선택해야 하니 제약이 있을 수도 있습니다. 하지만 글은 다릅니다. 글은 제품 포지셔닝을 할 때 내 제품

을 담는 그릇의 역할을 할 수 있는 데다 제한이 없습니다. 영어 수업 그릇에 담아도 되고 8주 완성 프로그램 그릇에 담아도 되며, 4주 속성 프로그램 그릇에 담아도 됩니다.

앞으로 ABCD 구조를 이 구인 글쓰기 실전 사례에 묶어 해체해 볼 겁니다. A 구조는 기획자의 관점에서, B 구조는 크리에이터의 관점에서, C 구조는 마케터의 관점에서, D 구조는 운영자의 관점에서 살펴볼 것입니다. 이 여정이 '객단가를 높이는 글쓰기란 이렇게 설계되는구나'에 대한 청사진을 그리는 재밌는 여정이 되길 바랍니다.

# [A] 글쓰기에 1퍼센트
# 힘을 주어 아쉬움을 판다

저는 10년 넘게 수많은 요가원을 거쳐 간 수련자로서 요가원을 볼 때마다 아쉬운 점이 있었습니다. 재구매는 이렇게 유도하면 좋을 텐데, 워크숍은 이렇게 유도하면 더 매끄러웠을 텐데, 이런 도구는 팔아도 좋을 텐데 하면서요. 이런 아쉬움을 느끼는 건 제가 이 산업을 비즈니스적 관점으로도 보고 있다는 것입니다. 이 피곤한 습관은 앞으로 어떤 분야로 글쓰기 수익화를 하던 좋은 연습이 됩니다.

아쉬움을 팔려고 하면 우선 내가 아쉬움을 느껴야 하고, 이보다 선행해야 하는 건 내가 판매하고자 하는 제품을 직접 경험해 보는 것입니다. 팔고자 하는 제품을 직접 구매자의 입장에서 경험하지도 않고 팔려는 건 어둠 속에서 코끼리를 만지며 어떤 동물인지 맞춰보겠다는 심보와 같습니다.

"온라인에서 판매하지 않는 제품이면 어떻게 하나요? 제가 판매하고자 하는 건 요가와 아로마테라피를 통합한 서비스인데요. 아무리 찾아봐도 이런 서비스는 없는데요?" 이렇게 질문할 수도 있습니다. 흠, 비슷한 서비스는 있지 않을까요? 예를 들어 요가와 명상을 통합했다거나, 요가와 사진 촬영을 통합한 서비스는 있을 겁니다. 제가 방금 찾아봤는데 있습니다. 꼭 내가 팔고자 하는 제품과 똑같은 제품을 경험해 봐야 하는 건 아닙니다. 요가 서비스와 어떤 다른 서비스를 통합한 경우를 눈여겨보면 됩니다.

내가 일본어 과외 서비스를 팔고 싶다면 기왕이면 다른 일본어 과외 서비스를 경험해 보는 게 제일 좋겠지만요. 그 서비스가 없다면 중국어라도, 아니면 영어 과외 서비스라도 경험해 보는 겁니다. 그리고 경험할 때 관찰의 더듬이를 반드시 곤두세워야 합니다.

아무거나, 아무렇게나 경험하지 말고, 내가 내 돈 써서 구매하는 만큼 철저히 소비자의 입장에서 경험해야 합니다. 이 많은 서비스 중에서 어떤 포인트에, 더 정확히는 어떤 문구에 끌려서 결제까지 결심하게 되었는지? 이 서비스는 다 좋은데 어떤 부분이 걸려서 결제까지 가지 않았는지? 힘을 빼고요. 내가 어떻게 구매 결정을 하는지 제삼자의 입장에서 지켜보는 겁니다. 내가 타기팅하는 소비자 또한 나와 크게 다르지 않게 꼼꼼히 살피고 따진 후 비로소 내가 준비한 서비스를 구매할 거니까요.

한번 생각해 보세요. 나 또한 내 서비스를 살 것 같지 않은데 어떤 귀인 또는 바보가 나타나 내 서비스를 살까요?

## └→ 글쓰기에 1퍼센트 힘을 준 기획 단계

자, 이제 글쓰기에 1퍼센트 힘을 줘봅시다. 이 1퍼센트가 객단가를 높이는 데 도움이 될지도 모릅니다. A 구조로 시작해 볼까요? A 구조의 핵심은 하나의 메시지를 또렷이 고객에게 말하는 것입니다. 이 결과로 고객은 우리 제품을 인지합니다. 하나의 메시지를 또렷이 말하기까지 제품과 제품을 판매할 고객에 대한 완벽한 분석이 먼저 이루어져야 합니다. 기획자의 관점입니다.

그럼 과외 서비스에 대해 기획자의 관점에서 생각해 봅시다. 이 때 기획자는 4W를 기억하면 좋습니다. Why, Who, What, hoW 순서로 물어볼 거라서요. 왜 이렇게 기획을 했고, 누구를 상대로 기획을 했으며, 그래서 무엇을 팔 거고, 어떻게 팔 건지 말이예요.

**1. Why?**
**왜 이렇게 서비스를 기획했을까요? 과거의 아쉬움이 있었기 때문입니다. 그 과거의 아쉬움을 모아 만든 서비스입니다.**

## 2. Who?

이 서비스의 고객은 누구인가요? 더 정확히는 진짜 고객이 누구일까요? 학생일까요, 학부모일까요?

## 3. What?

제가 파는 건 과외 서비스일까요? 아니면 과외를 통해 성취하고자 하는 목표일까요?

## 4. How?

어떻게 팔까요? 과외 서비스의 차별점을 강조할까요? 아니면 이 과외를 하는 강사를 강조할까요?

### 1. 글쓰기에 1퍼센트 힘을 주는 질문

제가 대학생 4학년이 되는 날, 아빠가 경제적 지원을 끊었습니다. 그날을 기점으로 저는 혼자 학비도 내고, 판교살이의 기반도 마련해야 했지요. 과외만이 유일하게 손을 뻗을 수 있는 선택지로 보였습니다. 이때 글쓰기에 1퍼센트 힘을 주는 질문으로 탄탄한 기획을 했고요. 실제로 시급 3배의 고액 과외를 온라인으로 모집했습니다. 이 고액 과외를 어떻게 팔았는지 Why, Who, What, hoW 네 가지 관점에서 살펴보겠습니다.

## 2-1. Why: 아쉬움을 모아 판다

저는 과외 서비스를 판매하기 전에, 초등학생 시절부터 수많은 과외를 직접 경험해 봤습니다. 한 번도 엄마가 과외를 시켜준 적이 없고요. 제가 스스로 온라인 카페에서 과외 선생님을 여럿 찾고, 직접 전화하고, 첫 수업도 받아보고 선생님을 대상으로 인터뷰까지 했어요.

고심 끝에 과외를 받기로 한 선생님에게 항상 의문과 아쉬움이 남았어요. 첫째, 왜 우리가 과외를 하는 목적을 설정하지 않지? 왜 이 목적의 달성 여부를 주기적으로 점검하지 않을까? 둘째, 왜 수업을 시작할 때 이전 수업에 대한 복습과 이번 수업에 대한 목표 설정을 하지 않고 진도부터 나갈까? 셋째, 왜 수업이 끝날 때마다 피드백을 해주지 않을까?

세 가지 아쉬움을 품고 있다가요. 제가 다른 학생을 과외해 줄 때는 이렇게 잘 모아온 아쉬움을 팔아야겠다고 생각했어요. 그래서 과외도 기간을 설정해 이 기간 동안의 목표를 잡기로 했습니다. 수업을 시작할 때는 이전 수업을 복습하고 오늘 수업의 목표 설정을 해주고, 수업이 끝나면 내용을 정리하고 수업 성과에 대한 피드백을 해주기로요.

## 2-2. Who: 안 팔겠다는 각오로 타깃을 좁힌다

타깃을 뾰족하게 하는 건 마케팅의 기본 중 기본이라 많이 들어봤을 거예요. 하지만 안 팔겠다는 각오로 타깃을 좁히는 건 처음 들어봤겠지요? 저는 과외로 오직 영어 '글쓰기'만 팔았습니다. 글쓰기 수업에 만족한 고객이 같은 영어니까 독해 수업도 해달라고 했지만 안 한다고 딱 잘랐지요. 숙제할 준비가 안 된 고객도 잘랐습니다. 어차피 이런 고객을 가르쳐봐야 강의 만족도가 좋을 리 없거든요. 앞에 2장에서 '이 책을 읽지 않았으면 하는 사람들'을 먼저 언급했던 것도 같은 이유 때문입니다.

바로 이 원리로 2019년 크라우드펀딩 플랫폼에서 뷰티 1위를 한 제품이 탄생했습니다. "아쉽지만, ○○크림은 모두를 위한 제품도 아니에요"와 같은 애태우는 카피를 써 민감성 피부를 가진 사람은 크림을 못 사게 했던 사례를 기억하실 겁니다. 내 영역이 고집스러울 정도로 명확해서, 이 영역에 안 들어올 거면 안 팔겠다고 할 정도로 타깃을 좁히는 것이 첫 단계입니다.

## 2-3. What: 제품 자체가 아닌 구매 후 목표를 판다

"영어 글쓰기 과외합니다"라는 프레임을 잡으면 구미가 당길 사람이 없다고 봅니다. 영어 글쓰기 과외 자체는 서비스입니다. 제품 또는 서비스가 아닌 목표를 팔아야 한다고 생각했습니다. 고객은 영어 글쓰기 과외를 받아서 무엇을 이루길 원할까요? SAT 라이팅 만점 맞는 것? 대학 입시에 성공하는 것? 원하는 대학을 졸업한 후 원하는 직장에 입사하는 것?

어떤 목표가 됐건 최종 목표를 달성하기 위해 SAT 라이팅 만점을 첫 목표로 설정할 수 있습니다. 이로써 저는 더 이상 영어 글쓰기 과외가 아닌 'SAT 라이팅 만점 8주 완성 프로그램'을 파는 사람이 됐습니다. 요가도 빈야사 수업이 아닌 '핸드스탠딩 8주 완성 수업' 또는 '요가 자세 프로필 촬영 수업'이 더 잘 팔리지 않을까요? 사진 촬영도 신생아 사진 촬영이 아닌 '우리 아이 5년 성장기 촬영'이 더 잘 팔리지 않을까요?

## 2-4. hoW: 신빙성을 갖춘 메이커를 판다

SAT 라이팅 만점 8주 완성 프로그램을 파는 사람은 당연히 영어 글쓰기에 전문가여야 합니다. 나를 돋보이게 하는 데는 여러 방법이 있겠지만, 저는 신빙성을 선택했습니다. 그리고 '아이비리그 출신, 대치학원 라이팅 전문 강사'로 제 자신을 팔았습니다. 아이비리그, 대치학원 키워드로 신빙성을 제공하고, 라이팅으로 타깃을 좁힌 전문성을 강조했습니다.

다른 예로 일터에서 제가 탈모 방지 샴푸를 팔 때는 '34억 탈모

장인'으로 제 자신을 팔았던 사례를 떠올려봐도 좋습니다. 저는 탈모 전문가도 아닌데, 34억 원어치 탈모 방지 제품을 팔아본 경험이 제 신빙성을 만들어준 겁니다. 이 제품도 2022년 크라우드펀딩 플랫폼에서 탈모 부문 1위를 했습니다. 이처럼 타깃을 좁혀 목표와 메이커를 팔면 고객이 제품 인지를 넘어 관심을 보이기 시작합니다. 즉, 문의가 시작됩니다.

4W까지 거치면 우리는 단 하나의 또렷한 메시지를 남깁니다. 'SAT 라이팅 전문가가 만점을 책임지는 8주 완성 프로그램'이라는 메시지요. 그럼 이렇게 우리 제품을 인지한 고객을 어떻게 구매로 전환시킬 수 있을까요?

# [B] 쓰는 사람이
# 빠지기 쉬운 저주

우리는 B 구조에 와 있습니다. 여기서는 논리로 고객을 세뇌해야 합니다. 이 결과로 고객은 우리 제품을 신뢰하게 됩니다. 신뢰를 얻는 논리의 도구는 글입니다. 판매가 목적이라면 이 글을 상세 페이지라고 생각하시면 쉽겠죠. 상세 페이지는 제품군에 따라서 기획자가 혹은 마케터가 쓰기도 하는데요. 신뢰를 위한 글을 빈 페이지에서 쌓아가는 관점에서, 다른 말로는 무에서 유를 창조하는 관점에서 이들을 크리에이터라 칭하겠습니다.

사실 상세 페이지를 어떻게 하면 잘 쓰느냐에 대해서는 책 한권이 더 필요할지도 모르겠습니다. 그것도 맞춤형 책이 필요할 것입니다. 내가 판매하는 제품의 특성, 소비자의 성향, 시장의 동향까지 고려한 솔루션이 필요한 질문이기 때문입니다. 더 현실적으로는 시각적 요소도 고려되어야 합니다. 오직 글만 있는 상세 페이지는 요즘 찾아보기 어렵죠. 상세 페이지에는 제품 사진뿐만 아니라 살아 움직이는 것 같은 GIF나 영상도 활용합니다. 또 누군가는 SEO[Search Engine Optimization]를 고려하여 상세 페이지를 작성하는 것도 중요하다 말합니다. 제품과 관련된 키워드를 적절하게 사용해 검색엔진에서 상위에 노출되도록 하는 작업 말입니다. 상세 페이지가 제품을 판매하는 데 종합적인 예술의 결과물인 것은 부정할 수 없습니다.

이 결과물의 원형은 텍스트입니다. 상세 페이지를 텍스트라는 측면에서 어떻게 접근해야 하는가에 대한 개괄적인 방법론은 2부에서 설명했습니다. 인지부조화와 확증편향을 글쓰기와 연관시켜 고객의 관심을 끌고 행동을 유도하기 위한 네 가지 방법(도전적인 주장, 직선의 논리, 자발적인 행동의 유도, 의심의 해체)도 같이 설명했죠. 주장-이유-근거의 3단 구조도 살펴봤습니다. 이 방법론으로 제가 전하고자 했던 내용은 결국 하나의 상세 페이지에서는 하나의 메시지만을 전달하라는 것이죠.

실전편에서는 상세 페이지를 만드는 동안 떠올랐던 질문을 세 가지로 모아봅니다. 객단가 편에서는 글을 쓰기 전에 어떤 점을 유의해야 하는지를 다뤘습니다. 이번에는 글을 쓰는 동안은 어떤 태도로 임하는지를, 다음에는 글을 쓰고 난 뒤에 뭘 해야 하는지를 다룰 것입니다.

## ↳ 글을 쓰기 전에 어떤 점을 유의해야 하나

상세 페이지를 만드는 동안 떠올랐던 질문에 답해보겠습니다. 글을 쓰기 전에 어떤 점을 유의해야 하느냐는 질문부터 시작해 볼게요. 실제로 글을 쓰면서 빠질 수 있는 저주에 대해 미리 알고 있으면 도움이 될 것입니다.

글을 많이 쓰다 보면 제법 글에 자아가 생깁니다. 이 시기를 주의해야 합니다. 운전도 초보일 적에 긴장을 바짝 하고 신경을 곤두세우다 보니 큰 사고가 나지 않는데요. 게다가 초보 딱지를 붙이고 운전을 하니 주변에서도 양보도 해주고, 옆 좌석에 앉은 아빠의 잔소리도 고이 듣습니다. 하지만 운전에 자신이 붙는 첫 일 년 내에 사고가 나기 쉽습니다. 저의 첫 사고도 그때 발생했지요. 이때는 내가 운전을 잘한다는 생각에 빠져, 아빠 말도 안 들리고 정신은 노래에 팔려 있으면서 한 손으로 운전을 하기도 합니다.

글쓰기도 마찬가지입니다. 겸허한 마음으로 잔뜩 긴장감을 곤두세우고 있을 때는 내가 글을 쓰고자 하는 목적이 뭔지, 글이 목적 밖을 벗어나지는 않는지 살핍니다. 글에 대한 피드백도 꼼꼼히 보고 수용하고요. 하지만 내 글에 자신감과 자아가 생기기 시작하면 상황이 조금 달라집니다. 애초에 전하고자 했던 메시지는 목소리가 작아지고, 자기 마음대로 글을 진두지휘하기도 합니다. 부정적인 피드백을 받으면 독자가 뭘 모른다고 생각합니다. 혹은 본인의 메시지는 글 전후로 명확한데, 이를 표현하는 과정에서 예술적 방법을 취한 것이라 자위합니다.

주제에 벗어나는 글을 쓴다거나 문법에 맞지 않는 비문을 쓴다거나 하는 일반적인 글쓰기 함정 말고요. 한 발짝 더 나아가 봅시다. 판매가 목적인 관점의 글을 쓸 때 빠지기 쉬운 두 가지 저주에 대해 살펴보겠습니다.

## ↳ 내가 알면 너도 안다고 생각하는 저주

판매를 목적으로 하는 글을 읽을 때 고객이 어렵다고 생각하면 망한 것입니다. 이는 지식의 저주라고도 하는데, 내가 아는 것을 다른 사람들도 그만큼 이해하고 있다고 착각하는 현상입니다. 판매를 목적으로 하는 글쓰기에서 지식의 저주가 발생하면 판매자는 가능한 한 모든 정보를 제공했다고 생각하지만, 실제로 고객은 제품의 중요한 정보를 제대로 이해하지 못할 수도 있습니다.

'SAT 라이팅 전문가가 만점을 책임지는 8주 완성 프로그램'이라는 과외 구인 글 중 일부를 다시 가져와 보겠습니다.

어떤 수업인가요?

SAT가 대학 입시의 전부가 아닙니다. 따라서 SAT 점수는 단기간에 만드는 것이 중요합니다. SAT 전문 선생님께 최소한의 시간 동안 압축된 노하우를 전수받고 실전 자료로 공부하는 것이 제가 믿는 입시의 정석입니다.
사실, SAT 중 라이팅 파트는 단시간에 점수 완성이 가능합니다. 이는 라이팅의 문제가 유형화되어 있기 때문입니다. 유형별로 문제를 정리해 놓은 자체 교재와 실전 문제를 가지고 수업합니다.

　　제 나름대로 최대한 쉽게 풀어 쓴 글이지만, 이 또한 SAT(미국 수능)가 뭔지 모르는 사람들에게는 어렵게 느껴질 수 있습니다. 'SAT가 뭐고 유형화가 뭐지?' 할 수 있다는 거죠. 하지만 제 타깃은 SAT가 뭔지 알고 이 시험에 대한 기초적인 이해도가 있는 사람들이었습니다. '분명 이 시험에 접근하는 가장 효율적인 방식이 있을 것 같긴 했는데, 그게 시험 문제의 유형화였구나!'를 이해할 수 있는 사람들이요. 허나 제가 이들의 눈높이가 아닌, 온전히 제가 쓰기 편하게 글을 썼다면 다음과 같은 글이 나왔을 것입니다.

어떤 수업인가요?

SAT는 대학 입학 절차에서 중요한 파라미터일 뿐, 결정적인 지표가 아님을 내면화하기 바랍니다. SAT 점수의 향상은 집중적이고 단기간의 노력으로 매니페스트되어야 합니다. 압축된 시간 내 지식을 습득하고, 실전 프레임워크를 활용하여 학습하는 것이 제가 지지하는 입시 전략 패러다임에 부합합니다.
실질적으로 SAT의 라이팅 섹션은 짧은 시간 동안 고득점을 달성할 수 있는 구조를 갖추고 있습니다. 이는 라이팅 문제들이 명시적으로 카테고리화되어 있기 때문이며, 유형별로 정리된 교재와 실전 프레임워크를 활용하여 교육과정을 진행할 것입니다.

판매자만 편한 대로 쓰면 이런 글이 나옵니다. "단기간의 노력으로 매니페스트되어야 한다고. 매니페스트 몰라?" 한다는 겁니다. 앞서 제가 풀어 쓴 글을 보고 봐서 그렇지, 이 글을 먼저 읽었으면 무슨 해킹된 페이지에 온 줄 알았을 분도 계실 겁니다. 잘 읽혀도 살까 말까 하는데, 읽을 때부터 혼란스럽거나 어려우면 꽝입니다.

지식의 저주 현상을 극복하기 위해서, 설명을 시작하기 전에 제품의 핵심을 간결하게 요약해 주는 것도 한 가지 방법입니다. 대신 일곱 살 조카나 70대 할아버지도 이해하는 수준이어야 합니다. 가까운 지인에게 요약한 문장을 보여줘 보세요. 이후 지인의 언어로 어떤 제품인 것 같은지 다시 설명해 달라고 부탁해 봅시다. 몇 번이고 이 과정을 반복하다 보면 제품을 설명하는 가장 직관적이고 쉬운 문장을 찾을 수 있습니다.

고객은 제품에 대한 설명을 읽기 전에 이 한 문장으로 읽을 준비를 마칠 수 있습니다. 읽기의 나침반을 만드는 과정이라고 할까요? 책으로 따지면 제목이나 목차와 같습니다. 책을 읽을 때 제목이나 목차를 읽지 않고 바로 본문부터 읽기 시작하면 독자는 읽는 도중 길을 잃을 수도 있습니다. 하지만 제목과 목차를 한 번이라도 인지하고 책을 읽으면 내용을 이해하기 더 수월합니다.

이때 판매자는 전문가도 잠재고객으로 고려할 수 있습니다. 전문가의 경우, 전문용어로 읽어야 제품을 더 잘 이해할 수 있어 일반적인 표현으로 소개된 제품 페이지를 읽으면 제품의 정확한 정보를 알기 어렵다는 점이 우려됩니다. 이해하기 쉬운 언어로 제품을 설명하는 건 중요하지만, 제품의 기술적인 정보를 포함하지 말자는 의도는 아닙니다. 제품을 이해하고 사용할 때 기술 용어가 매우 중요한 역할을 하는 것 또한 명백히 사실이기 때문입니다. 다만 우리는 판매자로서 비전문가 고객을 배려할 필요가 있습니다. 해결 방법은 전문용어를 실제로 사용한 사례를 들면서 설명하는 겁니다.

## 1. 지식의 저주 예시

이 와이파이 공유기는 MU-MIMO 기술과 경계 조건 설치 허용으로 최적화된 메시지 네트워크 구성이 가능합니다.

## 2. 개선 예시

이 와이파이 공유기는 MU-MIMO 기술을 통해 여러 기기가 동시에 빠르고 안정적인 인터넷 연결을 유지할 수 있습니다. 또한 메시지 네트워크 환경을 구성할 수 있어 큰 집이나 여러 층의 건물에서도 무선 인터넷 신호 범위를 높이는 데 도움을 줍니다.

또는 전문용어는 아예 배제하고 소비자 관점에서 더 이해하기 쉽게 문장을 만들고요. 전문 정보는 소개 페이지 제일 하단으로 빼거나, 제품 스펙란에 적어두는 것도 방법입니다. 예를 들어볼게요.

## 1. 지식의 저주 예시

이 프린터는 1200dpi 해상도와 최대 38ppm 출력 속도를 지니고 있습니다.

## 2. 개선 예시

이 프린터는 사진 인화가 가능한 해상도로 선명한 인쇄 품질을 제공하며, A4 용지 1장당 5초꼴의 빠른 인쇄 속도로 시간이 절약됩니다.

이후 소개 페이지 하단에 1200dpi 해상도, 38ppm 출력 속도, PCL5·PCL6 프린트 언어 지원과 같은 스펙을 기재할 수 있습니다. 복잡한 개념을 한눈에 이해하기 쉽게 그림이나 표로 시각적 자료를 활용하여 전달할 수도 있지요.

## ↳ 라임의 저주

판매 목적의 글을 쓸 때 빠지기 쉬운 두 번째 저주로는 라임의
저주가 있습니다. 래퍼도 아니면서 글을 쓰면서 자꾸 라임을 맞추려
드는데요. 제가 최근에 겪은 저주가 웃기지도 않아 예시로 들고 왔
습니다. 제가 이 책을 쓰기 전 작업했던 초고의 목차입니다.

1. 팔리는 글쓰기 101
2. 억대 매출 - 직장 밖 글쓰기로 0원에서 6억까지
3. 억대 연봉 - 연봉 8배 성장시킨 직장 내 글쓰기
4. 억대 가치 - 팔리는 글쓰기의 구조

보이시나요? '억대' 라임을 맞추려고 했던 몸부림이? '직장 밖
글쓰기'와 '직장 내 글쓰기'는 한술 더 떴습니다. '글쓰기'의 반복도
모자라 직장 '밖'과 '내'의 대칭에 욕심을 부린 겁니다. 왜 글을 쓰
면서 라임을 맞추려 들까요? 심미적 욕구도 있고, 글 안에서 안정감
을 찾으려는 욕구도 있어요. 거실 왼쪽에 큰 식물을 하나 두면 오른
쪽에도 대칭을 맞춰 뭘 하나 둬야 할 것 같잖아요. 단어나 구를 반

복하면 문장에 리듬감과 강조점도 생기며 생동감까지 줍니다.

라임을 잘 사용한 예도 있어요. "이젠 더 크고, 더 좋은, 더 놀라운" 아이폰 광고 카피입니다. '더'라는 단어가 세 번 반복되어 크기, 성능, 기능을 강조합니다.

하지만 라임이 곧 글의 질을 높이진 않습니다. 안정감 또한 내가 대체 어디 있는 줄 알아야 라임에서 안정감을 찾든 말든 하죠. 생판 가본 적 없는 무인도에 던져졌다고 상상해 보세요. 생판 모르는 곳에 떨어졌다는 불안감 속에서 나무들이 대칭으로 심어져 있는 모양이 무슨 소용이겠어요. 오히려 무섭게 느껴지기까지 합니다. 강제로 라임을 맞추다가는 '대체 내가 지금 어디서 뭘 읽고 있는 거야?' 하는 사태가 일어난다는 거죠.

'억대'라는 라임을 억지로 유지하려니 '억대 가치'와 같은 두루뭉술한 단어를 사용하게 되었고요. '직장 밖' '직장 내'라는 대칭 구조를 맞추려고 하니 '직장 밖 글쓰기가 뭐야?' 하는 질문을 마주하게 됐습니다. '글쓰기 부업'이 더 직관적인 표현인데 부업이라는 단어를 사용하기 싫었나 봐요. 겉멋만 들어가지고는. 쓰는 사람이 빠지기 쉬운 또 다른 저주입니다.

이렇게 저주를 인정하고 거두어서 개선한 작업 끝에 지금의 목차가 탄생했답니다. 글을 쓰고 있다면, 특히 판매가 목적인 글을 쓰고 있다면 라임의 저주에 빠지지 않았는지 꼭 확인해 보세요.

# [C] 상위 노출이
# 쓸모없는 이유

고객이 우리가 판매하는 제품을 인지했고요. 쓰기의 저주가 거두어진 상세 페이지를 보며 신뢰까지 쌓았어요. 이를 구매로 전환하기까지 가장 중요한 액션은 무엇일까요? 고객의 구매 여정을 다시한번 소환해 보겠습니다.

### 인지 → 신뢰 → 노출 → 전환

앞서 글쓰기에 1퍼센트 힘을 줌으로써, 즉 기획 단계에서 4W를통해 글쓰기 방향을 잡음으로써 고객을 인지 단계까지 이끌었습니다. 이후 쓰기의 저주를 극복하며 신뢰까지 얻고요. 이제 지속적인 노출을 통해 구매로 전환시킬 수 있게 되었습니다. 대부분의 고객은 한번 보고 바로 구매하지 않거든요. 신뢰를 제법 얻은 후라도 말이에요. 지속적인 노출 끝에야 구매로 전환됩니다. 여기서 노출만 지속적으로 한다고 전환되는 것이 아닙니다. 신뢰가 쌓인 상태에서야 노출이 힘을 쓰겠죠?

영어 작문 과외 케이스의 경우, 신뢰를 쌓는 데 진입장벽이 될 부분은 높은 가격이었습니다. 시중 가격 3배의 서비스를 파는데 사는 고객 입장에서는 이 가격이 합당한지 의심하는 것이 정당합니다.

의심의 커튼을 걷는 데 마케터의 관점을 대입해 보고자 합니다. 우리는 C 구조, 즉 다각도의 카피로 고객과 연결하는 단계에 와 있습니다. 이를 통해 고객은 우리 제품에 충분히 노출될 겁니다. 노출 키워드를 찾는 것은 마케터의 임무입니다.

## ↳ 상위 노출도 결국 광고의 일부다

노출이란 광고를 집행한다는 건데요. 당연히 상위 노출 역시 광고의 한 방법일 뿐입니다. 그러니 상위 노출이 무조건 좋은 게 아니라 쓸모없는 케이스도 있다는 이야기를 하고 싶습니다.

예를 들어 과외의 경우 네이버에 '영어 과외' 키워드로 검색해서 제가 상위 노출되어 봐야 별 의미가 없습니다. 온라인 영어 과외라면 의미가 있을 수도 있지만요. 저는 분당권에서만 오프라인 과외를 했기 때문입니다.

그럼 '분당 영어 과외'라는 키워드로 검색할 때 제가 상위에 뜨면 좋지 않을까요? '영어 과외'보다 더 좋은 접근입니다. 하지만 상위 노출을 하는 비용을 일차적으로 고려해야 하고요. 상위 노출을 무료로 하더라도 이를 유지하기 위해서 관련 알고리즘을 지속적으로 배워야 하는 이차적 비용이 발생합니다. 이 비용을 감수하고라도 상위 노출에 띄우고 수많은 잠재고객의 문의를 받는다고 가정합시다. 하지만 그들이 모두 3배 이상의 가격을 지불할 거라고 기대할 수는 없습니다. 어찌어찌 그들을 구매 전환까지 이끈다고 해도 저는 이 많은 수업을 감당할 수 없습니다. 제 몸은 하나이기 때문입니다.

제가 판매하는 고액 과외의 경우 상위 노출이 굳이 필요하지 않은 분야라는 이야기입니다. 고액 과외를 부담할 수 있는 고객이 있는 플랫폼에서 유료 광고를 하거나 지역 기반인 만큼 당근에 광고 글을 올리는 것이 더 적합할 수 있습니다.

즉 '온라인에서 판매하는 물건은 무조건 상위 노출을 해야 한다'가 첫 단추가 아니라요. 내 제품을 이해하고 이 제품을 현실적으로 가장 잘 노출할 수 있는 채널이 어딘가를 생각해 봐야 한다는 겁니다. 네이버 상위 노출이 될 수도 있고, 특정 플랫폼에서 1위 차지가 될 수도 있습니다.

참고로 제가 글쓰기 부업으로 6억 원을 벌었던 과정에서 한 번도 상위 노출을 고민해 본 적이 없습니다. 제 제품을 검색해 본들 나오지도 않습니다. 대신 제가 파는 제품의 잠재고객이 있을 만한 플랫폼에서 소액의 유료 광고를 태워서라도 지속적으로 노출하는 전략을 취했습니다.

## ↳ 광고와 현실이 일치하는가?

광고 노출을 통해 구매 전환을 이루는 것에 대해 다각도의 카피로 고객과 연결해야 한다고 했는데요. 이를 위해 가장 먼저 지켜야 할 것이 있습니다. 이는 시중 가격 대비 3배나 비쌌어도 3배 높은 확률로 전환시켰던 비결이기도 합니다. 사실 3배 높은 확률이라고 말할 수 있는지도 모르겠습니다. 과외 문의가 들어오기만 하면 거의다 팔았기 때문입니다. '내가 파는 건 가격이 반값인데? 3배 더 잘 팔긴커녕 아예 못 팔았는데?'라고 생각한다면 다음 질문을 확인해 보세요.

"광고와 현실이 일치하는가?"

마케팅의 기본 중 기본인데 간과하기 쉽습니다. 저는 광고에서 '아이비리그 출신 대치 학원 라이팅 전문 강사'라는 정체성을 가지고 'SAT 라이팅 만점 8주 완성 프로그램'을 3배 높은 가격으로 팔았습니다. 이 광고에 설득되어 제게 문의를 했다면, 저는 상담 처음부터 끝까지 이 '라이팅 만점 전문 강사' 아이덴티티를 유지해야 합니다. 어떻게? 라이팅 만점 전문 강사답게 행동함으로써요.

1. 학생의 라이팅 실력을 알 수 있는 간단한 시험지를 주고 풀어보라고 합니다.
2. 미국 SAT 라이팅은 그 당시 유형화되어 있었고, 한정된 시간 안에 기계처럼 답이 딱딱 나와야 만점을 받을 수 있었습니다. 문제를 보자마자 '이 문제는 주어-동사 수 일치 문제구나'를 파악할 수 있어야 합니다. 이 원리와 원리에 기반한 커리큘럼을 설명합니다.
3. 시험 결과를 바탕으로 학생의 강점과 약점을 파악해 학생 전용 커리큘럼을 제공합니다.
4. 이 커리큘럼으로 라이팅에 만점을 받은 학생과 그 학부모들의 감사 후기를 보여줍니다.
5. 약속한 기한까지 800점 만점을 못 받으면, 나올 때까지 과외를 무상으로 해주는 책임제도를 제공합니다.

안 살 수 없지 않겠습니까? 내가 생각해도 안 사고는 못 배기게 만들어야 남도 사게 설득할 수 있습니다. 나는 안 살 것 같은데 남은 사게 만드는 건 불가능에 가깝습니다.

물론 제가 판 고액 과외는 가격이라는 진입장벽이 있기 때문에 광고에도 고액임을 밝혔습니다. 따라서 이 가격을 지불할 수 있거나 지불할 의사가 있는 고객이 주로 문의하기에 전용 커리큘럼을 제공하는 데까지는 공을 들였습니다. 이미 커리큘럼이 있고 여기서 약간의 변형만 하면 되므로 익숙해지면 전용 커리큘럼을 짜는 건 어렵지 않습니다.

제품도 마찬가지입니다. 진짜 단 귤이라고 광고를 했는데, 상세 페이지에서 귤의 원산지부터 설명하면 꽝입니다. 고객은 진짜 단 귤을 먹고 싶어서 해당 광고를 클릭했을 가능성이 높기 때문입니다. 상세 페이지에서는 귤이 왜, 얼마나, 어떻게 단지 다양한 각도에서 보여줘야 하고 후기에도 이 귤이 진짜 달다는 내용이 가득해야 합니다.

어찌어찌 상세 페이지에 설득되어 귤을 샀는데 귤이 안 달면 진짜 꽝입니다. 절대 재구매는 없을 거예요. 힘들게 신규 고객을 유입했는데 재구매로 이어지지 않는 사이클은 살아남기 어렵습니다.

그래도 의문을 제기할 수 있지요. "광고와 현실을 일치시켜도, 내가 생각해도 안 사고는 못 배기게 만들어도 안 팔리는데?" 이 질문에 대한 대답은 D 구조에서 다루겠습니다.

# [D] 첫 번째가 아닌
# 두 번째 질문을 해결했는가

1+1은 무조건 2라고 생각하시나요? 그렇다면 왜 그렇게 생각하시나요? 만약 1+1은 무조건 2라고 생각하는 편이라면, 이번에도 어떤 직무의 관점이 나올 것이라 예상했을 겁니다. 이전 구조에서는 마케터의 관점, 그 이전에는 크리에이터와 기획자의 관점에 대해 언급했으니 말입니다.

저는 1+1이 어쩌면 2가 아닐 수도 있다고, 만약 2라고 하더라도 그것은 절대적인 진리가 될 수 없다고 생각하지만요. 앞으로 읽어도 뒤로 읽어도 딱 맞아떨어지는 답을 선호하긴 하나 봅니다. 이번에도 어떤 직무의 관점을 가지고 왔거든요.

## ⤷ 운영자의 등장

이쯤 되면 눈치채셨을까요? 한 개의 메시지를 또렷이 만들어 제품을 인지시키는 부분은 기획자의 영역이고, 논리로 고객을 세뇌해 신뢰를 얻는 것은 크리에이터의 영역이며, 다각도의 카피로 제품을 노출하는 부분은 마케터의 영역입니다. 이번에 살펴볼, 전환을 끌어내는 부분은 바로 형식이며 이 영역은 운영자가 관장합니다.

우리는 D 구조에 와 있습니다. 구매 여정의 처음부터 끝까지 고객에게 기쁨을 전환을 끌어내야 합니다. '전환' 키워드는 운영자의 미션입니다.

단, 여기서 운영자의 미션을 그냥 '구매'라고 하지 않고 '전환'이라는 용어를 사용하는 이유는 '구매'만이 전환은 아니기 때문입니다. 고객이 우리 브랜드 소식을 계속 받아볼 수 있도록 카카오톡 채널을 추가하게 만드는 것도 '전환'이고요. 실제 결제는 하지 않더라도 일단 장바구니 추가까지 유도한 것 또한 작은 의미에서 '전환'이기 때문입니다.

운영자는 종종 고객 만족팀과 비슷하게 이해됩니다. 가정으로 따지면 집안일을 하는 사람이라고나 할까요? 알뜰살뜰 챙겨야 할 일이 많습니다. 운영자는 구매 여정에서의 목표 전환을 위해 이미 존재하는 글을 형식에 맞게 다듬기도 하고, 필요하다면 새로운 글을 쓰기도 합니다. 예를 들어 자사 몰에서 진행하는 이벤트의 내용을 카카오톡 푸시 형식으로 더 축약하기도 하고, 이미 구매한 사람들을 대상으로 상황에 맞는 이벤트를 기획해 진행하기도 합니다.

인지-신뢰-노출-전환의 구매 여정에서 신뢰가 쌓인 고객 상대로 구매까지 확실하게 매듭짓는 역할을 하거나, 구매한 사람을 대상으로 재구매까지의 목표를 달성하고자 하기도 합니다.


## ↳ 운영자의 미션

운영자의 미션은 구매 여정에서의 목표를 달성하는 것이지만, 이를 위해 고객과 가장 맞닿아서 그들의 문제를 진단하고 해결하며 기쁨까지 안기는 역할을 해야 합니다.

그럼 고액 과외를 구매하는 소비자의 문제부터 살펴볼까요? 이 문제를 살펴보면 앞선 질문에 답을 할 수 있습니다. "광고와 현실을 일치시켜도, 내가 생각해도 안 사고는 못 참게 만들어도 안 팔리는데요? 제가 진짜 좋은 거 파는데, 안 팔려요." 이 질문 말입니다.

우선 고객의 문제를 살피기 전에 진짜 고객이 누구인지 스스로에게 물어봅시다. 저는 영어 글쓰기 고액 과외를 고등학생 대상으로 팔았습니다. 제 고객은 수업을 듣는 학생일까요, 아니면 수업료를 지불하는 학부모일까요? 정답은 학부모입니다. 간혹 아주 똘망한 학생이 직접 용돈을 모아 신청할 때도 있지만, 아주 드문 경우입니다. 쉽게 생각합시다. 돈을 내는 사람이 고객입니다.

다른 예로, 마사지 기계의 고객은 누구일까요? 마사지 기계를 직접 쓰는 부모님? 그들도 마사지 기계를 사는 고객이 될 수 있지만, 부모님에게 선물하는 20~30대도 고객이 될 수 있습니다. 그래서 온라인 마케팅 광고를 세팅할 때 40~50대 여성은 타깃에서 아예 제외한다는 이야기도 있습니다. 무작위로 광고를 뿌려보고 거기서 AI가 반응을 보이는 타깃으로 좁히는 것이 효율적인 최적화라는 겁니다. 어쨌건 제품에 돈을 내는 사람을 진짜 고객으로 삼고, 그 고객한테 팔았는지 스스로에게 물어봐야 합니다.

이제 본론입니다. 제 고객인 학부모의 문제는 뭘까요? 그들의 질문으로 관점을 바꿔봅시다.

**1. 자식의 시험 점수가 정말 무조건 만점이 될 수 있을까?**
→ 첫 번째 질문이자 가장 집중할 문제
**2. 만점을 만드는 데 총 얼마가 필요할까?**
 → 두 번째 질문
**3. 만점을 만드는 데 얼마나 걸릴까?**
→ 세 번째 질문

파는 사람이라면 첫 번째 문제에 가장 집중해야 합니다. 첫 번째 문제가 해결되지 않으면 그 제품이 죽는 데까지는 시간문제겠죠.

따라서 하나의 문제에만 집중하라는 마케팅 세상의 소리는 참 맞는 말입니다. 그런데 하나의 문제를 잘 풀어줬는데도 구매가 저조하다면 구매를 막는 두 번째 질문을 살펴볼 필요가 있습니다. 두 번째 질문이야말로 판매자 입장에서는 사소하고 쉽게 들어줄 수 있는 사안인데 구매자 입장에서는 구매를 막는 장애물이기 때문입니다.

저는 제 학생이 글쓰기 시험에서 만점을 받게 하는 데는 자신 있었습니다. 따라서 첫 번째 질문이자 가장 집중할 문제인 "만점 받게 해줄 수 있어?"는 아주 명확하게 풀어줄 수 있었지요. 하지만 고객의 다음 질문이 중요합니다.

"그럼 만점 받는 데 얼마나 걸릴까요?" 이 질문은 세 번째 질문 (만점을 만드는 데 얼마나 걸릴까?)인 것 같지만, 사실 이 질문의 저의는 다음과 같습니다. "과외가 꽤 고액인데… 생활비도 빠듯한데, 과외에 예산을 얼마나 잡아야 하는 거지?" 즉, 본인의 목적 '자식의 시험 점수를 무조건 만점 만들기'를 달성하기 위해 총 얼마가 드냐는 질문입니다. 이는 사실 두 번째 질문입니다. 시험 점수를 만드는 데 기간이 얼마나 걸리느냐는 상대적으로 덜 중요합니다. 시험은 몇 번이고 다시 볼 수 있기 때문입니다.

그래서 저는 학생의 글쓰기 수준에 따라 "8주면 됩니다. 8주 후에도 점수 안 나오면 제가 무상으로 과외해서 만들어드릴게요"라고 고객이 진짜 가려워하는 두 번째 질문을 긁어줬습니다. 학부모는 8주 치의 수강료만 준비하면 되는 겁니다. 파는 입장에서는 사소하고 쉽게 들어줄 수 있는 사안인데, 구매자 입장에서는 구매를 결심하기까지 너무 중요한 요소인 것입니다.

## ⤷ 고객 기쁨까지 책임지는 운영자

학창 시절 저를 먹여 살린 언니들이 있습니다. 떡볶이를 해 먹이고, 통계학을 가르쳐주고, 제가 좋아할 글을 보내주고, 불안을 안고 자는 제 옆에서 울어준 생판 남인 언니. 엄마가 저한테 왜 잘해주는지도 의심을 품는 마당에, 이들이 저를 왜 먹여 살리는지 어리둥절했습니다. 성인이 된 저는 그들의 부탁에 묻지도 따지지도 않고 마음을 내어줄 수 있습니다. 그들은 제 마음을 샀기 때문입니다. 오랜 시간을 거쳐 만들어진 그 마음은 단단합니다. 그럼 고객의 마음도 살 수 있을까요?

끝맺음에 5분만 힘을 줘보면 어떨까 제안해 봅니다. 일례로 저는 글쓰기 과외 후에 고객인 학부모에게 매번 5분 동안 편지를 썼습니다. 그들은 비용을 지불하면서도 자식이 어떻게 공부하고 있는지 전전긍긍해합니다. 그래서 오늘 자식의 컨디션이 어떻고, 진도는 어디까지 나갔고, 어떤 부분을 어려워했고, 숙제는 뭐고, 다음 시간엔 뭘 공부할 건지 문자로 보내드렸습니다. 이런 선생님은 처음 봤다고 했습니다. 저도 10명도 넘는 선생님께 중국어 과외를 받아봤지만,

수업이 끝날 때마다 한 번도 빠지지 않고 복습 노트를 주는 사람은 단 한 명도 없었지요.

과외 수업 후 5분으로 학부모의 마음을 샀고 수업 결과로 신뢰까지 얻고 나니 글쓰기 과외뿐만 아니라 대학 입시 원서 컨설팅까지 맡게 되었습니다. 학부모는 첫째를 맡기면 둘째를 맡겼고, 둘째까지 대학을 보내자 친구 자식을 소개해 줬습니다.

어떤 만남이건 만남 후 5분간 시간을 들여 이 만남을 문장으로 만들거나 감사의 마음을 표현할 수도 있습니다. 밥을 대접받았으면 잘 먹었다고, 누군가 대표로 결제 후 송금 금액을 알려줬으면 정산해 줘서 고맙다고 말 한마디만 하면 됩니다. 미용실을 떠나는 길에 디자이너의 문자를 받았습니다. "말씀드렸지만 내일까지는 머리 감지 마시고, 찝찝하면 물로만 감으시고요." 다음 방문은 8월쯤 하라며 선불권 잔액이 얼마가 남았다는 안내도 있었습니다. 만남을 문장으로 정리하는 사람이 희귀하기에 상대의 마음을 살 수 있습니다.

# 판매를 부르는 글쓰기

판매를 부르는 글쓰기라고 하면 판매 자체에만 집중됐을 거라 생각할 수 있습니다. 하지만 판매 자체만 집중하면 판매가 되지 않는 아이러니한 상황이 펼쳐집니다. 단순히 판매에 끝나지 않고, 이 제품의 라인을 확장하고 재구매까지 유도하는 데까지 세밀하게 글이 꽂혀야 비로소 판매도 내가 원하는 수준으로 이뤄집니다. 내게 보험을 판매하는 것까지만 혈안이 된 판매자에게 보험을 사고 싶지는 않을 것입니다. 보험을 사고 난 이후에도 지속적으로 관리해 줄 것 같은 판매자에게 보험을 구매합니다. 판매를 부르는 글이 되려면 앞에서도 말했듯 그깟 공지 사항까지 신경 쓸 일입니다.

공지 사항까지 세밀하게 써둔 글로 일을 하지 않고도 돈을 벌수 있다면 어떨까요? 더 정확히는 내가 직접 현장에 상주하지 않고서도, 지속적으로 노동하지 않고서도, 즉 일을 멈춰도 돈을 벌 수 있을까요? 있습니다. 물주인가요? 아닙니다. 투자자인가요? 아닙니다.

이번에는 내가 노동력을 꾸준하게 투입하지 않고도 수익 파이프라인을 만들 수 있는 가능성에 대해 이야기하고 싶습니다. 누군가는 이를 자동 수익 시스템이라 말합니다. 잘 생각해 보면, 일한 만큼 벌거나 시간을 투자한 만큼 버는 일이 대부분 아닌가요. 농사인은 씨를 뿌린 만큼 거두고, 직장인은 하루 8시간을 투자한 만큼 월급을 받습니다.

이런 틀 밖에 존재하는 자도 분명 있습니다. 다음 이야기를 읽고 그 틀 밖의 가능성에 대해 상상해 보면 좋겠습니다. 강의 중개에 활용한 A 구조를 살펴보는 목적과 동시에요. 일을 멈췄는데도 6000만 원을 벌었던 사례이기 때문입니다.

앞서 내 노동력을 99퍼센트 태우지만 글쓰기에 1퍼센트 힘을 쥐서 객단가를 높인 과외 사례를 다뤄보았습니다. 이번에는 외에 들이는 노동력은 최대한 줄이고 타인의 노동력을 70퍼센트 빌린 사례를 다뤄보고자 합니다. 대신 글쓰기 세밀도를 30퍼센트 높여 판매 단계뿐만 아니라 고객 응대에도 글쓰기를 섬세히 적용했습니다.

제 노동력의 비용을 따로 책정하지 않은 이유는 제가 물리적으로 특정 시간 특정 공간에 있을 필요가 없었기 때문입니다. 글을 써서 남의 강의를 팔았고, 모든 운영은 온라인에서 진행되었습니다. 나중에는 아르바이트를 고용해 반복되는 업무를 위임하기도 했습니다. 물론 강의자는 오프라인에서 강의를 진행했지만요.

# [A] 글쓰기 세밀도가
# 30퍼센트 높을 때

이번에 다룰 내용은 강의 중개입니다. 이 사례에 대해 A 구조의 기획자의 시선을 비춰 보도록 하겠습니다. 4W를 기억하시나요? 4W는 왜$^{Why}$, 누가$^{Who}$, 무엇을$^{What}$, 어떻게$^{hoW}$ 순서입니다. 순서는 중요하지 않지만, 모든 포인트를 생각해 보는 것은 중요합니다.

**1. Why?**

왜 이렇게 서비스를 기획했을까요? 아끼는 마음으로 기획을 시작했습니다.

**2. Who?**

이 서비스를의 고객은 누구인가요? 강의 주제에 대해 초보자일까요? 실력자일까요?

3. What?

제가 파는 건 강의일까요? 아니면 이 분야를 알아보겠다는 의지일까요?

4. How?

어떻게 팔까요? 상반된 키워드를 충돌시켜 볼까요?

## ⌐→ Why: 아끼는 마음을 모아 판다

한때 저는 직장인이었습니다. 머신러닝이 유행하던 시절이 있었지요. 회사 내에서 한 개발자가 머신러닝를 주제로 사내 강의를 열었습니다. 데이터의 '데'도 모르는 제가 그 강의를 듣고 눈이 반짝해졌습니다. 기계가 강아지와 고양이를 구분하려면 어떤 값을 넣어줘야 하는지, 유튜브에서는 어떤 원리로 내가 좋아할 만한 추천 동영상을 보여주는지. 제 직무와 아무 상관 없는 그 이야기에 저는 매료됐습니다. 이런 사내 강의가 무료라니, 말도 안 되는 일이라고 생각했습니다.

이걸 팔아야겠다는 강한 확신이 들었습니다. 제 주변에서는 종종 선의의 마음을 담아 본인의 전문 지식이나 제품을 무료 또는 무료에 가깝게 판매하고 싶다는 이야기를 꺼내곤 합니다. 저는 극구 말리는 편입니다. 꼭 돈을 벌어야 한다는 목표를 떠나서 말입니다. 자본주의에 익숙한 우리는 무료로 제공되는 것의 가치를 무의식적으로 낮게 치는 경향이 있기 때문입니다.

이러한 경향은 조슈아 벨의 2007년 워싱턴 D.C. 실험에서도 드러납니다. 조슈아 벨은 저명한 바이올리니스트이자 그래미상 수상자입니다. 실험 중에 조슈아 벨은 명문 콘서트홀에서 연주하던 클래식 공연을 평상복 차림으로 지하철역에서 선보였습니다.

세계에서 가장 재능 있는 뮤지션 중 한 명임에도 불구하고 벨의 공연은 목적지로 달려가는 바쁜 통근자들의 관심을 거의 끌지 못했습니다. 잠시 멈춰서 귀를 기울이는 사람은 소수에 불과했습니다. 대부분이 어린아이들이었습니다. 지나가는 사람들의 대다수는 바로 옆에서 연주되는 놀라운 음악에 무관심하거나 완전히 인식하지 못하는 것처럼 보였습니다.

어쩌면 공연에 걸맞는 비용을 지불하고 그의 공연장에 앉아 있는 사람과 길거리에서 지나치는 사람은 같은 사람일지도 모릅니다. 하지만 자본주의 사회에서 비용을 지불한다는 것은 어떤 제품의 가치를 인정하고, 일정 시간 집중력을 내어주겠다는 의지를 뜻합니다.

저는 본인의 제품이 그 가치에 걸맞게 판매되어야 한다는 사명과 함께요. 동료의 강의를 아끼는 마음을 담아 판매를 기획하기로 했습니다. 쥬씨에서 과일주스를 들고 저는 동료에게 밑도 끝도 없는 제안을 했습니다. "내가 사람을 모을 테니 회사 밖에서 유료로 강의 해 보는 게 어때요?" 커다란 그는 나를 가만히 내려봤습니다.

## ⤷ Who: 꼭 전문가가 아니어도 되는 이유

"그래요!" 그는 내 제안을 그룹 과외 정도로 생각했는지 알겠다고 했습니다. 훗날 들으니 모아봐야 뭐 최대 5명을 예상했다고 합니다. 하지만 저는 눈 깜짝할 사이에 15명을 모았습니다. 그들은 선불로 강의료를 지불했기에, 그 돈으로 강남역에 스터디룸을 빌렸습니다. 그 스터디룸에서 동료가 강의를 했습니다. 제가 한 일이라곤 머신러닝이 궁금한 사람을 모으는 글을 썼을 뿐입니다. 어느 저녁 퇴근해서 짧은 시간에 구구절절 글을 썼습니다. 이 강의가 얼마나 좋았으면 회사에서 잘릴 수도 있는 리스크를 지고 이 강의를 팔겠다고 자발적으로 나섰는지 말입니다.

이때 제가 설정한 고객은 머신러닝을 잘 아는 전문 개발자가 아니었습니다. 바로 저처럼 IT 업계에서 일하고 있지만 이과 용어라고는 쥐뿔도 모르는 문과생을 타깃으로 정했습니다. 개발자와 일하려면 머신러닝의 발끝이라도 알아야 하는데 무작정 이 세계를 어렵게만 느끼는 사람들 말입니다. 강의 소개 페이지에 적었던 수업 대상에 대한 설명을 다음과 같이 날것으로 공유드립니다.

아무것도 모르는, 머신러닝 1도 모르는 당신이 들어도 되는 강의입니다. 본 강의는 머신러닝을 시작하기 전, 꼭 이해해야 할 통계적 지식에 초점을 맞춘 강의입니다. 물론 머신러닝을 느낄 수 있는 에피타이저 정도는 드리지요. 이 강의 이후로도 머신러닝을 공부하려고 할 때, 책이든 동영상이든 강의든 '무엇을' 봐야 하는지 알게 될 겁니다. 이 강의를 수료한 학생들을 대상으로 심화 강의를 진행할 예정이니까요. 우선 통계와 프로그래밍을 접해보지 못한, "난 PC만 켤 줄 아는 수준이야…" 하시는 컴맹, 데알못(데이터 알지 못하는 사람)을 위한 강의부터 시작해 봐요. 우리 스텝 바이 스텝, 함께 나아가요.


- 현업에서 수치를 보라고 해서 보긴 하는데 무슨 말인지 1도 모르겠는 분들
- 데이터? 먹는 겁니까? 아무것도 모르는 초보 분들
- 회사에서 데이터 분석팀과 협업해서 결과를 내라고 하는데 전문용어와 난생 처음 보는 기호들이 내 눈앞에서 쌩쌩 날아다니기만 하고 의사소통이 전혀 안 되는 분들
- 데이터 분석을 이용해서 서비스를 만들고 싶은 분들
- 머신러닝 궁금해서 인터넷에 찾아봤더니 진입장벽이 너무 높게 느껴지는 분들
- 데이터 분석이라고 해도 평균 정도만 구해봤던 뼛속까지 문과생
- 데이터만 봐도 머릿속이 하얘지고 숫자만 봐도 두통이 나는 분들
- 논문 써서 졸업해야 하는데 통알못(통계를 알지 못하는 사람)인 분들
- 그냥 관심이 있어서 한번 배우고 싶은 분들

## ⤷ What: 강의가 아니라 의지력을 팝니다

영어 과외 사례에서는 과외 자체가 아닌 목표를 팔았다고 했지요. 이번에는 목표를 넘어 무형의 힘을 팔았습니다. 우선 강의의 목표는 다음과 같이 정의했습니다. 제가 강의 소개 페이지에서 직접 사용했던 표현입니다.

> 한 달 간의 수업 이후, 여러분의 실무에서 기본적인 데이터 분석이 가능하게 끌어드리는 것이 본 수업의 목표입니다.
> 1. 머신러닝 공부 전 데이터에 대한 개괄적 이해와 기본적인 분석 방법 (머신러닝 기초 포함)
> 2. 실패하고 부딪히면서 알게 된 데이터 분석의 현실
> 3. 현업자와 소통할 때 통계학적 사고가 만들어내는 한 끗 차이

하지만 진짜로 제가 판 건 무형의 힘입니다. 이 무형의 힘은 바로 의지력입니다. PT 서비스를 구매하면서도 바로 이 의지력을 구매할 때가 많은데요. 운동을 가르쳐줄 선생님이 아니라 내 옆에서 "하나, 둘, 셋" 하고 구호를 외쳐주는 사람이 필요한 순간이 있습니다. 이 의지력을 사기 위해 지금 당장 고객이 해야 할 것은 결제뿐이며, 이후에는 재밌게 떠먹여 주겠다는 설명을 읽어보세요.

머신러닝, AI. 이런 화려한 것을 배우기 전에 기본적으로 알아야 할 통계적 지식이 있습니다. "모두를 위한 머신러닝" 이런 유튜브 강의도 듣기 전에요. (저도 조금 들어봤지만, 솔직히 기본 없는 사람을 위한 강의는 아니더군요. 다 떠나서 저에게 완강할 의지가 없다는 점이 가장 큰 문제였어요.) 미적분 공부를 시작하기 전에요. 그 전에 들어야 할 '1+1과 같은 강의'를 내 옆에 앉은 친구가 가르쳐주듯 드립과 함께 떠먹여 드리고자 합니다. "지금 여기 내 수저가 몇 개야?" "하나." "응 거기에, 네 수저가 하나 더 있으면 그건 수저 두 개가 되는 거야." 이 정도 수준으로요. 일주일에 3시간씩 네 번만 투자했을 때, 그대는 지금의 "아아아, 개발 안 들려 그대"가 아니게 될 거예요.

## ↳ How: 키워드가 충돌했을 때

그 이야기가 팔렸다고요? 본론입니다. 제가 생각하기에 이 이야기가 팔린 주된 이유는 상반되는 키워드 두 가지를 충돌시켰기 때문입니다. 2부에서 이질감에 대해서 말한 것을 떠올려 보세요.

강의하고자 하는 '머신러닝' 키워드 옆에 사뭇 어울리지 않는 '드립력'이라는 키워드를 붙여서 충돌시켰습니다. '잉? 머신러닝에 드립력이 왜 나와?' 이런 이질감을 촉발시켰다면 제 임무는 달성되었습니다. 한때 유행처럼 번진 머신러닝을 너도나도 배우고 싶어 했지만 진입장벽이 높았습니다. 따라서 '드립력으로 배우는 머신러닝'이라는 키워드를 앞세워 이야기를 풀었습니다.

일단 '드립력'과 '머신러닝'의 이질적인 조합에 고객의 호기심이 일렁거립니다. 이 호기심으로 상세 페이지를 읽는 과정에서 고객은 앞서 이질감으로 생긴 인지부조화를 해결하기 위해 열린 자세를 취합니다. 상세 페이지에서 논리를 펼쳐가면서 그 의심을 걷어내면 고객은 홀린 듯 구매 버튼을 누르게 됩니다.

실제로 제가 생각한 동료의 강사로서 강점은 수업 중 적절한 타이밍에 활용하는 '짤'과 어떤 기습적인 질문에도 웃기게 받아치는 '드립력'이었습니다. 또한 우리 강의는 머신러닝 전문가를 위한 실무 강의가 아닌, 이 분야에 관심이 있는 대중을 위한 교양 강의였고요. '머신러닝'과 '드립력' 키워드를 조합해 강의의 강점을 어필하면서도 '먹히는' 키워드를 만들었습니다.

저는 충돌되는 두 개의 키워드(머신러닝과 드립력)를 장착한 글을 반쯤 누워 썼습니다. 노트북이 배 위에서 뜨거워졌습니다. 가독성을 높이기 위해 PPT로 대충 디자인했고요. 사람들이 강의 문의를 해오자 그들을 결제까지 부드럽게 유도하는 글을 유형화하고 친구를 아르바이트로 고용해 유형별 글로 수강생을 응대하게 했습니다.

강의는 동료가 하고 고객 응대는 친구가 하니 더 이상 제가 할 일은 없었어요. 저는 일을 멈췄습니다. 하지만 제가 쓴 글로 한 플랫폼에서 6000만 원이 넘는 매출이 일어났습니다. 이후 동료의 강의력으로 억대 매출을 올렸습니다. 동료는 자기 연봉보다 많은 돈을 부업인 강의로 벌게 되자 퇴사 후 강의를 본업으로 택했습니다.

# [B] 3:7 비율이 만든
# 상세 페이지의 위력

 

제가 처음으로 상세 페이지의 저력을 확인했던 건 화장품 판매를 위한 상세 페이지를 작성했을 때였습니다. 상세 페이지를 업로드한 후 하룻밤 자고 일어나니 억대 매출이 떠 있는 경험을 했습니다. 이때 제가 작성한 상세 페이지가 여러 플랫폼에서 모범 사례로 회자되기도 했고, 어떻게 그런 상세 페이지를 적을 수 있냐는 질문도 많이 받았어요.

그 당시에는 론칭을 하고 나서 처리해야 할 후속 작업에 매달려 있느라 제대로 답변할 기회가 없었습니다. 당시 상세 페이지를 어떻게 작성했는지, 어떻게 강의 중개에서도 같은 방법이 먹혔는지를 다

뤄보겠습니다. 그중에서도 지금까지 활용하는 방법을 집중적으로
다뤄보겠습니다.

## ↳ 잘되는 상세 페이지는 쓰는 데 오래 걸리지 않는다

사실 돌이켜 보면 이 화장품 상세 페이지가 제가 쓴 첫 번째 상
세 페이지는 아니었습니다. 대학생 시절 과외를 구할 때 쓴 구인 글
도 상세 페이지였으니까요. 판매를 목적으로 제품을 설명했다면 모
두 상세 페이지에 해당합니다. 얼마나 매력적인 비주얼을 가졌든,
어느 플랫폼에 올렸든 상관없어요. 대학생 시절 평균보다 3배 비싼
금액으로 과외를 구했고, 첫 직장에서의 상세 페이지도 억대 매출을
만들어냈으니 뭔가 먹히는 규칙이 있음은 분명했습니다. 심지어 회
사 밖에서 부업으로 쓴 상세 페이지들도 연달아 억대 매출을 만들
어냈으니까요.

물론 이 책 구석구석 통틀어 강조했듯 상세 페이지만으로 만들
어낸 성과가 아니라 상세 페이지를 중심으로 기획자, 크리에이터,
마케터, 그리고 운영자의 관점이 모두 깃들어야 가능한 일입니다.

그럼에도 상세 페이지 작성법의 공통점을 찾아보니 중요한 규
칙 한 가지가 있었습니다. 상세 페이지를 적는 데 시간이 오래 걸리

지 않았다는 겁니다. 작성에 오랜 시간이 걸리지 않는 상세 페이지가 곧 먹히는 상세 페이지가 된다는 말이 아니고요. 돌아보니 작성 자체에 오랜 시간을 들이지 않았음을 발견했다고 말하는 것이 더 정확합니다. 더불어 작성 시간 자체가 아니라 작성 시간이 오래 걸리지 않는 이유가 중요합니다.

심지어 화장품 상세 페이지의 경우 론칭 막판에 아예 엎고 새로 쓴 거라 작성 시간은 최소한으로 걸렸다고 봐도 무방합니다. 그랬기에 개인적으로는 논리적인 전개에서 아쉬움이 남지만요.

아직도 막판에 뒤집었을 때의 상사와의 대화가 생생합니다.

저자: 상세 페이지 어떤 것 같아요?
상사: 괜찮아요.
저자: 그냥 괜찮죠? 근데 막 사고 싶다고 느껴지지는 않죠? 이게 제
　　　사업이었으면 저는 완전 다르게 썼을 것 같아요.
상사: 그럼 써보고 싶었던 대로 써봐요.

그러고 1시간도 안 돼서 초고가 나왔습니다.

작성에 오랜 시간이 걸렸다는 것은 보통 모니터 앞에서 이리 썼다 저리 썼다 했거나, 남들은 어떻게 쓰나 검색하고 다시 쓰는 시간이 많았음을 암시하기도 합니다. 앞서 전두엽을 설명할 때도 언급한 바 있지만, 글쓰기라는 작업을 시작하기 전에 충분히 전두엽을 건드

려주는 과정이 필요합니다.

언제까지 건드려주면 좋으냐 하면요. 내장이 글을 내놓는 순간까지요. 저는 생각이 내장을 치는 순간까지 기다립니다. 시간을 들여 머릿속에 생각을 쌓으며 익히다가 생각이 고형화되어 내장을 누르고 금방이라도 들끓어 터지기 직전까지요.

그 과정을 거치고 나서 글을 쓸 때는 큰 시간을 들이지 않고 쭉 뻗어나가는 기세가 중요합니다. 그래야 사람을 설득할 수 있는 호소력 짙은 이야기가 나오거든요. 이런 이야기는 의자에 앉아 백날 고민하고 자료 조사를 한다고 나오지는 않습니다.

정작 시간을 들여야 하는 과정은 전두엽을 충분히 건드려줄 때와 뻗어낸 글을 다시 정돈할 때 두 번뿐입니다. 첫 번째 과정은 시간이 많으면 많을수록 좋지만 두 번째 과정은 어느 정도 기준을 세워두고 고치기를 그만두는 용기도 필요합니다. 계속 고치면 글이 더욱 정교해질 것 같지만요. 우리는 문학적 글쓰기를 하는 것도 아니고 논문을 쓰는 것도 아니기 때문에 고객을 설득할 수 있는 호소력을 남겨둬야 합니다. 글을 너무 깨끗하게 다듬으면 호소력이 반감된다고나 할까요?

삼겹살을 먹는데 지나치게 깔끔하고 고급스러우며 흠잡을 것 하나 없는 식당에서 조용히 먹으면 뭔가 심심한 느낌이 드는 것과 비슷합니다. 삼겹살에는 자고로 국민 감성이 들어가야 하는데요. 회색 메탈 재질의 둥근 테이블, 그 위에 두서없이 올라간 소주병, 빨간색 앞치마, 넘쳐흐를 것 같은 계란찜, "불 들어갑니다" 소리에 잽싸게 오므린 다리, 그리고 어느 정도 시끌벅적한 소음의 포차 분위기가 살아 있으면 삼겹살의 제맛이 납니다. 음, 이 책에서 삼겹살 얘기를 너무 많이 한 것 같네요.

## ┗→ 쭉 뻗어나가는 기세에 대해서

보통 상세 페이지를 작성할 때요. 상세 페이지에서 요구하는 필수적인 요소를 살펴보고 그 틀에 맞추어 글을 작성합니다. 예를 들어 기존 제품의 문제점, 판매하는 제품의 문제 해결 방법, 제품 소개, 제품의 세 가지 특징, 고객 후기 등의 순서로 쓴다고 합시다. 그렇다면 이 요소를 가지고 내용을 채우는 순서로 작성하게 되지요. 이런 과정이 틀렸다는 건 아닙니다. 정석에 가까운 방식이니까요.

하지만, 여기서는 제 방법론을 나누기로 했기에 틀 밖에 벗어난 이야기를 해야겠습니다. 쭉 뻗어나가는 기세로 쓰다 보면 틀을 고려할 수 없습니다. 대신 어떤 묵직한 스토리가 나옵니다. 내가 왜 이 제품을 만들게 됐는지, 만드는 과정에서 어떤 생각을 했는지, 그렇게 만든 제품은 대체 뭐가 좋은지, 이 제품에 대해 나와 내 주변에서의 반응은 어떤지 등이요. 예를 들면 358쪽처럼 어떻게 이 수업이 탄생했는지에 대한 스토리가 될 수 있겠네요.

챗GPT, 인공지능(AI), 빅데이터, R, 파이선, 머신러닝… IT 업계에 계신다면 징하게 들어보셨을 거고, 일반적으로도 워낙 사람들이 많이 얘기하니까 나도 아는 것 같지만, 하나도 모르는… 이를 제대로 공부하고 싶거나, 제대로 공부하기 전에 내가 쭉 할 만한 분야가 맞나 알아보고 싶은데, 타이틀만으로도 대단해 보이는 AI 강의에 내가 왜 적게는 50만 원, 많게는 100만 원 넘는 돈을 주고 들어야 될까요. 내가 다 알아먹을 수 있기나 할까. 그 강의가 끝나면 내게 남는 건 뭘까. 임대료, 마케팅비, 인건비 그런 거품 다 뺀 강의가 왜 없을까. 교수님이 알려주는 잠 오는 강의 말고, 조교가 옆에서 앉아 차근차근 알려주는 현실 강의가 왜 없냐고.

제 소개가 늦었습니다. 저는 철학 전공, 문과 100퍼센트 마케터입니다. 그런 제가 AI 회사에서 개발 미팅에 껴보려고 하니, 외부 강의를 찾아볼 수밖에 없었습니다. "지금 결심하세요"와 같은 날 유혹하는 슬로건에 감탄하고 강사 프로필에 안심하며 커리큘럼을 보고 '오…' 했다가 마지막에 적힌 150만 원을 보고 뒤로가기를 눌렀던 나날이었습니다. 그러던 중 회사의 갓개발자 님이 자비롭게도 사내 강의를 열어주신 겁니다. 매일 한 시간씩 한 달쯤 듣다 보니 (외근한 날 제외하고 한 달에 16시간쯤 될까요?) 요즘은 저도 개발자 얘기에 낍니다. 이 일이 그렇게 된 겁니다. 알고 보니 (인기)조교였던, 대학교 그리고 사내에서 수백 번도 더 시뮬레이션 돌려본 강의를 세상에 내놓아 보자고 제가 꼬셔서 총대를 맨 강의입니다. 뭐 얼마나 좋길래 저런가, 진짜 궁금하면 문의 주세요.

수강생 중 많은 분이 이 상세 페이지를 보고 결제했다고 하셨는데, 그중 대다수가 수업의 탄생 일화에 대한 코멘트를 꼭 해주었습니다. 꼭 자기 이야기 같았다고요. 이런 이야기를 이렇게 조밀하게 말할 수 있는 사람이 기획하는 강의라면 믿음이 갔다고요.

여기서 핵심은 저는 제 이야기를 했는데 고객은 그것을 자신의 이야기라고 느꼈던 것입니다. 어쩌면 강의를 하는 사람과 강의를 파는 사람의 역할이 나눠져서 가능했는지도 모릅니다. 강의를 하는 사람이 팔기까지 하면 '내가 이 분야의 전문가고 이렇게 강의를 잘하니까 들어 봐'라는 상황이 오히려 신빙성을 약하게 만드는 거죠.

우리는 강의를 파는 사람이 3, 강의를 직접 하는 사람이 7의 비율로 수익을 나누기로 했습니다. 자신이 판매하는 사람임을 되새기고 파는 사람으로서 기세 좋게 적어보세요. 파는 사람일 때의 나는 내 제품을 보다 객관적으로 보게 됩니다. 내 자식은 객관적으로 못 봐도, 남의 자식은 객관적으로 보는 것과 같은 이치입니다. 이 객관성은 상세 페이지에서 중요한 논리를 담보합니다.

화장품 판매를 목적으로 하는 상세 페이지에서도 내가 왜 이 제품을 만들게 됐는지에 대한 스토리가 빠지지 않았습니다. 1부에서 잠깐 소개했던 상세 페이지 도입부 중 일부를 다시 보여드릴게요.

"너 이 화장품 다 써?"

그렇다고 제가 문제성 피부를 가진 건 아니에요. (문제성 피부를 위한 제품은 화장품보다 의약품에서 찾는 게 더 확실합니다.) 하지만, 제 피부는 어디 가서 피부 좋다 소리는 듣지 못하는? 그래서 급박하거나 간절하지는 않지만 늘 배고픈 그런 피부였어요. 요즘 민감성을 위한 제품은 많은데 저 같은 피부(쌩피부라고 하나요, 막피부라고 하나요)를 위한 제품은 없었다는 것도 큰 갈증이었고요.

"아파도 되니까, 비싸도 되니까 어디 가서 '피부는 타고나셨나 봐요?' 소리를 들을 수 없을까."

그럼 저같이 문제성 피부를 가지진 않았지만 어디 가서 피부 좋다는 소리는 듣지 못하는, 급박하진 않지만 늘 배고픈 피부를 가진 사람은 반가움에 동요하기 시작합니다. 스토리 전개의 마지막쯤 제품을 만드는 이를 맛깔나게 소개해, 제품 구매에 대한 확신을 못 박을 수도 있습니다. 361쪽의 스토리는 정말 단숨에 써 내려가 거의 고치지도 않았던 기억이 있습니다.

제품을 만드는 사람이기 이전에, 저는 깐깐한 소비자예요. 동네에서 필라테스를 하나 다니더라도, 동네에 있는 모든 필라테스 선생님을 리스트업해 직접 만나보고 시범 수업을 듣고요. 애매할 땐 몇 개 센터를 끊어놓고 요일별로 다니면서 비교한 후 결정해요. 그래서 기초 제품에서도 늘 유목민일 수밖에 없었어요. 한 제품을 재구매하는 일은 결코 없었고요. 그랬던 제가 이 제품에 정착했으니 철저히 소비자를 위한 제품이라고 감히 말씀드릴 수 있어요. 화장품 전문가가 아닌 제가 잘할 수 있는 건 소비자의 입장에서 늘 의아했던 질문을 하고, 그 질문에 대한 답변을 소비자의 관점에서 다시 의심하고, 그 의심이 해결될 때까지 끝까지 문제를 놓지 않는 거였어요. 원천특허를 갖고 훌륭한 품질의 원료(심지어 어마어마하게 비싼!)를 생산하는 제조사와 노련한 제품 개발팀과 함께했기에 소비자의 마음을 충분히 담고도, 전문성을 놓치지 않은 제품이 탄생할 수 있었어요.

이와 같은 굵직한 스토리는 틀 안에서 작성된 글이 아닙니다. 제품을 판매하는 사람으로서 마음 한 편에 지녔던 불씨가 있을 거예요. 그 불씨를 켜서 뱉어낸 마음입니다. 뱉어내기가 다 끝나면 비로소 틀에 맞춰서 글을 퍼즐 맞추듯 재배열하면 됩니다. 재배열하는 과정에서 논리 구조를 다듬고요. 배송 정보 같은 내용이 빠졌다면 채워 넣습니다.

# ↳ 제품을 팔려는 마음, 감정을 문장으로 적어라

중요한 포인트를 시간 순서대로 다시 한번 정리하겠습니다. 판매자라면 판매하는 제품에 대한 불씨가 있기 마련입니다. 내가 이 제품을 왜 만들었고, 왜 판매하려고 하는지에 대한 마음 말이죠.

그 마음을 제품을 만드는 과정에서 자꾸 문장으로 만들어보면 좋습니다. 감정을 문장으로 적거나 직접 말할 필요는 없어요. 그냥 속으로 생각해 보면 됩니다. 상세 페이지를 적는 시점이 오면 이 불씨에 어떻게 접근해야 소비자에게 닿을 수 있을까를 고민합니다. 상세 페이지를 적어야 하는 주제가 생기면, 곧바로 상세 페이지에 어떤 요소가 필요한지 조사하고 모니터 앞에 앉는 게 아니에요.

전두엽을 건드리는 과정을 충분히 진행합니다. 다른 말로는 무서운 몰입이라 하는 그 과정을 충분히 경험한 뒤에요. 그제야 모니터 앞에 앉아 쏟아내듯 짧은 시간 안에 속에 있는 문장을 입력합니다. 이후 시간을 들여 문장을 다듬어나갑니다. 이때 그만두는 용기를 내는 시점을 정하는 것도 잊지 마세요. 처음 쏟아냈던 그 고유함을 남겨두기 위해서요.

# [C] 결제를 할 수밖에 없게 만드는 프로모션 설계법

고객 입장에서 결제를 안 할 수 없게 만드는 나만의 방법이 있나요? 거기에 정답은 없습니다. 다만 결제를 안 하고는 어렵게 만드는 방법을 논하기 전, 판매자의 임무는 고객을 결제 직전까지 데려오는 것입니다. 하지만 내 제품이 노출되지 않았으면 고객을 결제 직전까지 데리고 오는 것은 불가능에 가깝습니다. 글쓰기와 거리가 멀게 느껴질 수도 있지만, 글을 수익화하는 데 마케터의 시선이 빠질 순 없지요.

## ↳ 무료 광고와 유료 광고의 차이

먼저 노출이라는 단어부터 제대로 봅시다. 제가 온라인 사업에서 명확한 정답을 가지고 있는 경우는 흔치 않은데요. 노출을 해야 하나 말아야 하나에는 명확한 정답이 있습니다. 해야지요. 제품을 잘 만들어놓고 사람들이 알지를 못하면 무슨 소용이겠어요. 내 제품이 좋으니까 기다리면 이를 알아주는 사람이 나타날것이라 믿기는 어렵습니다. 기다리면 아쉽게도 아무런 일도 일어나지 않지요. 우리 제품이 세상에 존재함을 계속 떠들어야 합니다. 어디서 떠들건 얼마나 떠들건 이 시점에서는 크게 중요하지 않습니다. 중요한 건 '떠드느냐 마느냐'의 문제죠.

그럼 노출이 반드시 필요하다는 가정하에 광고를 노출하는 방법을 무료와 유료로 나눠 살펴볼게요. '이왕이면 광고비를 쓰지 않는 무료 마케팅이 좋지 않나?'라고 생각할 수도 있지만, 제 생각은 무료면 무료인 이유가 있고 유료면 유료인 이유가 있다는 겁니다. 광고를 무료로 진행할 수 있다면 아무래도 품이 더 필요하고 유료로 진행할 때의 가장 큰 단점은 유료라는 것이겠지요. 돈을 썼는데 마케팅 효율이 내가 비용을 쓴 만큼도 나오지 않는 리스크를 떠안아야 한다는 점도 유료 마케팅을 두려워하게 만드는 요인이 아닐까 생각합니다.

이 리스크를 최소화하는 방법에 대해 말하고 싶습니다. 바로 무료 마케팅으로 시작해 유료 마케팅을 통합하는 식으로 말입니다. 대표적인 무료 마케팅으로는 이미 고객이 있는 플랫폼에 내 제품을 등록하는 방식이 있습니다. 예를 들어 저는 강의를 온오프믹스, 탈잉, 프립 등 강의에 관심이 있을 만한 고객이 모여 있는 플랫폼에 먼저 등록했습니다. 등록 자체는 무료입니다. 이후 결제가 발생하면 결제된 금액에 대해서만 수수료를 지불하는 방식이죠. 이 플랫폼에 새로 제품이 등록되면 오직 신규라는 이유로 플랫폼 자체적으로 좀 띄워주기도 하고요. 플랫폼 내에서 진행하는 기획전을 신청해 마케팅을 진행하는 방법도 있습니다.

또 다른 대표적인 무료 마케팅은 네이버 카페나 지식인, 블로그, 당근 등을 활용하는 것입니다. 플랫폼에 등록하는 것 대비 더 많은 품이 들긴 하지만 무료니까 일단 해볼 수 있습니다. 내가 파는 제품의 키워드를 네이버 카페에 검색해 관련 카페에 가입 후 등업 신청을 해둡니다. 예를 들어 제가 판매한 머신러닝 강의의 경우 빅데이터, 머신러닝, 파이선, 엑셀, 직장인 등의 키워드가 있을 수 있겠죠? 화장품의 경우 여러 지역의 맘 카페가 타깃이 될 수 있습니다. 등업이 되어 글을 쓸 수 있는 권한이 생기면 각 카페의 성격에 맞게 홍보글을 올리는 것입니다.

처음에는 규모가 너무 크거나 회원 관리를 열심히 하는 카페는 제외합니다. 조회수, 댓글 수를 비교하면서 어떤 내용과 키워드로 내 홍보글이 먹히는지 빠르게 테스트하는 것이 목적이니까요. 카페 자체도 바꿔보고, 카페 내에서 게시글을 올리는 게시판을 바꾼다든지 제목을 바꾼다든지 아니면 내용을 바꾼다든지 하면서 다양하게 테스트해 봅니다.

옵션에 대한 검증이 끝났다면 초기에 걸렀던 규모가 큰 카페나 관리를 열심히 하는 카페로 갑니다. 카페의 규정에 맞춰 정성껏 검증된 글을 업로드합니다. 규정을 지키지 않으면 추방당하기 쉽습니다. 저는 강퇴를 당할 각오도 했고 정말 강퇴도 당해봤습니다. 그래도 어느 정도 검증된 글을 올리니 몇 명이라도 제 글을 보고 실제로 결제까지 이어졌습니다.

위와 같이 무료 마케팅으로 어느 정도 수강생을 모으고 후기를 쌓은 후에 유료 마케팅으로 넘어갑니다. 후기도 없는데 초기부터 유료 마케팅을 돌리면 효율이 안 나옵니다. 이왕 비싼 돈을 주고 광고를 할 거라면 무료 마케팅 방법으로 먹히는 키워드도 테스트하고 적어도 다섯 개 이상의 후기를 쌓은 후 시작하는 것이 좋습니다. 유료 광고는 비교적 쉽습니다. 각 플랫폼의 고객 센터에 연락하면 친절하게 유료 광고 서비스를 사용하는 방법을 알려줄 것입니다.

저는 우선 플랫폼에서 제공하는 광고를 이용해 후기를 추가로 더 쌓고, 그 이후에 SNS 광고를 진행했습니다. 글로 수익화하려면 그것이 무료건 유료건 광고 노출이 빠질 수 없다는 사실만큼은 꼭 이해했으면 합니다.

## ⮡ 데드라인의 설계

광고를 노출해 잠재고객을 제품 소개 페이지까지 유입시켰다면요. 어떤 넛지를 주어 전환에 성공시킬지도 다뤄보겠습니다. 바로 결제를 하지 않고는 못 견디게 만드는 방법으로 두 가지를 제안하고자 합니다.

첫 번째는 데드라인을 미리 설계하는 것입니다. 한 번이라도 온라인에서 제품을 직접 팔아본 분들은 알겠지만 정가, 판매가 그리고 할인가라는 개념이 있습니다. 정확한 용어는 업계마다 다르게 사용하기도 해서 개념만 이해하면 됩니다. 정가는 말 그대로 할인이 들어가지 않은 정상 가격입니다. 이 가격은 '내 강의가 사실 얼마짜리 강의다'를 알려주는 가격이기도 합니다. 그렇다고 정가를 너무 허무맹랑하게 높이 잡거나 판매가와 큰 차이를 두지 않는 게 좋습니다. 통상적으로 판매가는 정가의 10퍼센트 정도 할인합니다. 예를 들어 강의의 정가가 37만 원이라면, 결제하는 사람은 거의 없습니다. 빨리 결제하면 결제할수록 최소 2.5퍼센트에서 최대 10퍼센트를 할인해 주고, 더 특별하게는 여기에 10퍼센트를 추가로 할인해 줍니다.

368쪽의 예를 같이 보면 이해하기 쉽습니다. 1월 5일이 강의 시작일이라고 가정해 봅시다. 37만 원은 정가에 해당합니다. 강의 시작일에 임박하여 (예컨대 1월 4일에) 결제하면 정가 37만 원을 다 내는 겁니다. 하지만 강의 모집을 시작하자마자 12월 13일까지(정확한 날짜를 제시하는 것이 좋습니다.) 결제하면 33.3만 원으로 10퍼센트 할인을 받을 수 있구요. 여기에 친구와 함께 등록하면 추가로 10퍼센트 할인을 더 받습니다. 그럼 정가의 10퍼센트 할인이 통상적인 판매가가 되고요. 할인가는 내가 최대로 할인해 줄 수 있는 금액이라고 생각하시면 됩니다. 정가의 20퍼센트가 할인가가 되는 거죠.

이게 무슨 효과가 있을까 싶죠? 한번 해보면 이렇게 미리 설계한 할인 템플릿의 위력을 알게 될 겁니다. 실제로 할인이 끝나는 마감일(예시로 치면 13일, 20일, 27일)에 결제율이 폭발합니다.

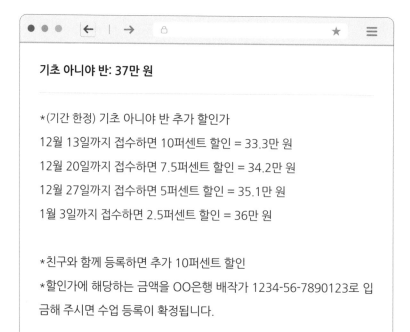

**기초 아니야 반: 37만 원**

*(기간 한정) 기초 아니야 반 추가 할인가
12월 13일까지 접수하면 10퍼센트 할인 = 33.3만 원
12월 20일까지 접수하면 7.5퍼센트 할인 = 34.2만 원
12월 27일까지 접수하면 5퍼센트 할인 = 35.1만 원
1월 3일까지 접수하면 2.5퍼센트 할인 = 36만 원

*친구와 함께 등록하면 추가 10퍼센트 할인
*할인가에 해당하는 금액을 OO은행 배작가 1234-56-7890123로 입금해 주시면 수업 등록이 확정됩니다.

마치 주말엔 누워서 TV만 보는 아빠에게 "아빠, 청소기 좀 돌려줘"라고 말하는 것보다 "아빠, 오후 3시까지 청소기 좀 돌려줘"라고 말할 때 실행률이 올라가는 것과 같습니다. 실제로 오후 2시까지 아무 생각이 없던 아빠는요. 2시가 넘어가자 시계를 힐끔힐끔 보더니 오후 3시 전에 침대에서 일어납니다.

요즘에는 이 데드라인 설계도 많이 보이는 추세입니다. 특히 강의 쪽에서 많이 보여요. 제품 쪽에서는 론칭 전 제품을 선주문받을 때 최저가로 판매를 했다가 점차 가격을 높여가는 전략을 취합니다. 문제는 정말 약속한 대로 특정 데드라인에 도달하면 가격이 올라가야 하는데요. 실제로는 데드라인 설계를 긴박감을 높이기 위한 도구로만 사용하고, 13일에 결제하든 20일에 결제하든 가격이 바뀌지 않을 때가 있어요.

고객이 한 번은 속을지 몰라도 나중에는 그 브랜드가 하는 말에 한없이 무뎌지게 됩니다. 보여주기식 데드라인 설계는 장기적인 힘을 갖지 못합니다.


## ⌐→ 프리패스라는 게 있다

전환까지 성공시키는 두 번째 넛지는 바로 프리패스입니다. '프리패스'라는 단어를 들으면 어떤 이미지가 떠오르나요? 놀이공

원의 프리패스 티켓을 떠올려도 좋습니다. 프리패스 티켓이 강의 시장에 존재한다면, 어떤 강의나 다 들을 수 있을 것 같다고 짐작하셨으면 다행입니다. 프리패스는 여러 개의 강의를 미리 할인가로 결제해 두고 원하는 기간에 자유롭게 강의를 수강할 수 있는 패키지 상품입니다.

프리패스의 설명글은 아래 예시와 같이 작성할 수 있습니다. 물론 이와 같은 패키지를 구성하려면 다른 레벨의 강의를 여러 개 만들어야 한다는 부담이 있겠지만요. 강의 주제만 조금 바꿔서 두 개의 강의를 만든 후 한꺼번에 미리 결제하도록 유도하는 방법도 있습니다. 이는 객단가를 높일 수 있는 방법일 뿐만 아니라, 재구매 결제까지 미리 유도하는 방법이기도 합니다.

---

**2024년 프리패스란?**

기초반부터 고급반까지 미리 할인가로 결제해 두고,
2024년 12월까지 원하는 기수의 스케줄에 자유롭게 참여할 수 있는 패키지입니다.

기초반은 매달 세 반, 기초아니야반는 두 달에 두 반, 중급반과 고급반은 세 달에 하나의 반이 열립니다.

---

기초(29)+기초아니야(37)+중급(45)+고급(53) = 정가 164만 원

프리패스 할인가 '20%' = 131만 원

(*기존의 얼리버드 최고 할인가는 12%였습니다.)

✔ 기초를 이미 들었다면? 기초 제외 프리패스가 20퍼센트 = 108만 원
✔ 기초+기초 아니야를 들었다면? 기초+기초 아니야 제외 프리패스가
  20퍼센트 = 78만 4000원

프리패스의 개념이 어떻게 생겼는지 그 비하인드도 재미있습니다. 보통 강의를 몇 기수 돌리다 보면 슬슬 법인카드로 결제하겠다는 분들이 나옵니다. 이분들의 입장을 한번 역지사지해 보세요. 제가 법인카드로 강의를 들을 때를 생각해 보면 회사 결재를 받는 게 너무 귀찮아서 차라리 내 돈 주고 들을까 싶었습니다. 물론 생각만 했지 꾸역꾸역 결재를 올렸지만요.

그래서 직장인이 이 프로세스를 여러 번 하기는 싫을 거라 가정하고, 한번에 모든 레벨을 결제할 수 있는 패키지를 만든 겁니다. 100만 원이 넘는 강의를 누가 결제할까 싶지만, 실제로 법인 카드의 힘은 위대합니다. 프리패스를 한 달에 두 건만 유치해도 월매출 200만 원은 깔고 가는 거 아니겠습니까. 연봉으로 따지면 2400만 원 이상의 수익이 보장되는 것입니다.

## └→ 글쓰기보다 생각 먼저

데드라인 설계나 프리패스는 마케팅 관점에서 다양한 넛지 중 일부일 뿐입니다. 여기서 중요한 내용은 글쓰기 수익화를 위해서는 광고 노출이 반드시 수반되어야 한다는 점과, 대단한 글쓰기를 위해서는 생각을 먼저 숙성시켜야 한다는 점입니다.

그 생각은 관찰에서 시작합니다. '어떻게 하면 사람들이 하루빨리 결제를 결심할 수 있을까?' '어떻게 하면 직장인이 회사 결재를 편하게 받을 수 있을까?' '정부 지원을 받아 결제하는 사람을 타깃하려면 어디서 그들을 찾을 수 있을까?' 이런 의문을 품고 그들을 관찰하면 넛지가 될 아이디어를 얻을 수 있습니다.

일례로 세무 서비스를 판다면, 환급받을 수 있는 세금을 조회해주는 무료 서비스를 먼저 제공하는 것도 결제를 할 수밖에 없도록 만드는 방법입니다. 이 아이디어를 글로 가시성 있게 풀어내는 과정을 동반하면 글을 수익화할 수 있는 마케터의 시선을 제대로 장착한 것이겠지요.

# [D] 고객끼리
# 경쟁을 붙이면 돈이 된다

고객끼리 경쟁을 붙인다? 이 제목에서 많은 분이 갸우뚱했는데요. 어떤 이야기일지 읽기 전에 충분히 상상해 보세요.

자, 이제 본론으로 돌아옵시다. 노출과 함께 적절한 넛지까지 활용해 고객의 구매 전환이 이루어졌다고 가정합시다. 구매 고객을 또한 번 기쁘게 해 재구매까지 이끌려면 역할에서는 운영자의 시선이 필요합니다. 운영자는 구매 여정에서 전환을 위해 이미 존재하는 글을 형식에 맞게 가다듬기도 하고, 필요하다면 새로운 글을 쓰기도합니다. 전환의 관점에서 운영자를 집중 조명해 봅시다.

전환에 있어서 기쁨은 제일 중요합니다. 고객은 어떤 제품이 필요해서 구매하기도 합니다. 그러나 우리는 생각보다 '필요' 외의 이유로 지갑을 엽니다. 이는 소비자 심리 연구에서 나타난 현상 중 하나입니다. 소비자들은 종종 감정적인 만족과 연관된 제품이나 브랜드를 선호합니다.

수건 하나를 살 때도요. 물기를 닦는 용도로만 수건을 보면 그냥 아무 수건이나 사면 되지요. 그런데 우리는 '호텔 수건'이라고 설명하는 제품을 사기도 합니다. 일반 수건보다 훨씬 비싼데도요. 실제로 호텔에서 쓰이는 수건이 아니라 5성급 호텔에서 쓰이는 수건처럼 무게감 있고 촘촘하고 부드러운 수건을 말하는 겁니다. 아무 수건이나 쓰는 게 아니라 마치 호텔에 묵는 것 같은 느낌의 수건을 쓰고 싶다는 바람이 담긴 구매입니다. 감정과 엮인 이미지를 사는 겁니다.

감정, 특히 기쁨이라는 감정을 건드리기 위해서는요. 고객의 문제를 정의하고 해결하는 데 시선을 두는 것이 첫 단계입니다. 그럼 강의를 듣는 고객의 입장에서 문제는 뭘까요? 바로 강의를 통해 달성하고자 했던 것을 못 얻을 수도 있다는 불안이겠죠. 기왕 시간과 돈을 투자해서 강의를 들었는데, 강의가 너무 어렵거나 재미가 없으면 큰 문제입니다.

## ↳ 일방형 수업의 문제

그래서 저는 운영자의 관점에서 제품이 해결할 문제를 '기존 수업의 일방형 강의 형식'으로 정의했습니다. 좁은 강의실에 사람들이 빽빽하게 앉아 있고, 강사가 일방적으로 떠드는 강의요. 이런 강의를 들을 거면 차라리 집에서 온라인으로 수강하는 게 더 나을지도 모릅니다. 이 지겹고 지루한 일방형 수업 방식을 해결하기 위해 쌍방향 수업, 더 정확히는 수업을 게임화하자는 아이디어를 고안했습니다. 그리고 게임화의 시작점에 사람을 두었습니다.

제 기준에서 오프라인 강의의 묘미는 바로 사람입니다. 독서 모임을 굳이 비싼 돈을 주고 나가는 이유도 비슷한 결의 사람을 만나고자 함이고요. 100만 원이 넘는 실무 강의를 듣는 이유에 그 강의를 들으러 오는 사람들이 기대된다는 요소가 빠질 수 없습니다. 실제로 대기업 대표가 수강한다는 한 문장이 그 강의를 결제하는 동기가 되기도 합니다.

저도 회사에서 지원해 줘서 100만 원이 넘는 강의를 들으러 간 적이 있는데요. 무려 한 달짜리 몇십 시간의 강의였는데, 듣고 나니 강의 내용은 한 줄로 요약이 가능했고요. 남는 건 사람이더라구요. 사람이 남았기 때문에, 강의의 만족도도 그만큼 높았습니다.

# ⌐→ 아이디어를 문자화하는 것

사람이 남는 강의, 그리고 쌍방향 강의를 하자는 아이디어는
생각만 하면 아이디어에 그치지만, 이를 문자화하면 돈이 될 수 있
습니다. 저는 수업 전에 카톡 단체방을 파서 강의 공지를 안내하고

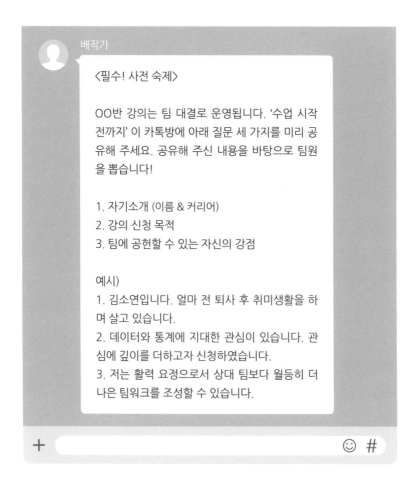

배작가

〈필수! 사전 숙제〉

OO반 강의는 팀 대결로 운영됩니다. '수업 시작
전까지' 이 카톡방에 아래 질문 세 가지를 미리 공
유해 주세요. 공유해 주신 내용을 바탕으로 팀원
을 뽑습니다!

1. 자기소개 (이름 & 커리어)
2. 강의 신청 목적
3. 팀에 공헌할 수 있는 자신의 강점

예시)
1. 김소연입니다. 얼마 전 퇴사 후 취미생활을 하
며 살고 있습니다.
2. 데이터와 통계에 지대한 관심이 있습니다. 관
심에 깊이를 더하고자 신청하였습니다.
3. 저는 활력 요정으로서 상대 팀보다 월등히 더
나은 팀워크를 조성할 수 있습니다.

\+    ☺ #

사전 숙제를 내줬습니다. 사전 숙제를 내는 공지를 376쪽에 공개할 게요.

수업이 시작하기도 전에 어떤 사람들이 이 수업에 참여하는지 엿볼 수 있다는 재미도 있고요. 팀이 있으니 수강생들도 다음 수업에 올 때 조금 더 소속감을 느끼며 출석할 수 있습니다. 수업 시간에 팀을 만들어서 팀별로 문제를 주고 풀게 시켰는데요. 무엇보다 머리 맞대고 스스로 고민하는 과정에서 정말 많이 배우게 됩니다.

이렇게 고객간의 경쟁 구도를 만들어서 상품을 주기도 했거든요. 상품 중 하나는 다음 레벨 강의 할인권으로 자연스럽게 재구매를 유도하기도 했어요. 한발 더 나아가 봅시다. 팀을 만듦으로써 소속감이 사람이 남는 강의를 만들었잖아요. 그리고 경쟁을 통해 적극적으로 강의 내용을 이해할 수 있었을 겁니다. 사람도 남고 지식도 남는다니요. 강의에 대한 만족감이 낮을 수가 없습니다. 여기서 더 나아가, 어떻게 고객에게 기쁨을 줄 수 있을까요?

## ┗→ 기쁨을 넘어 감동을 주는 수업 후 관리

수업은 '조심히 들어가세요' 하고 끝나는 게 아닙니다. 수업은 내가 한 문장으로라도 본인이 배운 것을 스스로 이야기할 수 있을 때 비로소 끝납니다. 무려 3시간 동안 수업을 들었는데 내가 오늘 배운 것을 한 문장으로도 요약할 수 없다면, 도대체 땅을 파도 나오지 않는 돈을 가지고 뭘 한 걸까요?

자신이 하나라도 얻어갈 수 있다는 걸 알면 수업 만족도는 자연

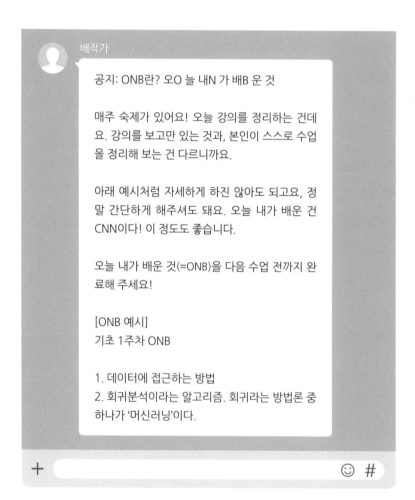

배작가

공지: ONB란? 오O 늘 내N 가 배B 운 것

매주 숙제가 있어요! 오늘 강의를 정리하는 건데요. 강의를 보고만 있는 것과, 본인이 스스로 수업을 정리해 보는 건 다르니까요.

아래 예시처럼 자세하게 하진 않아도 되고요, 정말 간단하게 해주셔도 돼요. 오늘 내가 배운 건 CNN이다! 이 정도도 좋습니다.

오늘 내가 배운 것(=ONB)을 다음 수업 전까지 완료해 주세요!

[ONB 예시]
기초 1주차 ONB

1. 데이터에 접근하는 방법
2. 회귀분석이라는 알고리즘. 회귀라는 방법론 중 하나가 '머신러닝'이다.

+                                                                ☺ #

스럽게 올라가게 됩니다. 378쪽의 예문은 'ONB, 오늘 내가 배운 것' 게임을 소개하는 공지입니다. 강의를 직접 하거나 파는 입장이 아니어도, 강의를 듣는 수강생 입장이라도 꼭 한번 써먹어 보세요. 어떤 강의나 세미나를 듣고 그 내용을 한 문장으로 스스로 정리해 보는 겁니다. 분명 하지 않을 때와는 다른 만족도를 느끼실 겁니다.

## ↳ 운영자가 만든 결과

실제로 이 수업은 후기를 대량으로 쌓으면서 글이 돈이 되었습니다. 380쪽의 후기를 읽어보면서 운영자의 역할에 대해서 생각해 보세요.

어떤 생각이 드셨어요? 어떤 판매자든 이런 후기를 받고 싶을 거예요. 하지만 이런 종류의 후기는 단순히 내 제품이 퀄리티가 좋아서 혹은 디자인이 예뻐서 받을 수 있는 후기는 아니에요. 고객의 문제를 미리 정의하고 그것을 해결하기 위한 아이디어를 냈고요. 그 아이디어를 문자화해 고객과 소통했을 때, 비로소 운영자의 비전과 고객의 실제 후기가 일치하게 되는 것입니다.

(후기 1) 매주 그날 배울 내용에 대한 팀 과제를 진행했던 게 기억에 남아요. 그냥 앉아서 수업만 듣는 게 아니라 저희가 먼저 어떻게 풀어나가야 할지 생각해 보는 기회를 가질 수 있었거든요. 게다가 가장 잘한 팀을 선정함으로써 묘한 경쟁심리까지 자극하니 얼마나 잘하고 싶게요? 첫 주의 팀 과제는 통계적 지식보다는 머신러닝의 맛보기였는데요. 머신러닝이 정말 궁금했거든요. 명확한 정의도 인터넷으로 찾아봤는데 모르겠고, 실무자에게 머신러닝에 대해 들으면 좋을 것 같아서 등록했는데, 팀 과제를 해결하면서 '아, 머신러닝은 이런 거구나!' 하고 머릿속에 쏙 박혔답니다.

(후기 2) 수강생 팀들에게 10~15분씩 생각하도록 유도했던 매회차의 질문 선정에 감탄했습니다. 특히 머신러닝의 기본 핵심 원리를 체득하기 위해 "개와 고양이를 기계가 구분도록 시키려면 어떻게 해야 할까요?"라는 질문은 정말 탁월했어요. 머신러닝이란 무엇인가를 제대로 말하도록 만드는 좋은 예시로 오래도록 기억에 남을 것 같아요. 백 마디 말로 지식을 전달하는 것보다 직접 고민하고 생각하는 것이 더 오래 기억에 남는다는 사실을 십분 활용한 강사의 훌륭한 소신이 묻어나는 방식이라 생각합니다. 아, 물론 단순히 질문과 해답 제시에 그치는 것이 아닌 훌륭한 모범 답안 강의는 정말 탁월했고요!

# 내 브랜드를 만드는
# 글쓰기

제품의 객단가를 높이는 방법, 판매를 부르는 방법을 살펴봤습니다. 글쓰기라는 맥을 잡고 ABCD 구조를 각각 기획자, 크리에이터, 마케터, 운영자 관점에서 조망했지요. 이번 주제는 내 브랜드를 만드는 글쓰기입니다. 여기에서도 동일한 구조로 진행될 것입니다.

객단가를 높일 때 글쓰기에 1퍼센트의 힘을 줬던 것, 판매를 부를 때 글쓰기의 세밀도를 30퍼센트나 올렸던 것을 넘어서요. 이번에는 글쓰기로 어떤 브랜드를 만들고, 이를 글쓰기로 팔아보려고 합니다. 글쓰기가 100퍼센트 사용된 브랜드 사례라고 볼 수도 있겠네요.

## ⤷ 브랜드부터 해체해 봅시다

브랜드 얘기를 짚고 넘어가지 않을 수 없습니다. 브랜드를 만드는 것에는 욕구와 환상이 뒤섞인 것 같아요. 그것도 뭔가 나만의 브랜드를 만들고 싶다는 욕구가 있지요. '나만의 브랜드'라고 하면 꽤나 멋있을 것 같은 환상도 있고요. 저도 그런 욕구와 환상에 젖어 화장품 브랜드를 만들었습니다. 여러 브랜드를 키우는 브랜드 엑셀러레이터를 해야 되는 거 아니냐면서 망상도 했었고요. 브랜드라는 허상에 미쳐 있던 날들이 있었어요.

그런 날들을 뒤돌아보니 다 신기루처럼 느껴지기도 해요. 제가 만들고 싶었던 건 브랜드였을까요, 브랜드를 만드는 내 모습이었을까요? 그래도 한 가지 선명하게 떠오르는 건요. 브랜드를 만들려면, 다시 말해 특정한 무엇을 판매하려고 하면 불꽃이 있어야 한다는 것이에요. 이 불꽃은 '브랜드를 만들겠다!'의 접근이 아니라, 내 아이디어를 실현하고자 하는 접근에서 피워져야 하고요.

글쓰기도 그래요. 내 생애 책 한 권 쓰기가 갑자기 유행처럼 번졌는데요. 다들 '내 이름 석 자로 쓰인 책 하나 내보고 싶다!'로 접근해요. 뭘 쓰고 싶냐고 하면 아직 주제는 못 잡았대요. 순서가 뒤죽박죽인 거예요. 내가 쓰고 싶은 주제가 먼저 있고 책은 그저 그 결과물일 뿐이지요. 이 결과물이 책이 아닌 다른 형태가 될 수도 있는 거예요. 오디오나 영상이 될 수도 있지요. 브랜드도 그런 것 같아요. 구체화하고 실체화하고 싶은 아이디어가 선행하고요. 그 결과물로 어떤 브랜드가 나오지요.

저도 어떤 문제를 해결하려는, 그 해결책을 실현하고자 하는 불꽃이 있었어요. 탈모는 간편하게 관리해야 한다며, 저 빼고 다 뜯어말리던 롤온 형태의 탈모 관리 제품을 만들었어요. 그 불꽃을 연료삼아 제품도 만들고 글도 쓰고 매출도 내보고요. 그러면서 그 업계에 젖어들고 나름대로 그 업계에 대한 진부한 그림을 그리게 됐어요. 그러다 보니 더는 못 하겠다는 생각이 들더라고요. 저에게는 그게 화장품 브랜드였어요.

## ┗→ 내가 다시 화장품 브랜드를 만든다면

화장품을 기획자의 관점에서 보면요. 화장품자체가 피부에 경미한 작용을 하는 것이거든요. 그래서 광고에서 떠드는 획기적인 화장품이랄 게 없고, 유수분 밸런스를 잘 맞춰주면 그게 장땡이에요. 그러니 몇십만 원짜리 화장품을 사는 건 제 기준에서는 좀 웃긴 일일 수밖에요. 화장품 업계는 이미 고평준화된 시장이에요. 특히 한국이 더 심한 것 같아요. 경쟁력도 변별력도 없다고 말해도 될 정도로 이미 고품질 제품이 넘쳐나는 시장입니다.

그래서 제품을 만드는 데 정해진 레시피가 어느 정도 있고요.

그 안에서 "어떤 콘셉트를 더해볼까?" 정도가 기획의 한계 같기도 해요. 실제로 제품 개발 회의를 해보면 "어떤 콘셉트로 만들려고 하세요?"가 첫 번째 질문인데요. 성분 자체에 대단한 효능이 있다기보다 어떤 콘셉트인지가 중요하다는 거죠. 그래서 화장품 업계의 큰 흐름은 어떤 특정 성분을 더하는 것보다 유해 성분을 잘 빼는 것을 더 중시하고요. 잘 빼려면 제조사, 더 중요하게는 연구원과 긴밀한 협업이 가능해야 하는데요. 이는 생산 대행을 맡기는 대부분의 작은 브랜드 업체에서는 실행하기 어려워요.

제품을 만드는 레시피를 갈아엎지 않더라도 아직 사람들이 혹하는 포인트는 있는데요. 다른 사용감을 주고, 그에 대한 즉각적인 효과를 체감시키면 돼요. 이미 여러 제품이 어느 정도 평준화되어 엄청난 효과를 기대하기 어렵다고 했잖아요. 그런데도 방법론을 달리하면 쉽게 혹하곤 해요. 더 대단한 해결 방법이 있을 거라고 생각하고 지름길을 찾는 심리를 노리는 거예요. 사실 다이어트는 덜 먹고 더 운동하는 것 말고 다른 방법이 딱히 없는데도 불구하고요. 아직도 다이어트 약이나 해독 주스 같은 제품이 버젓이 팔리고 있는 것이 바로 지름길을 원하는 심리입니다.

화장품 영역에서 다른 방법이라는 건 멀티밤 같은 제품으로 설명할 수 있어요. 언제든 바르기 쉽게 스틱 형태로 만들어버려요. 멀티밤이 나오기 전에는 손으로 제품을 덜어내 발라야 했으니 상황에 따라 번거로웠는데요. 스틱 형태는 바르기 쉬우니까 자주 바르게 되고요. 자주 수분을 공급해 주니 광이 나고 주름이 덜 보이는 효과를 즉각적으로 만들어내요. 또는 다른 질감을 이용하는 방법도 있어요. 질퍽한 텍스처의 클렌징을 만드는 거예요. 이 질퍽함을 깨끗이 씻어 내려면 피부를 오랫동안 문지르고 닦아야 해요. 빠르게 세안을 해치 우는 것보다 더 오랜 시간 클렌징을 하게 만들죠. 혈액 순환 덕분에 피부가 즉각적으로 맑아 보여요. 그런데 이 모든 것에 피부를 근본 적으로 좋아지게 한다는 건 아닙니다.

마케터의 관점으로도 볼게요. 어떤 업계든 그렇겠지만 화장품 업계는 공격적인 마케팅이 특히 중요하거든요. 어떤 광고든 자주 보 면 유명하고 좋은 거라고 느끼게 된다고 했잖아요. '다 알고 알음알 음 쓰고 있는데 나만 안 쓰나?' 하며 뒤처지는 것 같은 느낌도 들고 요. 이전에는 광고에서 제품을 사용하기 전과 후의 차이를 명확하게 보여주면 됐는데요. 이제는 광고 심의가 까다로워져서 사용 전후 사 진으로sms 광고를 못 해요. 대신 제품을 사용하는 모습을 예쁜 영 상에 담아서, 이 제품을 쓰면 아름다워질 수 있다는 감성을 자극하 는 올드 스타일로 돌아오고 있어요. 이전과 달라진 것도 있는데요. 단순히 매끈한 피부, 부드러운 머릿결을 보여주는 데 그치지 않고 플라스틱을 줄이기 위해 행동하고 동물실험을 하지 않는다는 가치 소비 스토리가 더해져요.

어쨌건 공격적인 마케팅을 하려면 이미 너무 낮아진 화장품의 소비자가격, 좋은 제품을 만들려면 올라갈 수밖에 없는 제형의 원가, 매력적인 패키지를 위해 더 올라가는 원가, 거기에 날이 갈수록 경쟁도가 높아진 광고비를 더하면요. 사실 화장품 회사도 투자를 받지 않고서는 마케팅을 공격적으로 하기 어려워요. 이 원가 싸움이나 제형 개발에 경쟁력이 있는 제조사가 마케팅을 잘 집행하면 그나마 승산이 있는 브랜드를 만들 수 있다고 할 수 있죠.

## ↳ 브랜드라는 환상

글쓰기와 별 상관없어 보이는 화장품 브랜드 얘기를 쭉 나열한 이유는요. 이렇게 한 종류의 브랜드를 안다고 떠들 수 있을 정도가 되면 이걸 더 잘할 수 있는 게 아니라요. 오히려 못하게 되기도 한다는 걸 말하고 싶었어요. 제 생애에 화장품 브랜드를 또 할 일이 있을까 싶어요. 눈에 뻔히 보이는 장벽이 너무 많아진 거죠. 그래서 이쪽으로 전공도 안 했고 경험도 없는 내가 무슨 브랜드를 만들겠어, 하고 겁먹을 필요도 없고요. 거창하게 멋있는 브랜드 하나 만들어야겠다고 다짐하는 것도 순서가 잘못됐어요.

실제로 어떤 브랜드가 엄청 멋있어 보여도요. 까 보면 영업이익이 미미한 경우가 많아요. 겉으로는 멋진데 속은 별거 없고 타들어가고만 있는 브랜드요. '브랜드의 시작이 다 그렇지' 하면 할 말 없는데요. 우리가 가지고 있는 브랜드라는 환상에 대해서 생각해 볼 필요는 있어요. 그래서 '내 브랜드를 만드는 글쓰기'가 좀 멋져 보여도요. 여기에 매몰되지 맙시다.

실제로 제가 브랜드를 만들었던 사례들은 뒤돌아보면 정형화된 틀이 없었어요. 내가 해소하고 싶은 문제를 해결한 결과로 어떤 제품이 만들어졌고, 비슷한 제품군을 모아 하나의 브랜드로 엮은 것이었지요. 브랜드를 만드는 걸 목표로 하기 전에 구체화하고 실체화하고 싶은 아이디어를 먼저 생각해 봅시다. 그 아이디어를 실현한 결과물이 제품이 될 수도 있고, 서비스가 될 수도 있으며, 나 자신이 될 수도 있습니다. 브랜드는 사실 주인을 구분하기 위해 가축에게 찍는 낙인에서 유래했어요. 특정 제품들을 연상시킬 수 있다면, 그것이 곧 브랜드지요. '브랜드를 만들자'가 아니라 '돌아보고 나니 내가 만든 것이 브랜드였구나'가 제게는 더 일리 있는 순서입니다.

## ↳ 100퍼센트 글쓰기로 이루어진 브랜드

이번에는 내가 만든 브랜드, 정확히 말해서 '돌아보고 나니' 브랜드가 됐던 제품을 다뤄보려고 해요. 브랜드라고 말하기엔 부끄러운 인지도지만, 우리끼리 어떤 제품을 식별하는 데 특정 명칭을 쓰면 다 브랜드입니다. 이 제품은 바로 1부에서 잠깐 언급했던 전자책인데요. PDF 파일 형식의 전자책이에요. 이 제품은 처음부터 끝까지 글로 이루어져 있고요. 팔 때도 글로 팔았으니 전반적인 판매 과정에서 100퍼센트에 가깝게 글이 이용됐어요.

전자책이 브랜드라 어떻게 말할 수 있냐면요. 전자책을 쓴 저자를 믿고 산다는 후기가 점점 많아졌어요. 하나는 팔리는 강의를 만들 수 있는 강의 중개를 다룬 전자책이었고요. 다른 하나는 직장인 영어 공부를 다룬 전자책이었어요. 상반된 주제의 전자책인데도요. 강의 중개 전자책을 산 고객이 직장인 영어 전자책을 샀어요. 반대의 경우도 있고요. 우리가 애플의 핸드폰을 믿고 사면 애플이 만든 컴퓨터도 믿고 사잖아요. 컴퓨터 브랜드가 엄청 많은데 애플 컴퓨터는 크게 따지지 않고 산단 말이죠. 애플이니까요.

전자책 자체가 브랜드가 됐다기보다 전자책을 쓴 저자가 브랜드가 된 경우입니다. 이 저자가 쓴 거라면 그게 어떤 주제든 일단 사서 읽어보겠다는 마음을 파는 브랜드요. 더 나아가서는 100퍼센트 글쓰기로 이루어진 브랜드라고도 볼 수 있는데요. 내내 강조했지만 결론만 그렇다는 겁니다. '나라는 저자를 브랜드로 만들 거야!'라고 시작하는 게 아니라요. 내가 지금 쓰고자 하는 주제의 글을 쓰고, 그런 글들이 모이면 고객이 저자를 브랜드로 자연스럽게 인식합니다. 기억합시다. 브랜드가 먼저가 아니라 아이디어가 먼저고요. 글쓰기가 먼저가 아니라 생각이 먼저라는 것을요.

# [A] 100퍼센트 완성본보다
# 초고가 더 가치 있다

바로 본론으로 들어가 봅시다. 기획자의 시선을 비추어 4W를 살펴볼 거예요. 순서는 같습니다.

**1. Why?**

**왜 이렇게 서비스를 기획했을까요? 가면 증후군을 탈출하기 위해 기획했습니다.**

**2. Who?**

**이 서비스의 고객은 누구인가요? 바로 제 자신입니다.**

**3. What?**

제가 파는 건 무엇일까요? 전자책과 지극히 날것의 서사입니다.

4. How?

어떻게 팔까요? 기세로 팝니다.

## ↳ Why: 가면 증후군 탈출기

제가 동료의 강의를 대신 팔아준 이야기를 이어서 하겠습니다. "우리 폐업하자." 동료가 말했습니다. 그는 부업으로 함께 만들었던 강의를 본업으로 삼아 사업자도 등록했습니다. 우리가 억 단위로 매출을 만들어나가고 있을 때였지요. 속이 아렸습니다. 하지만 그가 함께 일하자는 저의 제안을 흔쾌히 받아준 것처럼, 저도 그의 결정을 존중하고 싶었습니다.

"그러자! 그래, 그만하자." 그도 폐업을 하자는 말을 꺼내기 직전까지, 꿈에서까지 고민하고 말했겠지요. 어떤 연봉 조건이나 배려로도 나가겠단 사람을 잡아두는 건 불가능에 가깝습니다. 다행히 그는 다음 행선지가 있었습니다. 수강생 중에 한 회사의 대표가 있어 그 대표가 그를 고용했던 덕입니다. 회사 잘 다니던 사람을 꾀어 퇴사까지 인도했으니, 저는 막연한 책임감에서 결코 자유로울 수 없었습니다. 그의 재취업까지 깔끔하게 마무리되자 저도 비로소 안도의 숨을 쉬었습니다.

제가 5년간 다닌 회사에서도 제일 어려운 업무는 인사였습니다. 팀원이 잠깐 얘기 좀 할 수 있냐고 물어보는 게 가장 무서웠어요. 대개 일이 힘들다거나 그만둔다는 얘기였습니다. 나의 노동력은 물론 타인의 노동력에게도 안전히 기댈 수 없음을 몸소 알게 됐습니다.

저는 글쓰기의 비중을 절대적으로 늘려야 했어요. 제가 했던 글쓰기는 0원으로 시작할 수 있었고, 동료를 빠르게 퇴사까지, 그리고 재취업까지 인도해 준 성과를 만들었기 때문입니다.

무엇보다 글쓰기는 제가 가면 증후군을 벗어날 수 있게 돕는 가장 가까이에 있던 도구였습니다. 가면 증후군은 자신의 성공이 노력이 아니라 순전히 운으로 얻어졌다 생각하고 지금껏 주변 사람들을 속여왔다고 여기며 불안해하는 심리입니다.

저도 이 상태로부터 자유롭지 않았습니다. 내가 직장에서 해내고 있는 일이 직장빨이면 어쩌지? 내가 팀을 이끌 자격이 있는 걸까? 직장을 나오면 나는 직장만큼 벌 수 있을까? 저는 제 스스로에게 이 고민들이 가면 증후군에 불과함을 직접 증명해야 했습니다.

그렇게 저는 우리가 0원으로 시작해 억대 매출을 만들어간 과정과 폐업까지의 과정을 담담히 써 내려갔습니다. 그리고 이 글 조각들이 모여 책이 됐습니다. 책이라고 말하면 좀 거창하고 PDF로 만든 전자 파일에 가깝습니다. 회사 밖에서 쓴 이 파일은, 제가 회사 내에서 균형을 잡는 또 다른 수익 파이프라인이 됐습니다. 하나의 문이 닫히니, 다른 하나의 문이 열린 것입니다.

## ↳ Who: 나같은 직장인을 위해 쓴다

제 책을 읽은 사람들이 제 예상을 넘어 열광했습니다. 저는 글쓰기 부업으로 수익을 만든 고작 한 사례를 썼을 뿐인데요. 제가 한 것을 그대로 따라 한다고 해서 저와 같은 사례를 만들 수도 없고, 이를 보장할 수도 없습니다. 별거 아닌 것에도 책임감을 부여하는 K-장녀는 이 열광이 썩 찜찜했지요.

이 정도 찬사를 받으려면 어떤 업계의 사람도 적용할 수 있는 '부업 만능 치트키'를 제공해야 되는 거 아냐? 제가 쓴 글은 만능 가이드가 아니라, 한 개의 사례를 만든 1능 가이드일 뿐이었습니다.

하지만 독자들은 이 개인적인 사례에서 인사이트를 추출했고, 그 인사이트를 요리해 본인의 삶에 적재적소 적용했습니다. 그들은 제게 감사의 말을 전했지만, 정작 감사해야 할 사람은 저였습니다.

그들을 제 스승으로 삼고, 저 또한 제 전자책을 1능 가이드 삼아 또 다른 글을 써야 했습니다. 두 번째 성공 사례가 될 글을요. 가면 증후군을 탈출하고자 하는 마음에서 시작했고요. 저와 같이 객관적으로 잘하고 있는데도 불안한 직장인을 위해 썼습니다. 그 글은 꾸준히 영어 회화를 공부할 수 있는 책으로 묶였습니다. 그렇게 두 번째 책이 세상 밖으로 나왔지요. 두 차례의 글쓰기로 저는 5억 4000만 원을 만들었습니다. 회사 밖 글쓰기가 만든 성과였습니다.

## ↳ What: 제가 파는 건 지극히 날것의 서사입니다

직장인이 글쓰기 부업으로 6억 원을 만들었다고 하면 신기하게 도 두 가지 반응을 목격합니다. 1번. 거짓말이야. 글쓰기 말고 뭔가 딴 게 있었겠지. 2번. 우와, 어떻게 한 거야?

1번처럼 생각하는 사람이 어딨을까 싶겠지만 꽤 흔한 반응입니다. "걔가 비트코인으로 집을 샀대." 저도 가까운 누군가의 재테크 성취를 들으면 샘이 나고, 저와는 무관한 업계 얘기라 치부하며 귀를 닫는 경우가 있습니다. 하지만 다른 업계에도, 제게 없는 능력으로 만든 성취에도 분명 배울 점이 있습니다. 그것도 제 주변에서 가깝게 들을 수 있으니 얼마나 감사한 일인지요. 저는 두 번째 사람이 되고자 부단히 노력하고, 두 번째 사람을 좋아합니다. 두 번째 사람에게는 제가 팔았던 것이 단순한 전자책이 아닌 '지극히 날것의 서사'였음을 말할 수 있습니다.

제가 쓴 제품 소개 페이지 대부분은 지극히 사적인 서사로 시작에 99퍼센트 힘을 줍니다. 시작에서 후킹을 못하면 아무리 끝에서 다이아몬드를 쥐여줘도 꽝입니다. 도입부의 힘은 강조하면 강조할수록 좋습니다.

그리고 지극히 사적인 서사만큼 강력한 시작은 없다고 봅니다. 고객은 내가 의도한 바를 읽는 게 아니라, 자기가 믿는 것을 읽습니다. 따라서 시작부터 고객이 저의 서사에 공감해 저를 좋아하게 만들어야 합니다.

소위 말하는 콩깍지를 씌우면 그들은 계속 읽게 되고, 그들이 계속 읽어야 내가 그들을 설득할 기회를 얻습니다. 잘 파는 사람들은 시작부터 고객을 사로잡는 글, 영상, 또는 이미지를 만드는 방식을 가지고 있습니다. 저는 그 도구가 글쓰기였을 뿐이죠.

이때 서사가 지극히 날것일수록 좋습니다. 지극히 날것이라는 것은 이야기를 위한 이야기를 만든 게 아니라 지극히 사실적이라는 말입니다. 지극히 사실적일수록 이야기는 생명력을 지닙니다. 핵이 있는 이야기가 되지요.

실제로 100퍼센트 완성본보다 초고가 더 가치 있게 인정받는 시장이 있음을 알고 놀랐던 경험이 있는데요. 제가 전자책을 판매할 때, 이벤트로 완성본이 아닌 초고를 선물한 적이 있습니다. 이벤트에 당첨되지 않은 고객들이 돈을 더 주고서라도 초고를 꼭 사고 싶다는 거예요. 초고는 독자에게 창작 과정의 비하인드를 보여줄 수 있습니다. 초고에서는 작가가 어떻게 최종 결과물에 도달했는지, 어떤 변경 사항을 적용했는지, 어떤 아이디어를 버렸는지 등을 확인할 수 있는 겁니다. 저는 여기서 지극히 사실적인 과정을 보고 싶다는 욕구를 봤습니다.

제가 애초에 지극히 사실적인 서사로 제품을 팔았기 때문에 제 서사를 좋아하는 팬을 만들 수 있기도 했고요. 이 서사의 성장과정까지 가치가 드높아진 사례입니다.

# hoW: 기세로 판다는 것

"엄마, 나는 결혼 전에 30명은 만나봐야 정확한 판단을 할 수 있 겠어." 엄마가 미친 소리라 했는데요. 서른인 저는 30개 이름을 어 렵지 않게 나열할 수 있습니다. 지금 돌아보면 어떻게 30명을 만났 는지 모르겠습니다. 지금 돌아보면 어떻게 영어도 못 하는 중학생이 혼자 미국 땅을 밟았는지, 그 고등학생이 어떻게 세 개의 미국 고등 학교를 다녔는지 모르겠습니다. 그리고 그 직장인이 어떻게 글쓰기 부업으로 6억 원을 만든 건지 모르겠어요.

곰곰이 생각해 보니, 그건 그때의 기세입니다, 기세. 목표 지점 까지 치고 나가는 기세가 그걸 가능케 했습니다. 기세는 앞에서도 살짝 다룬 적이 있는데요. 이번에는 기세에 대해 조금 더 자세히 말 해보고 싶습니다.

저는 글을 쓰는 데 긴 시간이 걸리지 않는 편이라 말했습니다. 전자책을 집필할 때도 마찬가지였습니다. 글을 써야 할 때 눈앞에 바로 빈 종이를 들이밀지 않고 꽤 오랜 시간 머리로 글을 써두기 때 문입니다. 전두엽을 건드리는 과정입니다. 샤워할 때나 자기 전일 때 머리로 글을 써두는 시간은 제가 특히 좋아하는 시간입니다. 그 러면 머리를 말리면서, 자면서 기특한 뇌가 난잡한 글을 정리해 줍 니다.

어느 정도 머리로 쓰고 나면 실제로 글을 쓸 땐 그냥 쭉 적게 됩니다. 적으면서 중간에 고치지 않습니다. 쓰면서 생각이 안 나는 단어도 있고, 분명 더 나은 방법으로 표현할 수 있는 부분도 있지요. 제가 머리로 썼던 내용과는 다른 길로 새서 추가로 쓰게 되는 내용도 있습니다. 한 문장 한 문장 고심해서 쓰는 게 아니라요. 전두엽에서 빠르게 불러주는 문장을 손가락으로 받아쓰기 하는 것마냥 쭉 씁니다. 심지어 저는 모니터를 보면서 타이핑하면 실시간으로 채워지는 글의 등장조차 집중을 흐트린다고 느낍니다. 손가락은 키보드에서 문장을 만들어내지만 허공을 응시하거나 눈을 감고 전두엽에 시선을 유지한 채 씁니다. 쓴다기보다 받아씁니다. 토한다는 심정으로 안 멈추고, 안 고치고 일단 다 토합니다. 그렇게 다 토하고 나면 비로소 논리정연하게 순서를 재배치하고 잘라내고 더 나은 표현으로 다듬습니다.

　제가 절대적인 천재라고 생각하는 몇몇 사상가가 있는데요. 그중 독보적인 한 사람이 켄 윌버입니다. 미국을 대표하는 통합심리학의 대가이자 이 시대의 가장 중요한 석학 가운데 한 사람입니다. 영적 수행에 관심이 있으신 분들은 꼭 이분의 책을 읽어보세요.《무경계》라는 책이 입문하기 좋습니다. 이런 켄 윌버도 책을 쓰기 전에 1년 동안 수백 권을 읽고 머릿속으로 새로 쓸 책의 내용을 구상하는 것이 집필 방식이라고 밝혔습니다. 책 한 권을 머릿속으로 쓰고 나서 컴퓨터 앞에 앉아 타이핑하면 대체로 한두 달에서 세 달 정도 걸린다고 합니다. 이처럼 전두엽을 건드리는 것과 비슷한 맥락의 얘기를 하자 저는 전두엽과 기세가 진리라고 믿게 되었습니다.

켄 윌버조차도 먼저 머리로 오랜 시간 글을 쓰며 전두엽을 건드리고요. 몇백 쪽짜리 명작을 쓸 때 단숨에 씁니다. 기세로 쓴다는 겁니다. 그는 때로는 하루 15시간 쉬지 않고 집필할 때도 있다고 합니다. 탈진하기 직전까지요.

마지막으로 영화 〈기생충〉에서 기우의 대사를 다시 되뇌봅니다. "다혜야, 시험이라는 게 뭐야? 앞으로 치고 나가는 거야. 그 흐름. 그 리듬을 놓치면 완전 꽝이야. 24번 정답? 나는 관심 없어. 나는 오직 다혜가 이 시험 전체를 어떻게 치고 나가는가? 장악하는가! 그것에만 관심 있다. 실전은 기세야, 기세." 시험도, 글쓰기도 기세를 타고 쭉 치며 나가는 것이 중요합니다.

# [B] 쓰기 전
# 경쟁사 분석이 필요한가

솔직하게요, 다시 생각해 봅시다. 상세 페이지가 됐건, 뉴스레터가 됐건, 광고 카피가 됐건 고객에게 건네는 모든 종류의 글을 쓰기 전에 경쟁사가 쓴 글을 보는 이유에 대해서요. 경쟁사 분석을 통해 어떤 것을 얻고 싶은 걸까요?

저는 지금까지 회사에서 크게 세 가지 이유 때문에 경쟁사 분석을 했습니다. 첫째는 관행으로, 둘째는 얄미운 심보로, 셋째는 정당한 이유로요. 세 번째의 정당한 이유를 살펴보기 전에, 첫 번째와 두 번째 이유를 꼼꼼히 짚고 가볼게요. 이 이유 안에 숨어 있는 제 고유한 생각을 나누고 싶거든요.

## ⌐→ 남들이 다 하는 걸 나도 할 때

첫 번째 이유는 남들도 다 하니까, 상사가 시키니까, 관행처럼 하는 겁니다. 경쟁사 분석도 안 하고 일을 한다고 하기엔 멋쩍게 느껴지기 때문입니다. 상사 입장에서도 자신의 상사에게 자신 있게 설명할 수 있는 안전한 옵션을 원할 텐데요. 이미 잘된 걸 들고 가서 더 개선해 보겠다고 하는 게, 아예 엉뚱하게 새로운 걸 들고 가는 것보다 낫지요. 하지만 저는 많은 경우 경쟁사 분석을 하거나 SWOT 분석을 하는 시간에 전두엽을 건드려야 한다고 생각했습니다.

더 과격하게는 이렇게 생각했어요. 인간은 자급자족할 수 있는 아주 간단한 세계에 살고 있었는데, 너무 심심해진 나머지 미쳐버린 거라고요. 그래서 간단한 세계를 괜히 복잡하게 만들어버린 거라고요.

제가 기계적으로 SWOT 분석 보고서를 쓰고 있거나, 고객을 위한 글이 아닌 상사의 안심을 위한 글을 쓰거나요. 디자인 에이전시에서 경쟁사 분석 발표를 하는 걸 듣다 보면 이런 생각이 떠나지 않았어요. 그냥 망상에 가까운 제 생각입니다. 가볍게 흘려주세요.

다시 본론으로 돌아갈게요. 실제로 제가 썼던 글을 잘된 글과 잘 안된 글로 나눈다면요. 잘된 글은 경쟁사 분석이 부끄러울 정도로 하나도 없었던 무대포식의 글입니다. 보통 일의 초반 시기에 이런 글을 잘 썼어요. 그러다가 일이 익숙해지고 저도 그 업계에 물들기 시작하면요. 경쟁사를 분석하기 시작하고요. '애를 써서' 별로인 글을 낳습니다.

경쟁사 분석이 없었던 이유는 제가 생판 처음인 업계에서 일했기 때문입니다. 핀테크, IoT, 화장품, 강의, 전자책 등 제 전공이나 커리어와 전혀 상관없는 업계에서 글을 썼어요. 그 업계 자체를 알아간다고 정신이 없는 가운데 론칭 스케줄까지 맞춰야 하는 상황이었지요. 경쟁사 분석이나 하고 있을 시간이 없었어요. 지금 와서 돌아보면 신의 한 수였습니다. 참고로 화장품이나 영어라는 주제는 레드오션 중의 레드오션인 업계입니다. 그런데 겁도 없이 남이 어떻게 하는지도 모르고 알 생각도 하지 않고, 제가 생각한 대로 쓴 겁니다.

업계도 놀랄 만한 글을 써야 합니다. 그런 글은 경쟁사의 글이 아닌 자기 안에서 나옵니다. 더 정확히는 자신의 내장에서 나옵니다. 어떻게 해야 치열한 경쟁사 분석 끝에 업계가 놀라는 글을 쓸 수 있는 건지 저는 모릅니다.


## ↳ 모방하겠다는 솔직함

경쟁사 분석을 했던 두 번째 이유는 잘된 경우를 보면서 남이 이미 찾아둔 잘 먹히는 키워드나 이미지를 살짝 훔쳐 오려고 하는 심보도 있습니다. 내가 처음부터 그 아이디어를 고안하고 테스트하는 노력과 시간을 어느 정도 줄여줄 수 있으니까요. 조금만 훔쳐서 나만의 것과 통합하면 누구도 눈치채지 못할 겁니다. 모방은 창조의 어머니니까요. 스티브 잡스도 좋은 아티스트는 훔치고, 위대한 아티스트는 복제한다고 했지요. 경쟁사 분석을 하는 이유를 가만히 들여다보면 이 모방의 욕구가 있습니다.

하지만 경쟁사 분석을 하는 순간, 그리고 모방을 시작하는 순간 경쟁사가 만든 틀에 들어가기 쉽습니다. 경쟁사가 A라고 말했으니 나는 A-1로 개선해 말하겠다, 경쟁사가 B를 못했으니 나는 B를 강조하겠다, 이런 식으로요. 그런데 내가 애초에 제품을 만들 때 경쟁사를 보면서 만들었나요? 더 정확히는 그 경쟁사를 이기기 위해 만들었나요? 많은 경우, 아닐 겁니다. 제품을 만들 때는 본인의 고유한 생각을 가지고 만들었을 거예요. 그러곤 판매할 때가 되어서야 남의 문장을 보고, 그 문장에 갇혀 내 제품을 그 틀 안에 구겨 넣곤 합니다. 그럼 제품의 본질과 제품의 판매가 동기화가 안 됩니다. 이 불안정한 동기화를 고객이 눈치채지 못할 리 없습니다.

경쟁사를 분석하는 두 가지 이유에는 공통점이 있습니다. 바로, 불안입니다. 이 불안은 내게 고유한 기준이 없을 때 더 커집니다. 과거에 작은 케이크 가게에서 잘 나가던 케이크를 대기업 사람들이 우루루 와서 먹어보고는 그대로 카피해 문제가 된 적이 있습니다. 대기업이면 더 많은 리소스를 가지고 있을텐데, 굳이 왜 그런 일을 했을까? 싶지만 저는 여기서도 불안을 봅니다. 대기업의 구조상 김

사원은 박 주임의 눈치를, 박 주임은 그의 상사 이 대리 눈치를, 이 대리는 그의 상사 문 과장 눈치를 보기 쉽습니다. 직급이 올라갈수록 실패에 대한 위험 부담이 커집니다. 안전한 것을 찾게 되지요. 남이 이미 잘해서 반응을 본 것을 조금만 변형해서 쓰는 것만큼 안전한 옵션이 있을까요?

저도 가끔 제가 쓴 상세 페이지의 문장을 거의 토씨 하나 틀리지 않게 그대로 썼다는 제보를 받곤 했습니다. 그 페이지를 보면 문장뿐만 아니라 구조를 아예 갖다 썼어요. 저는 별 신경 안 썼습니다. 어차피 잘 안 될 거거든요. 본인의 고유한 생각 없이 판매 글을 쓰고 거기에 돈을 들여 마케팅을 하는 것이, 더 나아가서는 본인의 인생을 걸고 사업을 한다는 것이 아슬아슬해 보이기까지 합니다.

## ↳ 경쟁사 분석을 하는 정당한 이유

아, 저는 지금 판매를 목적으로 하는 글쓰기에 대해서 말하고 있으니, 경쟁사 분석 자체가 기획과 자료 조사를 포함한 모든 분야에서 필요 없다고 말하는 건 아님을 알아주세요. 다른 분야는 제가 무지합니다.

트렌드를 읽기 위해 경쟁사 분석을 군이 할 거라면요. 아예 관계가 없어 보이는 다른 업계에서 잘하고 있는 플레이어를 보는 것도 방법입니다. 예를 들어 내가 건강기능식품을 판다면 요즘 신발이나 의자를 잘 파는 브랜드의 글을 보는 겁니다. '아, 요즘은 의자가 비정형이고 색상이 강렬한 점을 강조하는 게 잘 팔리는구나. 이를 글로는 어떻게 표현했지?' 이런 시각에서 보는 겁니다. 내가 건강기능식품을 판다고 해서 다른 건강기능식품 브랜드를 보면 또 그 안에 갇히고 말 거예요. 그 틀을 다시 깰 수도 없고 안 본 눈을 살 순 없습니다. 다른 업계가 하고 있는 행보를 보는 것만으로 내 글쓰기에 필요한 트렌드 정보는 충분히 얻을 수 있습니다.

글쓰기에서 경쟁사 분석을 아예 배제하려는 건 아닙니다. 시기적으로 정당히 필요할 때도 있거든요. 저는 보통 쓰기 전에는 경쟁사 분석을 안 하고요. 오히려 다 쓰고 분석을 합니다. 그럼 경쟁사에서 동일하게 언급하는 포인트도 있을 거고, 놀랍게도 전혀 언급이 안 되는 포인트도 있을 겁니다. 저는 업계에서 공통적으로 언급하는 포인트의 분량을 줄이고, 전혀 언급되지 않은 포인트의 분량을 높이는 작업을 이어서 합니다.

예를 들어 업계 전반적으로 우리 화장품은 민감성도 쓸 수 있을 정도로 착하다고 떠들고, 무자극 판정을 받았으며, 순한 화장품임을 강조한다고 하면요. 화장품이 얼마나 순한지는 아예 언급하지 않고요. 오히려 민감성은 못 쓴다고 하는 겁니다. 민감성을 위한 화장품이 아니라 우린 아무거나 막 발라도 되는 막피부, 보통 피부를 위한 화장품이라는 식으로요. 대신 민감성 화장품에서는 함유할 수 없는 강력한 성분을 넣었음을 강조할 수도 있겠죠.

영어 전자책에서도 비슷한 작업을 했습니다. 다른 영어 교재는 다들 한 달 만에, 또는 일주일 만에 입이 뚫린다느니 하는데요. 뚫리긴 뭐가 뚫려요. 저는 오히려 반대로 말했습니다. 아래 예문처럼요.

---

"저는 이 교재를 보고 며칠 만에 입이 뚫린다고 보장하지 않습니다."

그렇게 쉽게 뚫릴 거였다면 대한민국 모든 국민이 다 영어를 잘했겠죠. 제가 확실하게 보장할 수 있는 건 이제 더 이상 '영어를 어떻게하면 더 잘 할 수 있지?'라는 고민에 시간을 쓰지 않을 거란 겁니다. 이에 대한 대답은 이 교재에서 찾을 수 있습니다. 이 비밀을 안 순간부터 당신은 영어 공부를 하는 방향성에 확신을 가질 수 있습니다. 그 방향성에 선 이후 당신이 해야 할 일은, 영어를 삶에서 놓지 않는 겁니다.

"저는 당신이 이 비밀을 하루 빨리 알고서 정확한 방향성을 가지고 영어를 삶에 녹이셨으면 좋겠습니다."

---

제가 신도 아닌데 며칠 만에 입이 뚫리는 데 초점을 둘 일이 아닙니다. 제 영어 전자책을 사는 사람들은 "아이비리그 출신은 어떻게 영어 공부를 했을까?"가 궁금한 거거든요. 토종 한국인이 영어를 잘하게 된 시장과 저는 애초에 경쟁할 수가 없어요. 국내 토박이에

게 영어를 가르치는 입장에서는 제가 유학생이라는 것이 약점일 수 있지만요. 반대로 저만 가진 강점일 수도 있거든요. 유학생이 아닌 다른 경쟁자들과 겹치지 않는 영역, 이 부분을 더 강조해야 해요.

내 강점이 무엇인지 알아보는 테스트가 한때 유행했습니다. 순서대로 34개의 강점을 알려주는데요. 이때 상위 5위, 많게는 10위에 위치한 강점만 눈여겨보고 강화하라고 합니다. 누군가는 34위는 약점이니까 이를 보완해야겠다고 말합니다. 하지만 강점 테스트는 이와 반대로 말합니다. 약점은 거들떠도 보지 말고, 강점을 보라는 겁니다.

글쓰기도 마찬가지입니다. 남들도 다 얘기하는 건 약점에 가깝습니다. 남들 다 얘기하는 걸 나도 똑같이 얘기하면 내 힘이 약해질 수밖에 없습니다. 오히려 그 이야기를 처음 시작한 사람이 더 잘될 수 있게 나도 같이 떠들어주는 꼴입니다. 하지만 내가 처음 시작한, 아무도 관심 갖지 않았지만 내가 강력히 믿는 것에 대해서 문장으로 만들면요. 이에 동의하는 고객은 크게 동요합니다. "어머, 나같이 생각하는 사람이 있었어! 드디어 찾았어!" 하고요.

# [C] 수익 자동화 시스템을 현실화하는 법

내가 자고 일어나는 사이 통장에 돈이 자동으로 쌓인다는 약속은 달콤합니다. 수익 자동화 시스템이 현실화된다면 나는 무엇을 하며 대부분의 시간을 보낼까요? 저도 전자책을 판매하고 스마트스토어를 운영하면서, 자고 일어나니 통장에 돈이 자동으로 쌓여 있는 경험을 해본 적이 있습니다. 그래서 광고에서 수익 자동화 시스템에 대해 떠들면 무슨 맥락의 이야기를 말하고 싶어 하는지는 이해할 수 있습니다. 하지만 이 수익 자동화 시스템에 대한 실상은 어쩌면 기대하신 것처럼 대단한 게 아닐지도 모릅니다.

특히 전자책에서 수익 자동화 시스템 개념이 나란히 언급되는 경우가 왕왕 있습니다. 전자책을 쓰면 일을 안 해도 통장에 돈이 쌓일 거라는 판타지를 그려주지요. 통장 내역까지 인증하면서요. 이번에는 이 시스템의 실상에 대해 적나라하게 짚어보고자 합니다. 마케터의 관점에서요.

결론부터 얘기하자면요. 내가 아무것도 안 하는데 돈이 자동으로 벌리는 시스템의 절대적인 한계는 바로 기간입니다. 그 자동화 시스템이 일주일도 갈 수 있고 길게는 몇 달, 어쩌면 1년까지도 갈 수 있지만요. 이 시스템이 영원히 정상적으로 돌아간다는 말은 사기에 가깝습니다.

〈벚꽃 엔딩〉과 같은 노래를 만들어서 저작권료를 받거나 내가 만든 책이 스테디셀러로 꾸준히 팔리게 된다면 또 모르지요. 하지만 보통의 경우 내가 아무것도 안 했는데 수익이 자동화되는 기간이 짧습니다.


## ⤷ 어떤 영역에서의 자동화인가

우선 어떤 영역에서 이루어지는 자동화인지 정의할 필요가 있습니다. 마케터의 시선으로 노출을 먼저 살펴봅시다. 노출을 자동화하는 것은 유료 광고를 자동화한다는 것입니다. 이건 어느 정도 가능합니다. 광고 소재를 여러 개 만들어놓고, 광고를 예약해 두면 알아서 광고가 뿌려지면서 자동화됩니다.

하지만, 똑같은 광고 소재를 대체 몇 개월 동안 돌릴 수 있을까요? 설정해 둔 광고를 봤던 사람에게 똑같은 광고를 계속 보여줄 순 없습니다. 광고 효율도 자주 들여다보면서 최적화도 시켜야 하고요. 거대한 마케팅 트렌드에 대해서 공부도 게을리하지 않아야 합니다.

저도 온갖 브랜드를 다 카톡 친구로 추가해 두고, 제 눈을 사로잡는 첫 문장을 모아두며, 엇비슷한 카피를 날리곤 했습니다. 이번 기회에 일터에서 썼던 글도 되돌아봤습니다. 체하기 일보 직전이었습니다. 이번 세일이 진짜 진짜 마지막이고, 다시는 이 기회가 없을 거라는 공수표 범벅인 문장을 봅니다. "딱 오늘까지만 최대 30퍼센트 할인" "쉿, 고객님께만 드리는 비밀 쿠폰" "딱 1시간만! 최대 67퍼센트 특가"처럼 홀로 소리치는 문장 말입니다.

매달 달성해야 하는 매출 목표가 있다면, 이를 달성할 즉각적이고 확실한 방법이 뭘까요? 말해 뭐할까요, 당연히 할인 이벤트입니다. 그래서 신제품 기획 시점부터 정가와는 별개로 할인가를 설정한다고 언급했습니다. 고객은 정가 6만 원을 보고 반값 할인 중인 3만 원 제품을 구매하지만, 사실 판매자는 3만 원짜리 제품을 3만 원에 파는 것입니다. 미리 계산해 두는 마진율도 정가가 아닌 할인가를 기준으로 설정합니다.

정가로 팔 마음이 애초부터 없는 것입니다. 직업적 고질병이 아직 낫질 않아 저는 할인가가 곧 정가라 생각합니다. 이벤트 종료 시간까지 카운트다운을 하는 시계도, 100개 남았다는 재고 수량도 별 의미 없음을 압니다. 할인이 먹혀 있지 않은 브랜드를 보면 대단하다는 생각까지 듭니다. 배짱 없이는 정가에 못 파는 시국이 되었습니다. 샤넬은 할인을 하지 않는다는 뻔한 스토리를 풀고자 함도 아니고, 할인 이벤트가 없어졌으면 좋겠다는 망상도 아닙니다.

전과 후가 뚜렷한 영상만 띄워도 터지던 시대도 가고, 최적화니 뭐니 했던 시대도 갔습니다. 제 시선에서는 그렇습니다. 피로함만 남았지요. 그런데도 팔아야 한다면 이번에는 은근히 접근해 보고 싶습니다. 제품의 질은 다 고만고만해졌습니다. 상향평준화된 시장에서 우리는 더 이상 기능에 열광하지 않습니다. 챗GPT 같은 혁명은 예외지만요.

저는 혁명 없는 서비스와 제품을 팔아왔고요. 앞으로도 다르지 않을 것 같습니다. 하지만 은근한 속도로 스미게 파는 방법도 혁명의 축에 낄 수 있을까요? 글쓰기와 같은 무형의 노동이 유형의 화폐로 경이롭게 교환될 수 있을까요? 할인은 없고요. 시간이 지날수록 가격이 오르기만 하는, 다 좋은데 비싼 게 흠인 글쓰기. 애플과 같은 글쓰기가 가능한지도 고민해 봐야 합니다.

## ⌐→ 노출 이후는 다른가?

이어서 노출 이후의 단계를 살펴봅시다. 어느 정도 반자동화해 둔 광고로 고객을 유입시키면요. 그들이 구매까지 갈 수 있도록 제품 소개 페이지가 설득력 있게 꾸며져 있다는 가정하에 어느 정도 구매 전환의 자동화를 만들 수도 있습니다. 하지만 여기서도 기간의 한계가 있습니다.

애플이 아이폰을 출시한 후 아무런 신제품 출시나 기존 제품의 업데이트 없이 계속 똑같은 아이폰만 판매했다고 생각해 보세요. 언제까지 애플이 애플일까요?

오프라인으로 치면 무인 편의점과 일반 편의점의 차이라고 보면 됩니다. 무인 편의점의 경우 사람이 편의점에 매일 출근해서 상주하지 않아도 되므로 일반 편의점 대비 수익이 자동화되는 시스템이라 생각할 수도 있겠지요. 수익 자동화 시스템에 대한 기대가 딱 이 정도 수준이라면 적당합니다.

하지만 사람이 상주하지 않는다는 점만 다를 뿐이지, 편의점 운영에 필요한 나머지 일은 계속됩니다. 먼저 무인으로 운영할 수 있을 정도로 유동 인구가 많은 상권을 찾고 그 자리를 유지하기 위한 수고가 있습니다. 잘나가는 제품과 판매가 부진한 제품을 살펴보며 재고 관리도 해야 하고, 우리 편의점이 다른 근처 편의점에 비해 어떤 강점이 있는지 주변 현황을 늘 살펴야 합니다.

전자책도 마찬가지입니다. 내 책이 잘되면 비슷한 다른 책이 나올 것이고, 그에 발맞춰 내 책 또한 지속적으로 업데이트해야 합니다. 기존 책을 발판으로 다른 책도 써서 신작을 만들어야 재구매를 끌어낼 수 있습니다. 기존 책을 샀는데 책을 다 봤다고 또 사는 경우는 선물이 아닌 이상 잘 없으니까요. 책을 쓰는 사람 기준에서 최고의 마케팅은 또 다른 책을 쓰는 것입니다. 연기를 하는 사람 기준에서 최고의 마케팅은 또 다른 작품을 찍는 것입니다.

제품도 마찬가지입니다. 스마트스토어를 처음 준비하며 제품 올리는 것에 수고가 많이 들었지, 이제 스마트스토어에 크게 시간을 쏟지 않아도 주문이 들어오고요. 단골이 생겨서 저희 스토어를 검색해서 들어오는 재구매도 생깁니다. 이 시점에서는 수익이 자동화됐다며 떠들 수 있을 것 같아요. 하지만 손을 놓은 시간이 지나면 매출이 하향곡선을 그립니다. 다시 시간을 좀 들이면 신기하게도 매출이 제자리를 찾습니다.

## └→ 수익 자동화 시스템의 현실화

수익 자동화 시스템에 대한 환상과 현실의 갭이 선명하게 그려지셨으면 합니다. 어느 정도 수준까지 자동화가 되는 영역이 있지만, 결국 글쓰기도 전자책도 사업이기 때문에 지속적인 투자가 없으면 계속되기 어렵습니다.

그렇다면 현실적으로 우리는 어떤 영역에서 어느 정도까지 수익 자동화 시스템을 적용해 볼 수 있을까요? 예를 들어 제가 전자책을 썼고 이를 판매한다면요. 노출 영역에서는 제가 직접 블로그 작업을 하고 여러 플랫폼의 기획전에 신청해 무료로 광고를 하니, 돈을 써서 광고를 돌리겠습니다. 그러면 노출 영역은 어느 정도, 일정 기간 자동화되겠지요. 이때 광고 소재를 만들고, 이 소재의 효율을 체크하고, 다시 새로운 소재를 만드는 부분까지 자동화를 기대하지는 않습니다.

추후에 전자책을 바탕으로 강의를 했다면요. 강의한 현장을 촬영해서 영상 강의로 만들 수 있겠지요. 그렇다면 제가 똑같은 강의를 여러 번 반복하지 않더라도 한 번 촬영해 둔 영상을 보내는 것만으로 강의 수익을 낼 수 있습니다. 하지만 이 강의도 일정 기간 팔리고 나면 트렌드도 바뀌고 비슷한 강의가 생겼을 확률이 높기 때문에요. 트렌드를 반영한 다른 강의를 새로 만들어야 합니다.

즉, 저희가 집중해야 하는 것은 자동화 시스템 그 자체가 아니라 ABCD 구조입니다. "ABCD 구조 얘기 또 안 하나? 할 때가 됐는데?" 하셨죠? 자동화할 수 있는 노출 부분은 비용을 써서라도 자동화합시다. 반복되는 일은 한 번의 노동으로 줄이는 효율성을 높입시다. 그런 건 다 좋습니다. 하지만 ABCD 구조 없는 자동화는 팥 없는 붕어빵입니다.

# [D] 고객 행동을 유도하는 부드러운 개입 전략

우리가 어느 매장에서 옷을 쇼핑하고 있는데, 판매자가 계속 따라다니면서 제품을 설명하면 약간 부담스럽지요. 그런데 또 판매자가 신경도 안 쓰는 자세를 취하면 그것도 신이 안 납니다. 어느 정도가 적당한 선일까요?

적당한 선이라는 게 참 어렵습니다. 고객 행동을 유도해야 하면서도 그것이 너무 부담스럽지 않게, 소위 말해 부드럽게 개입하는 방법이 있을까요? 오프라인 대비 온라인의 경우 고객이 판매자를 직접적으로 대면하지 않으니까, 어쩌면 조금 더 쉬운 난이도라고 생각해도 될까요? 단, 판매자가 이 적당한 선에 대해서 생각해 보는 시간이 꼭 필요합니다.

이제 내 브랜드 만들기의 마지막 단계입니다. 이번에도 운영자의 시선에서 바라봅시다. 운영자의 시선에서 고객의 문제를 해결했음에도 불구하고 구매 전환이 안 될 때의 케이스를 가정해 볼 거고요. 이 경우에 어떤 조치를 취하고, 또 이 과정에서 어떻게 해야 적당한 선을 지킬 수 있는지 생각해 봅시다.

## ↳ 고객이 구매 직전까지 갔다가 안 살 때

제품이 팔리지 않는다면 뭐가 문제일까요? 다음의 지극히 평범하게 보이는 대화에서 이상한 점을 발견할 수 있는지 테스트해 봅시다.

> 나: 안녕하세요. 네이버 블로그 보고 연락드려요. 요가 체험 수업 가능한지 문의드립니다.
> 요가원: 네, 요가 체험 비용은 35,000원이고요. XXX으로 입금 후 원하시는 체험 날짜 알려주시면 감사하겠습니다.

사실 414쪽의 대화에서 이상한 점은 없어 보입니다. 저는 체험 수업을 할 수 있는지 물어봤고, 요가원은 체험이 가능하니까 금액과 결제 방법을 알려줬습니다. 체험을 원하는 날짜까지 아주 친절히 물어봐 주셨지요. 아주 상식적인 대화라고도 볼 수 있습니다.

하지만 저는 이 대답을 듣고 "아, 내가 왜 물어봤지?"라고 스스로에게 다시 질문하게 됐습니다. 결제는 안 했습니다. 판매자는 본인의 제품을 알리는 광고를 했고, 저는 그 광고에 설득되어 제품을 설명하는 블로그까지 갔고, 거기서도 설득되어 문자 문의까지 넣었는데요. 분명 그랬는데, 왜 결제를 안 하고 일상으로 돌아왔을까요?

온라인 판매자 입장에서는 쉽게 고칠 수 있는 글쓰기 따위가 구매자 입장에서는 구매를 막는 장애물이 되는 상황입니다. 다시 한번 강조하지만, 장애물을 고민할 때는 우선 고객의 핵심 문제를 풀어주는 것이 선행되어야 합니다. 고객의 핵심 문제를 정확히 풀어줬는데도 구매가 저조하다면 계속 읽어도 좋습니다.

본론으로 들어가 봅시다. 고객이 구매 직전까지 갔다가 그만 두게 되는 이유에는 두 가지 어처구니없는 경우가 있습니다.

## ↳ ① 명시하지 않은 것만으로 걸러질 때

첫 번째는 정보를 가시성 있게 명시하지 않은 경우입니다. 예로 저는 요가원을 정할 때 선생님 경력, 주차 편의성 이렇게 두 가지 기준을 보는데요. 요가원 설명에 선생님 이력이 없거나 주차 안내가 없으면 일단 거릅니다. 실제로 방문해 보면, 30년 차 경력의 선생님이 3시간 무료인 자동 주차장이 있는 요가원을 운영하고 있을 수도 있거든요. 하지만 단순히 온라인상 명시하지 않았거나, 가시성 있게 명시하지 않은 것만으로 걸러진 것입니다.

개입이라고 하면 무언가가 이미 진행되고 있는데 내가 중간에 끼어드는 듯한 인상을 줍니다. 하지만 개입을 반드시 시기적인 한계를 가지고 바라볼 필요는 없습니다. 구매자가 구매를 할 수 있도록 미리 개입을 해놓든, 중간에 개입을 하든, 마지막에 한 차례 더 개입을 하든 모두 개입의 범주에 듭니다.

정보를 명시하는 것은 고객의 구매 여정에 미리 개입하는 것에 가깝습니다. 고객이 구매를 결정할 때 할 만한 고민을 미리 짐작할 수도 있고, 구매를 결정한 사람에게 직간접적으로 물어보고 사후에 추가할 수도 있습니다. 후기를 살펴보면서 고객이 어느 부분에서 구매를 결정했고 어느 부분에서 아쉬워 했는지를 알 수 있고요. 고객과 유대 관계를 쌓는 이벤트를 진행하면서 직접 여쭤보는 방법도 있습니다.

예를 들어 저는 전자책을 판매할 때 구매자라면 누구나 참여할 수 있는 이벤트를 기획했었는데요. 구매자에게 덤으로 줄 무형 상품을 여러 가지 미리 제작해 두고요. 구매자 입장에서는 원하는 무형 상품의 숫자 하나만 댓글에 남기면 되는 숫자 이벤트를 진행했습니다. 무형 상품의 예를 들자면, 본 제품이 강의를 마케팅하는 방법론에 대한 전자책이라면 고객이 수정해서 쓸 수 있는 강의 수료증 디자인 템플릿 파일이 될 수 있습니다. 본 제품이 영어를 공부할 수 있는 전자책이라고 한다면, 유튜브 영어 채널 추천 리스트가 될 수도 있겠죠.

고객 입장에서는 댓글 하나 남기기가 그렇게 큰 수고가 아닌데요. 저는 이런 류의 무형 상품을 여러 개 제작함으로써 어떤 무형 상품이 잘나가는지 직접적으로 파악할 수도 있고요. 이를 바탕으로 또 다른 전자책을 만들 수도 있습니다. 또한 이 이벤트를 통해서 고객과 소통할 수 있는 추가 경로를 만들어두면 그 경로를 통해서 고객의 목소리를 직접 들을 수도 있지요.

덤으로 뭐라도 얹어주면서 사업에 대한 고민을 솔직하게 털어놓으면 고객도 팀이 되어 함께 고민해 줍니다. 이 루틴을 아예 자동화 시켜버릴 수도 있는데요. 예를 들어 강의 중개의 경우, 첫 수업 후에 공지를 돌리는 템플릿을 만들어두는 겁니다.

고객 입장에서는 강의가 만족스러웠는지, 불편한 점은 없었는지에 대한 설문조사를 첫 수업 이후에 받으면 강의 또한 전문적으로 보이고, 고객으로서도 잘 관리받는다는 느낌이 들겠죠? 실제로 이런 '익명' 설문조사를 받아봐야 강의를 개선하는 데 도움이 됩니다. 여기서 그냥 맨입으로 수강생에게 설문조사 해달라고 하지 않고, 수강생이 설문조사를 하면 어떤 이점이 있고(피드백 주신 내용을 바탕으로 더 나은 수업으로 준비하겠다) 몇 분밖에 안 걸린다는 넛지를 주는 것이 중요합니다. 아래 예시를 참고해 보세요.

**3분 뒷담화가 도착했습니다!**

더욱 만족스러운 2주 차 강의를 위해 3분만 내어주세요! 우리 4번밖에 안 보니까. 한 주, 한 주 알찬 수업이 될 수 있도록 간단한 설문을 받고 있습니다. 직접 피드백을 말씀하는 것이 불편하신 분들을 위해서 '익명'으로 의견을 받고 있습니다.

[3분 뒷담화 하기] https://docs.google.com/forms/링크

피드백 주신 내용 적극 반영하여 2주 차는 1주 차보다 더 나은 강의로 준비하겠습니다.

[강의 자료 1주 차 복습] http://bit.ly/링크
[강의 자료 2주 차 예습] http://bit.ly/링크

## ↳ ② 물어본 질문에 대한 대답만 하기

구매 직전까지 갔다가 멈추는 이유 중 어처구니없는 두 번째 경우로 돌아오겠습니다. 두 번째 경우는 물어본 질문에 물어본 대답만 했을 때입니다. 고객의 문의에 대한 답변이 기계처럼 형식적이진 않은지 확인해 볼 필요가 있습니다. 챗GPT가 글도 대신 써주는 세상이 됐지만, 결국 사람이 사람으로부터 제품을 산다는 본질은 변하지 않습니다.

따라서, 고객 상담은 제품 판매의 꽃입니다. 예로 저는 300여 명이 사용하는 영어 공부 단체 카톡방을 운영하는데, 고객인 크루들이 제가 캡틴인 영어 크루즈를 탄 설정입니다. 여기서는 크루들이 매일 영어 공부를 한 내용을 텍스트, 사진, 또는 음성으로 인증합니다. 크루즈 입장권 구매 문의에 가격과 결제 방법에 대해서만 답변하면 50 퍼센트는 사고, 50퍼센트는 소위 '읽씹'을 했는데요. 420쪽과 같은 글을 전달하고 나서는 지금까지 안 산 사람이 0명입니다. 이건 힘입니다. 바로, 글쓰기의 힘이죠. 부드럽게 개입하는 목적의 글을 쓰면요. 부드러운 결과가 아닌 강력한 결과가 나올 수 있습니다.

크루즈 입장권을 문의해 주셔서 감사합니다. 우선 XX님의 탁월한 안목을 언급하고 싶어요. 영어 공부는 배우는 도구인 콘텐츠의 질도 중요하지만 "꾸준히 할 수 있는 힘"이 항상 선행되어야 하거든요.

이 크루즈에 탑승하신 300여 명의 공통된 후기는, 같은 콘텐츠로 매일 공부하는 크루들을 보면서 본인 또한 '꾸준력'을 놓지 않을 수 있다는 것이었어요. 종종 이 꾸준력을 향상할 수 있는 깜짝 이벤트도 크루즈 안에서 진행되니 기대하셔도 좋아요!

아래 계좌로 X만 원 입금 후 알려주시면, 영업일 기준 48시간 이내 크루즈 입장권을 전달드립니다.

- 주의 1. 입장권은 입장권 전달일로부터 1년간 유효합니다.
- 주의 2. 입장권은 플랫폼 입점 이후 O만 원으로 가격 인상을 앞두고 있으며, 입점 시점은 23년 8월 이내로 예상됩니다.

여기서 고객을 인정해 주는 "탁월한 안목"을 언급하는 것은 둘째치고요. 왜 그 고객이 이 입장권을 사려고 했는지를 제가 다시 한번 말해주는 대목이 있습니다. 바로 이 부분입니다.

이 크루즈에 탑승하신 300여 명의 공통된 후기는, 같은 콘텐츠로 매일 공부하는 크루들을 보면서 본인 또한 '꾸준력'을 놓지 않을 수 있다는 것이었어요.

'아, 내가 이 입장권을 사려고 했던 이유가 바로 꾸준히 공부를 하기 위해서였지'라는 것을 타인으로부터 한 번 더 듣게 해주는 장치인 거지요. 물론 마지막 부분에 가격 인상 공지를 미리 말해준 것도 '지금' 결제를 할 넛지가 되었을 겁니다.

'내가 왜 안 샀지?' 구매 직전까지 갔다가 결제를 멈추게 된다면 그 이유를 들여다보는 습관을 들여봅시다. 판매자 입장에서는 나를 장바구니까지 정성스럽게 인도했을 테니 말입니다. 그 이유를 본인이 판매하는 제품이나 서비스에서 행하고 있는지도 돌아봐야 할 것입니다.

# 5장

## 연봉을 폭발적으로 높이는
## 글쓰기는 따로 있다

# ABCD 구조는
# 직장에서도 팔린다

ABCD 구조를 가지고 오랜 시간 달려왔습니다. ABCD 구조는 야근을 밥 먹듯이 한 제 직장인 인생을 구했을 뿐만 아니라요. 객단 가를 높이는, 판매를 부르는, 그리고 내 브랜드를 만드는 글쓰기에 전방위적으로 적용되었습니다. 이 구조가 직장에서도 팔린다는 것을 지금부터 말씀드리려고 합니다.

업계를 불문하고 직장에서의 글쓰기는 더 주목받고 있습니다. 코로나 시대를 겪으며 글쓰기의 중요성을 더욱 깨달았습니다. 다시 대면 커뮤니케이션이 활성화되었어도 글을 써야 하는 상황과 중요 도는 줄어들지 않았습니다. 그런 이유로 이 책을 선택하고 특별히 연봉 파트를 힘주어 읽고 있는지도 모릅니다.

특히 직장에서 인정받는 직장인이 되려면, 그리고 그 인정이 곧 연봉으로 연결되는 직장인이 되려면요. 글쓰기를 단순히 문법적으로 올바른 문장을 작성하는 것으로만 치부해서는 안 됩니다. 글쓰기를 단지 문장을 구성하는 것 이상의 역할을 하는 중요한 기술로 인지해야 합니다.

물론 상황에 따라 사업 제안서, 마케팅 캠페인, 보고서 등을 작성하는 일이 직업적 성공에 중요하지 않다고 말할 수도 있습니다. 내 일은 글쓰기가 굳이 필요한 영역이 아닌 것 같다는 의심을 품을 수도 있습니다. 그러나 직종을 불문하고 글쓰기 능력이 직장에서 팔리는 두 가지 이유가 있습니다.

## ⤷ 고작 문자 하나로 인정받는 직장인이 되는 법

첫째로, 글쓰기는 명확하고 효과적인 커뮤니케이션 도구입니다. 여기에는 아이디어와 정보 및 감정을 설득력 있는 방식으로 전달하는 기술이 포함됩니다. 본인이 훌륭한 개발자여서 대부분의 시간에 혼자 개발을 할지라도요. 직장에서 혼자 일하는 사람은 없습니다. 타 부서와 일을 협업할 때, 팀 내부에서 일을 분담할 때 우리는 끊임없는 커뮤니케이션을 합니다.

커뮤니케이션이 구두로 이루어지든 채팅으로 이루어지든 커뮤니케이션 끝맺음은 반드시 글로 남기는 사람이 있습니다. 예를 들어 타 업체에서 유선으로 제품 샘플을 보내달라고 합니다. 영업 사원 A는 곧장 샘플을 보냅니다. 영업 사원 B는 곧장 샘플을 보내고 문자 메시지를 하나 남깁니다.

> 안녕하세요. OO업체의 B입니다. 요청하신 컬러 샘플을 금일 아래 주소로 발송했습니다. 운송장 번호는 우체국 택배 OOO-OOO-OOOO입니다.
>
> 주소: 경기도 성남시 분당구 삼평동 XXX
>
> 택배 받으시면 이 번호로 문자 하나 남겨주실 수 있을까요? 감사합니다.

A와 B 모두 일을 신속하고 정확하게 처리합니다. 하지만 일 처리 후에 고작 문자 하나 발송한 B가 장기적으로 훨씬 인정받는 직장인이 됩니다. B는 타 업체에서 인정할 만한 일 처리를 했을 뿐만 아니라 일이 '진행되게' 만들기 때문입니다. 타 업체에서는 샘플을 받았으면 B에게 연락을 할 테고, B는 샘플에 대한 피드백을 받을 수

있습니다. 타 업체가 샘플을 받아보고 만족해 발주까지 한다면 가장 베스트 시나리오지만요. 샘플의 어떤 점이 부족하다면 이를 보완할 만한 궁리를 상사와 하게 될 거고, 고객사에게 다시 한번 설득의 기회를 얻게 될 수도 있습니다. A의 경우 타 업체가 샘플을 좋아하길 기원하며 계약 성사 여부를 운에 맡겨야 할 것입니다.

B가 인정받는 이유는 보낸 문자가 문법적으로 올바른 문장을 작성했기 때문이 아닙니다. 그는 타 업체에서 원하는 바가 뭔지를 한 번 더 생각합니다. 샘플을 받고 싶은 것은 일차적인 욕구고, 그 샘플이 제대로 발송됐는지 그리고 언제 도착하는지 알고 싶은 것은 드러나지 않은 이차적 욕구입니다. B는 이차적 욕구까지 간파해 먼저 커뮤니케이션을 하는 것이지요.

## ↳ 가시적으로 나를 홍보하는 법

직종을 불문하고 글쓰기 능력이 직장에서 팔리는 두 번째 이유는 글쓰기가 기록의 도구이기 때문입니다. 기록은 자신의 전문성과 지식을 시각화하고 홍보하는 훌륭한 방법입니다. 홍보를 할 수 있는 광고 소재가 있는데 이를 가시적으로 보이려면 본인이 한 일을 남겨야 합니다. 예상하셨겠지요. 내가 한 일을 남길 수 있는 효율적인 방법은 기록, 즉 글쓰기입니다. 첫 번째로 언급했던 커뮤니케이션과도 연결됩니다. 일을 처리하는 것까지가 일이 아닙니다. 일을 처리하고, 처리했다는 것을 기록하는 것까지 일이라는 걸 이해한다면 연봉이 제자리걸음을 하기도 힘들 것입니다.

예를 들어 이번 주에 해야 할 일 중 가장 중요한 일이 촬영 업체를 선정하는 일이라고 해봅시다. 사원 A는 10개의 업체를 알아봤지만, 상사에게 보고할 때는 2개의 업체를 추려서 전달합니다. 상사 입장에서 A는 2개의 업체를 알아본 직원이며, 상사가 직접 업체를 선정해야 합니다. 사원 B는 5개의 업체를 알아봤지만, 5개의 업체를 모두 전달하면서 본인의 의견은 Z 업체임을 피력합니다. 상사 입장에서 B는 5개 업체를 알아본 직원이며, 본인이 해야 할 일은 Z 업체와 진행할 것인지 말 것인지를 결정하는 것입니다.

일 자체는 A가 더 많이 했는데, B가 5개의 업체에 대해 기록하고 홍보했기 때문에 B가 더 많이, 일을 더 잘한 것으로 인정받게 되는 시나리오입니다. A와 B가 보고할 때의 글도 차이가 있을 수 있습니다. A는 업체 Z에 대해 아래와 같이 보고합니다.

Z 업체는 단순히 퀄리티 좋은 고급 영상이 아닌, '트렌디'하고 SNS 플랫폼에 적합한 깔끔한 영상 제작이 가능합니다. OOO, XXX, VVV와 작업을 진행했었고요. 가격은 143만 원에서 185만 원 사이입니다. SNS 광고 콘텐츠 전문 업체로 저희가 추구하는 스타일과 포트폴리오가 가장 일치합니다. 다만 가격이 관건이라, 해당 업체와 진행을 컨펌

해 주시면 130만 원으로 조정할 필요가 있습니다. 3월 25일 오후 3시에 미팅 예정입니다.

상사는 한숨을 푹 쉽니다. 언제까지 컨펌해야 하는지, 미팅은 왜 하는지, 가격은 왜 143만 원에서 185만 원까지 차이나는지 질문투성이입니다. 반면 B는 Z 업체에 대해 항목별로 정리해 보고합니다.

[영상 촬영 건]

1. 의견: Z 업체와 영상 촬영을 제안합니다. SNS 광고 콘텐츠 전문 업체로, VVV 클라이언트와 진행한 영상이(포트폴리오 링크 생략) 저희가 추구하는 '5초 내 강력한 후킹' 콘셉트와 가장 일치합니다.

2. **요청: 내일 미팅 오후 3시 전까지 Z 업체와 진행 여부를 컨펌해 주시면 비용을 130만 원(예산 최대)으로 조정해 보겠습니다.**

3. 배경: 내일(3월 25일 목요일) 오후 3시 본사에서 양 사 소개 킥오프 미팅 예정

4. **Z 업체** (링크 생략)

(1) 소개: 단순히 퀄리티 좋은 고급 영상이 아닌, '트렌디'하고 SNS 플랫폼에 적합한 영상 제작

(2) 가격: 1편당 143만 원(1분 기준)에서 185만 원(2분 기준) 사이

(3) 일정: 4월 1일에 제작 시작 시 4월 30일까지 최종본 전달 가능

(4) 클라이언트: OOO, XXX, VVV

상사는 Z 업체와 진행할지의 여부를 결정하기만 하면 됩니다. 필요하다면 내일 킥오프 미팅에 참석할 수도 있습니다. 사실 B가 보고한 내용은 A가 보고한 내용과 거의 동일합니다. 상사가 반드시 해줘야 할 요청 사항을 강조했고, Z 업체에 대한 설명을 구조화해 나눈 것, 그리고 상사가 궁금해할 만한 디테일(미팅 의제, 가격 차이의 이유)을 추가한 것이 전부입니다. 이 예시만 봐도 직장에서도 팔리는 글쓰기는 글을 얼마나 잘 적냐가 문제가 아님을 알 수 있습니다. 얼마나 글을 구조화해서 명확하게 필요한 모든 정보를 전달하느냐가 관건입니다. 이는 커뮤니케이션의 맥락에서도, 그리고 내 일을 기록해 상사에게 홍보하는 맥락에서도 중요합니다.

## ↳ ABCD 구조가 직장에서 왜 필요하다는 건가요?

글쓰기는 이해했습니다. 그런데 여기서 왜 ABCD 구조가 필요하다는 걸까요? ABCD 구조에서 고객에게 한 문장을 또렷하게 말하고, 논리로 세뇌하고, 다각도의 카피로 그와 연결되며, 구매 여정의 끝까지 기쁨을 준 것을 기억하실 겁니다. 직장에서도 그 맥락은 비슷합니다. 고객을 내 연봉을 좌지우지하는 상사 또는 고객사로 바꾸면 됩니다. 내 의견을 상사 또는 고객사에게 한 문장으로 또렷이 말하고 내 논리로 그를 세뇌할 줄도 알아야 합니다. 카피 대신 피드백으로 그와 연결되어야 하며, 일이 잘 안 풀릴 때도 상사나 고객사에게 기쁨을 주는 방법을 고민해야 합니다. 내가 기획자든 마케터든 개발자든 디자이너든 간에요. 기획만 하고 마케팅만 하고 개발만 하고 디자인만 해서는 안 됩니다. 기획자라면 마케팅을 고려한 기획을, 디자이너라면 개발자를 고려한 디자인을 할 줄 알아야 합니다.

ABCD 구조에서 각각 기획자, 크리에이터, 마케터, 그리고 운영자의 정체성을 부여했었는데요. 내 직무와는 무관해 보이는 정체성을 커뮤니케이션과 기록의 관점에서 적용해 보자는 겁니다. 샘플 발송 후 문자를 보내는 것은 D 구조를 생각하면 됩니다. 운영자의 정체성에서 바라본 문자는 내 고객사를 기쁘게 해주는 역할을 해내지요. 상사에게 미팅 전까지 Z 업체와 진행 여부를 알려달라는 요청을 한 문장으로 강조한 것은 A 구조를 생각하면 됩니다. 한 문단으로 길어질 글을 항목마다 나눠 구조화했습니다. 이건 기획자 관점에서 말하고자 하는 바를 더 또렷하게 드러낸 것이지요.

ABCD 구조에 대한 인식을 가지고 쓰면 내가 직장에서 쓰는 글도 팔리는 글이 됩니다. 직장에서 팔리는 글을 쓰면 가장 먼저 연봉 테이블에서 변화가 일어납니다.

# [A] 반드시 먹히는
# 프레젠테이션 글쓰기

 

직장에서의 글쓰기라 하면 흔히 이메일과 보고서, 제안서, 그리고 회의록을 떠올립니다. 좋은 접근입니다. 글쓰기는 글쓰기고, 이메일은 이메일이라고 구분하지 말고요. 내가 쓰는 모든 문장을 글쓰기의 맥락에서 바라보면 쓰는 능력도 향상합니다. 내가 업무적으로 쓰는 문자 하나도 글쓰기입니다. 이때 ABCD 구조를 생각하면 더 확실히 성장할 수 있습니다. 기준이 있기 때문입니다. 내가 잘하고 있는 건지 못하고 있는 건지에 대한 기준 없이 열심히 하는 것만큼 우매한 것이 없습니다. 잘했으면 왜 잘했고, 못했으면 왜 못했는지 스스로 말할 수 있는 환경에서는 열심히 하는 것보다 조금씩 꾸준히, 끝까지 하는 것이 중요합니다.

이번에는 "이것도 글쓰기라고?"라고 질문할 법한 프레젠테이션에 대해서 얘기해 보려고 합니다. 대부분이 프레젠테이션은 글쓰기라고 생각하지 않습니다. 글쓰기에 대해 생각할 때 정신적 이미지에는 펜, 종이 또는 키보드가 포함됩니다. 그러나 이러한 전통적인 관점은 기술과 커뮤니케이션의 현대적 융합을 간과하고 있는지도 모릅니다. 잘 관찰해 보면요. 각 PPT 슬라이드에는 주요 메시지와 아이디어를 전달하는 데 도움이 되는 제목, 글머리 기호, 캡션 등 신중하게 놓인 텍스트가 존재합니다. 이러한 텍스트 요소를 구성하는 행위는 메시지와 논리, 수사, 그리고 형식에 대한 세심한 고려를 요구하므로 글쓰기의 본질을 반영합니다.


## ↳ 프레젠테이션을 글쓰기라 하는 이유

이에 저는 프레젠테이션을 왜 글쓰기의 맥락에서 바라보아야 하는지 네 가지 이유를 들어 주장하고자 합니다.

첫째, 프레젠테이션에는 메시지가 있습니다. A 구조에서 우리가 기억해야 할 것은 메시지 한 개를 또렷이 말하는 것입니다. 제품을 팔려고 하면 제품을 한 메시지로 정의할 수 있어야 하고, 나라는 브랜드를 팔려면 나를 한 메시지로 정의할 수 있어야 합니다. 직장에서 내 아이디어를 팔 때도 마찬가지입니다. 내 아이디어를 100장짜리 PPT로 화려하게 만드는 것이 중요한 게 아닙니다. 결국 내 의견이 팔리냐 마느냐가 중요합니다. 그런 의미에서 PPT는 도구에 불과합니다. 글쓰기의 본질이 메시지였듯, 프레젠테이션의 본질도 단 하나의 메시지입니다.

둘째, 프레젠테이션은 논리가 중요합니다. 프레젠테이션에서 주장을 뒷받침하는 구성은 글쓰기 과정과 매우 유사합니다. 효과적인 프레젠테이션을 위해서는 서론, 본론, 결론이 포함된 명확한 구조가 필요합니다. 이는 에세이나 보고서와 유사합니다. 에세이를 쓰는 작가처럼, 발표자는 생각을 논리적으로 정리하여 일관된 정보 흐름을 유지해야 청중을 사로잡습니다. 이렇게 세심한 콘텐츠 배열은 명확성과 임팩트를 위해 문장와 단락을 구성하는 작가의 작업을 반영합니다.

셋째, 프레젠테이션에는 수사가 빠질 수 없습니다. 프레젠테이션의 또 다른 필수 요소인 시각적 요소는 비언어적 글쓰기의 한 형태입니다. 인포그래픽, 차트, 이미지가 전략적으로 통합되어 이해력과 기억력을 향상시키는 것입니다. 일러스트레이션이나 다이어그램과 같은 시각적 도구는 의사소통을 강화하고 복잡한 아이디어에 보다 쉽게 접근하도록 해줍니다. 이러한 시각적 요소를 의도적으로 선택하고 디자인하는 것은 글쓰기에 있어 수사와 유사합니다.

넷째, 프레젠테이션은 형식을 갖춰야 합니다. 글쓰기에서도 독자를 고려한 적절한 톤과 문체를 선택하는 것이 중요하듯 프레젠테이션에서도 청중의 배경과 요구에 맞는 방식으로 정보를 전달해야 합니다. 공식적인 상황에서는 전문적인 어투와 정교한 시각 자료를 사용할 수 있습니다. 반면 덜 공식적인 상황에서는 일상적인 언어와 직관적인 그래픽을 사용하여 접근성을 높일 수 있습니다. 또한 작가가 단어 수 제한이나 형식 지정 지침을 준수하는 것처럼, 발표자는 프레젠테이션에 할당된 시간과 청중이나 주최자가 정한 특정 규칙 또는 기대치를 존중해야 합니다.

마지막으로 글쓰기처럼 프레젠테이션도 수정과 재작업 과정을 거칩니다. 발표 전에 여러 번 연습하고 개선하는 것은 글의 초안을 다듬고 수정하는 과정과 같습니다. 결론적으로 메시지의 명확성, 논리 구조의 중요성, 수사의 활용 그리고 적절한 형식 선택 등 모든 요소가 프레젠테이션이 본질적으로 '글쓰기'라는 넓은 맥락 속에 위치함을 보여줍니다.

## ↳ 프레젠테이션에서의 메시지를 만드는 방법

위 구조에서 ABCD 구조를 발견하셨을 것입니다. 그중 글쓰기의 본질이자 꽃인 메시지를 만드는 A 구조에 대해 집중해 보고자 합니다. 그 글쓰기가 프레젠테이션인 경우에서 말입니다. 예를 들어 제가 회사 내 팀원들을 상대로 프레젠테이션은 곧 글쓰기라는 주제로 발표해야 한다고 가정합시다. 그렇다면 제 메시지는 "프레젠테이션은 곧 글쓰기다"일까요? 회사 밖에서 글을 쓴다면 그것이 하나의 메시지가 될 수 있습니다. 하지만 프레젠테이션은 다릅니다. 프레젠테이션은, 특히 회사 내에서 진행되는 프레젠테이션은 대부분 목적이 있습니다.

"프레젠테이션이 곧 글쓰기니, 글쓰기 강의를 지원해 달라"는 메시지가 될 수도 있겠습니다. 뭔가 해달라, 해보자는 목적성을 갖추어야 직장 내 프레젠테이션의 메시지가 됩니다. 대부분 이것을 간과합니다. 프레젠테이션에서 메시지가 하나 있어야 하는 것은 알고 있는데, 목적이 담긴 메시지를 설정해야 하는 것은 모릅니다.

회사는 기본적으로 이윤을 창출하는 곳입니다. 회사 면접에서 "제가 부족하니 많이 배우겠다. 배우는 자세로 임하겠다"와 같이 대답하는 건 회사의 본질을 이해하지 못한 겁니다. 내가 회사에 어떤 식으로 기여하겠다고 주장해도요. 회사는 이 고용이 즉각적인 이윤을 가지고 오기는커녕 방해가 될 수 있는 리스크를 안고서 고용을 감행해야만 합니다. 이 회사에서 프레젠테이션을 할 시간을 줬다면, 그 프레젠테이션 시간은 대학생 때 내가 한 학기 동안 배웠던 것을 나누는 재롱 잔치의 무대가 아닙니다.

종종 프레젠테이션이 재롱 잔치로 끝나는 경우가 있습니다. 프레젠테이션을 하는 행위를 위해서 프레젠테이션을 한 경우입니다.

프레젠테이션을 예쁘게 만들었나, 그것에 사람들이 코멘트를 했나에 포커스가 맞춰집니다. 프레젠테이션을 제대로 했는가 그 기준을 잡기 어렵다면 다음과 같이 생각하면 됩니다. 내가 프레젠테이션을 하고 나서 직장 내에 뭔가 바뀌는 게 없다면 그 프레젠테이션은 실패한 것입니다. 디자인 시안을 보여주는 프레젠테이션이라면 그 시안 중 어떤 시안이 채택되어야 성공한 프레젠테이션입니다. 특정 시안이 선택되지 않더라도, A 옵션을 기준으로 색상을 바꿔보자는 방향이라도 나와야 성공한 프레젠테이션입니다. 연말에 이번 년도를 결산하는 프레젠테이션을 했다면요. 성과가 성공적이었음을 상사에게 알려서 보너스라도 받든가, 실패에 가까웠다면 내년에는 이렇게 해보자라는 제안이 먹혀야 성공한 프레젠테이션입니다.

프레젠테이션의 메시지는 발표자가 정합니다. 글쓰기의 메시지를 작가가 정하는 것과 동일합니다. 프레젠테이션에 있어서 가장 심각한 실패는 애초에 내 프레젠테이션이 어떤 목적을 가지는지 정의하지 않는 것입니다. 그리고 그 목적이 메시지에 담기지 않는 것입니다.

내가 발표를 직접 하지 않고 상사를 위해 프레젠테이션을 만들 때도 이 사실 하나만 기억하면 됩니다. 메시지를 하나로 정해야 하고, 이 메시지에는 목적이 담겼는지를 확인해야 합니다. 만약 상사가 평창동에 있는 토지에 투자를 제안하는 프레젠테이션을 만들어 오라고 했다고 칩시다. 그럼 '평창동에 있는 토지에 투자하자'라는 메시지에는 목적이 분명하게 담긴 것 같다며 신나게 프레젠테이션 자료를 만들어도 될까요? 그 자료로 직접 발표를 해야 하는 상사는 머리가 아파집니다.

'평창동에 있는 토지에 투자하자'는 목적이 있는 척만 하고 있는 메시지입니다. 그 투자 기회가 천년만년 열려 있는 것도 아니고, 1만 원 투자하는 것도 투자라고 할 수 없는 상황일 것입니다. '평창동에 있는 토지에 9월 30일까지 50억 원 투자 여부를 결정하자' 정도까지가 상사와 내가 우선 합의해야 하는 지점입니다. 이 메시지가 먼저 세워져야 왜 우리가 9월 30일까지 이 투자를 결정해야 하는지, 왜 이 땅에 50억 원 투자하는 일이 정당한지에 대해서 프레젠테이션을 구성할 수 있을 것입니다. 이 메시지에 대한 확립 없이 평창동에 있는 투자가 왜 좋은지에 대해서만 떠든 프레젠테이션을 보고 들어야 하는 청중의 입장을 상상해 봅시다.

# [B] 인정받는 직장인의 보고서는 한 끗이 다르다

일 잘하는 직장인은 어떤 사람일까요? 외부 영업을 잘하거나, 회사 매출에 기여하거나, 내부 교통정리를 잘하는 사람이 될 수 있습니다. 여기서 제가 말하고자 하는 부류는 상사에게 인정받는 부류입니다. 연봉을 8배 성장시키는 과정에서 이 한 끗만 다르게 하면 상사에게 인정받을 수 있겠다는 확신을 얻었습니다. 이번에는 B 구조를 비추어 상사에게 인정받는 글쓰기 방법을 살펴볼 건데요. 그중에서도 논리적인 보고서 쓰기에 대한 팁을 나누고자 합니다. 10장짜리 형식을 갖춘 보고서만 보고서가 아닙니다. 상사와 나누는 한 마디도 다 보고의 맥락 안에 있습니다.

## ↳ 목표는 상사의 시간을 아껴주는 것

그 어떤 팁도 선행하는 것은 목표 설정입니다. 보고의 목표는 '상사의 시간을 아껴주는 것'으로 설정할 수 있습니다. 이 목표를 상기하면, 글쓰기 방향이 명확해집니다. 다음은 회사에서 발생할 수 있는 대화입니다.

상사: 사원님, 모레 3월 18일 촬영 일정에 이슈 없지요?

사원: 사실… 그때까지 촬영 소품이 도착할지가 문제입니다.

상사: 어떤 문제인지 자세히 알려주실 수 있을까요?

사원: 촬영 소품 결정이 늦어져서 주문도 늦었는데요. 최대한 촬영 당일에 도착하게 해달라고 부탁했습니다.

상사: 흠, 만약 당일에 도착하지 못하면 어쩌죠?

사원: 아, 그럼 퀵을 알아볼까요?

상사: 퀵이 가능한 옵션이면 오늘 받을 수도 있나요? 비용은 어떻게 되나요?

사원: 알아보겠습니다.

문제를 발견하셨나요? 상사 입장에서는 심장이 덜컹하는 대화입니다. 내가 물어보지 않았더라면 소품이 제때 도착하지 못해 촬영에 차질이 생길 수도 있던 가능성을 인지하게 된 겁니다. 이 경우 추후 팀원을 믿고 맡기기 어렵고, 팀원 실수를 방지하는 데 신경이 가게 돼지요. 상사 입장에서는 필요 이상의 에너지와 시간을 쓰게 됩니다.

사원이 상사가 물어보기 전에 미리 글을 써서 상사에게 전달했으면 어땠을까요? 만약 보고 후 상사로부터 "그래서 결론이 뭐예요? 원하는 게 뭐예요?"라는 피드백을 받은 적이 있다면요. 아래와 같이 요청, 의견, 문제, 배경, 해결로 다섯 가지 항목을 나누어 서술하는 방법을 사용해 보세요.

1. **요청: 촬영 소품 배송으로 퀵 이용 시 추가 비용 5만 원 발생할 예정입니다. 퀵 이용 여부에 대한 의견 및 비용 확인 부탁드립니다.**

2. 의견: 저는 17일 저녁까지 택배 배송을 추적하여 그날 상황을 보고 퀵 사용 여부를 결정해도 무리 없다고 판단됩니다. 하지만 비용 부담이 없다면, 오늘 16일에 미리 퀵으로 받아두는 것이 가장 안전한 방법입니다.

3. 문제: 촬영 소품의 도착 예정일이 촬영 당일인 18일 오전입니다. 소품 업체에게 18일 오전 도착을 부탁했고 90퍼센트 확률로 가능함을 회신받았습니다.

4. 배경: 3월 18일 오후 3시에 상품 촬영 진행이 예정되어 있으나, 촬영 소품 결정이 15일에 이루어져 해당일에 급하게 주문했습니다.

5. 해결: 17일 저녁까지 배송 기사님과 연락을 취해 18일 오전까지 배

송 가능 여부를 확인하겠습니다. 만약 도착이 불확실하다면, 소품 업체와 사전 합의하여 18일 아침에 퀵서비스를 요청하겠습니다.

상사는 이 글을 읽으면 문제 상황을 이해하고 판단할 수 있습니다. 예산이 충분할 경우 16일에 퀵 서비스를 이용하자고 결정할 테고요. 그렇지 않다면 사원의 제안대로 17일 저녁까지 기다려볼 테지요. 상사 입장에서는 소품이 제때 도착할까 마음 졸이지 않아도 되고 퀵이 가능한지, 비용은 얼마인지 재차 물어보지 않아도 됩니다.

사원이 이런 글을 쓰는 배경에는 상사의 시간을 아껴주고자 하는 목표가 있습니다. 상사가 글을 이해하고 판단하는 시간, 비용처럼 추가로 궁금한 사항까지 고려한 것이지요.

비용이 발생하는 사안이고, 사원이 비용 지출에 대한 권한이 없다고 가정합시다. 그렇다면 사원은 본인 선에서 먼저 해결을 시도해보고요. 이후 상황을 정리해 요청 사항, 즉 결론을 글 상단에 제시해야 합니다. 무엇보다 제안을 할 때는 담당자인 본인의 의견을 더할 필요가 있습니다. "저는 17일 저녁까지 택배 배송을 추적하여 상황을 보고 그날 퀵 사용 여부를 결정해도 무리 없다고 판단됩니다." 이와 같은 의견은 실무와 가장 밀접한 담당자가 아니라면 판단하기 어렵거든요. 문제 자체와 문제가 일어난 배경, 그리고 본인 선에서 해결하고자 한 방향 또한 알려줄 필요가 있습니다.

이때 이 모든 보고 항목을 줄글로 쭉 적으면 이해하는 데 시간이 꽤 소요되겠지만, 항목별로 설명하면 이해하는 데 드는 시간을 절약할 수 있습니다.

비용 발생 자체는 사원의 잘못이 아닙니다. 하지만 문제가 생겨 비용이 들어갈 여지가 있을 때, 이를 본인만 알고 있고 사고가 터질 때까지 공유하지 않는 경우가 많습니다. 이 문제를 일차적으로 해결하는 것과 상사에게 해결 방법에 대해 신속히 제안하는 것까지가 실무자의 역할입니다. 담당자 선에서 해결이 불가능하면 상사가 종합적으로 판단해 최종 결정을 하는 것이고요.

## ⤷ 차이는 상사의 마음을 메모하는 것

B 구조의 정점은 바로 상사의 마음을 메모하는 자세입니다. 그것도 상사의 마음을 있는 그대로 메모하는 일이요.

상사가 어떤 일을 지시한다면 대개 명확한 비전을 염두에 두고 있을 것입니다. 예를 들어 상사가 한 제품에 대한 상세 페이지를 리뉴얼해 적으라는 지시를 했다고 합시다. 일을 잘하는 직원이라면 왜 리뉴얼을 하는지 물을 텐데요. 상사는 현재 페이지에서 결제가 많이 일어나지 않는다고 답합니다. 다시 말해 구매 전환을 잘 끌어내는 상세 페이지로 업데이트를 하고 싶은 겁니다.

이때 다시 책상으로 돌아와 왜 현재 페이지가 구매를 충분히 유도하지 못하는지 분석하고, 어떻게 전환율을 높일지 고민할 수도 있습니다. 하지만 일하는 시간을 단축하기 위해, 상사의 시간을 아끼기 위해 우리는 한 단계 더 나아가서 물어봅시다.

"광고를 보고 상세 페이지에 들어오는 비율은 X퍼센트 이상인데, 혹시 페이지 내에서 이탈이 많이 생긴다는 걸까요?" 어쩌면, 고쳐야 할 것이 상세 페이지가 아니라 광고일 수도 있지 않냐고 물어보는 질문입니다. 광고에서부터 전환율이 낮다면 광고를 먼저 수정하는 쪽으로 작업 방향 자체를 바꿀 수도 있습니다.

만약, 광고가 아닌 상세 페이지가 문제라면요. 직접적으로 상사의 마음을 물어볼 수도 있습니다. "제가 상세 페이지 어느 파트에서 이탈이 나는지 살펴볼 건데요. 상세 페이지 전환율이 안 나오는 이유를 지금 시점에서는 뭐라고 판단하시나요?" 그럼 상사는 상세 페이지의 이미지가 매력적이지 않은 건지, 아니면 워딩이 문제인 건지 모르겠다고 대답할 수 있습니다.

이때 우리가 메모해야 할 것은 "○일까지 상세 페이지 재작성"이라는 의제뿐 아니라 "구매 전환"이라는 목표, 그리고 가장 중요하게는 상사의 마음인 "이미지와 워딩 중 문제 진단 필요"입니다. 이때 상사가 직접 말한 키워드를 바꾸지 않고 그대로 메모해 두는 것이 중요합니다.

상사의 마음은 이미지와 워딩 중 어떤 것이 문제인지를 진단하고 싶은 것입니다. 이 정보를 알고 작업을 시작하는 것과, 무작정 자기 마음대로 문제를 진단하고 일을 하는 것에는 차이가 있습니다.

실제 분석해 보니, 광고에서 고객을 후킹하는 요소와 상세 페이지에서 말하고자 하는 요소가 일치하지 않았음이 문제로 떠올랐습니다. 이게 정답일 수도 있지요. 하지만 이대로 상사에게 보고하면, 상사 입장에서는 자기가 생각했던 방향이 아니기 때문에 찝찝할 수 있습니다.

"진단 결과, 광고에서 말하고자 하는 바와 상세 페이지가 말하는 바가 일치하지 않았습니다. 이에 상세 페이지의 이미지보다는 워딩의 문제일 확률이 더 높은 것으로 판단됩니다. 워딩을 광고와 연계되도록 먼저 변경해 보고, X퍼센트 이상 전환율 변화가 없을 시 이미지 영역을 작업해 보면 어떨까요?" 이와 같이 내가 지향하는 방향을 제안하되, 상사의 마음(이미지와 워딩 중 문제 진단 필요)으로 재구성해 말할 수 있습니다. 상사의 "이미지 혹은 워딩"의 단어 선택을 그대로 따라 하는 것입니다.

이런 접근 방식은 미러링 효과로도 설명할 수 있습니다. 상사와의 소통에서 상대방이 사용한 단어나 문장 구조를 반영하여 그가 전달한 아이디어를 존중하고, 그의 시각을 공유한다는 인상을 주는 것입니다. 상사는 본인이 그린 그림 안에서 일이 진행되고 있다고 생각하며 안심하게 됩니다.

# [C] 피드백에 싱싱함과 슴슴함을 넣는 방법

싱싱함과 슴슴함을 대표하는 이미지로 무엇이 떠오르나요? 저는 싱싱함과 슴슴함이라는 단어에서 살아 있는 것과 자극적이지 않은 음식이 떠오르는데요. 싱싱함은 산낙지가, 슴슴함은 평양냉면이 생각납니다. 여기서는 글의 종류를 피드백으로 한정하겠습니다. 회사 생활에 있어 피드백만큼 C 구조의 '연결'을 대표할 수 있는 행위가 있을까요?

싱싱함, 낙지, 즉 살아 있음이란 피드백이 살아 있다는 것을 의미합니다. 슴슴함, 평양냉면, 즉 무자극이란 피드백에 감정이 없다는 것을 의미합니다. 고객에게 제품 광고 문자를 보낸다고 가정해 봅시다. 긴 고민 끝에 우리는 카피를 짜내고, 상사에게 피드백을 요청합니다. 그때 우리는 이런 종류의 피드백을 마주할 수 있습니다.

"음, 저라면 안 살 것 같은데요. 첫 문장을 좀 더 클릭을 유도하게 쓸 수 없나요?"

이 피드백은 싱싱함과 슴슴함이 누락되었다고 생각합니다. 일단 좀 더 클릭을 유도하게 쓴다는 게 무슨 말일까요 그리고 저라면 안 살 것 같다는 감정을 넣을 필요가 있었을까요. 제가 유난히 예민한 것일지도 모르겠습니다만, 저는 이미 감정이 상했습니다.

## ⤷ 극성맞은 글쓰는 인간

과거에는 제가 유난히 예민하며 극성맞은 인간이라 생각했습니다. 하지만 쓰는 사람을 약소하게나마 옹호하고 싶습니다. 글을 쓰는 사람, 즉 창작을 하는 사람은 기본적으로 예민할 수 있습니다. 예민해야만 '아'와 '어'가 다른 것을 감지하고 글을 쓸 수 있습니다. 이 차이를 감지하기 어려운 날에는 뭉툭한 글을 쓰기 쉽습니다. 이렇게 쓰나 저렇게 쓰나 다 똑같지, 하는 마음으로 쓴 글은 상사도 원하지 않을 것입니다. 그래서 타인이 쓴 글에 대한 피드백만큼은 쓰는 이의 예민함을 상정하고 전달해야 됩니다.

극성맞은 쓰는 인간을 다루는 두 가지 기술이 바로 피드백에 싱싱함과 슴슴함을 넣는 것입니다. 예시를 넣어 살아 있는 피드백을 주면서 감정은 의도적으로 배제하면 좋습니다. 피드백은 어디까지나 글에 대한 피드백이지, 글을 쓴 사람에 대한 피드백이 아니기 때문입니다. 우리는 피드백의 대상이 글임을 종종 잊고, 글을 쓴 사람을 쉽게 훈계합니다. 그때는 나도 모르게 감정이 개입됩니다. 앞선 피드백을 다음처럼 개선해 볼까요?

"제품의 특징을 리스트 형식으로 설명하는 접근 방식은 좋은데요? 첫 문장만 보고도 문자를 오픈할 수 있도록 고객의 관심을 끈다면 더 좋을 것 같습니다. 할인가와 같은 숫자를 강조하거나, 이벤트 마감 일자를 표시하는 것은 어떨까요?"

감정을 의도적으로 배제하는, 슴슴해지기 가장 쉬운 방법은 피드백의 첫 번째 문장을 '인정'으로 시작하는 것입니다. 글에서 좋은 점을 찾아 구체적으로 인정해 줍니다. 아무리 뜯어봐도 좋은 점이 없을 수도 있습니다. 그럴 땐 고민을 많이 한 흔적이 보인다는 두루뭉술한 표현도 좋습니다. 피드백의 첫 포문을 인정과 칭찬으로 열면 글을 쓴 이와 연결될 수 있습니다. 이 연결을 바탕으로 요구사항을 직구로 전달할 수 있습니다. 이때 예시("할인가와 같은 숫자를 강조하거나, 이벤트 마감 일자를 표시하는 것은 어떨까요?")를 들어 요구사항에 산낙지 같은 싱싱함을 더한다면 더할 나위 없이 좋습니다.

## ↳ 그런 상사는 없는데요?

하지만 보통 글쓴이의 예민함까지 헤아려주는 상사가 없습니다. 그렇다고 좌절하긴 이릅니다. 저는 어른이 아이를 맞춰줘야 한다고 정신 승리를 하곤 했습니다. 아이가 어른을 맞춰줄 순 없으니까요. 상사가 어른이 되지 못한다면, 제가 어른이 될 수 있습니다. 예를 들어 상사의 거친 피드백에 이렇게 답할 수 있습니다.

"첫 문장의 클릭율을 높이는 방향에 대한 피드백, 제가 미처 생각하지 못했는데 감사합니다. 첫 문장의 클릭율을 높이려면 (1) 할인가 숫자 강조 (2) 이벤트 마감 일자 삽입과 같은 두 가지 방법이 있을 것 같습니다. 어떤 방향으로 개선해 보면 좋을까요?"

피드백을 주는 상사도, 글을 쓰는 사람도 불안하긴 매한가지입니다. 상사도 내가 피드백을 맞는 방향으로 준 게 맞는지, 내가 한 말을 팀원들이 정확하게 이해했는지 불안해합니다. 내가 먼저 상사를 인정해 주고, 구체적으로 어떻게 개선 방향을 잡을 건지에 대한 예시를 제시하는 것도 방법입니다.


## ⤷ 피드백에서 판매 글로의 확장

피드백에 싱싱함과 슴슴함을 넣는 것은 알겠는데, 이를 판매 글로도 확장할 수 있을까요? 물론입니다. 먼저 자기 생각을 꺼내어 보세요. "판매 글에서도 싱싱함과 슴슴함을 넣으려면 어떻게 하면 될까? 이 질문에 앞서 싱싱함과 슴슴함 모두를 넣을 필요가 있을까?" 한번 화두를 던져보는 것만으로도 던지기 이전과는 다른 글을 쓰게 됩니다.

판매 글에 싱싱함을 넣어주는 방법으로 제품을 실제로 사용해 본 고객들의 후기가 떠오릅니다. 그들의 후기를 맞춤법조차 가공하지 않고 그대로 사용하는 것도 방법이겠습니다. 혹은 판매를 하게 된 배경의 서사를 적나라하게 이야기하는 방법도 있습니다. 대중을 타깃으로 하고 이야기하는 것과 내 친구나 엄마를 대상으로 이야기하는 것에는 분명한 차이가 있습니다. 후자를 설정하고 글을 써볼 수도 있습니다.

슴슴함은 어떨까요? 평양냉면은 먹을 때 일반 냉면처럼 즉각적이게 맛있다는 느낌은 없습니다. 하지만 시간이 어느 정도 지나면, 여름이 되면 스멀스멀 생각이 납니다. 그런 판매 글을 적으려면 어떤 요소를 추가할 수 있을까요? 혹은 어떤 요소를 뺄 수 있을까요? 저는 당장 구매를 강요하는 듯한 인상을 주는 문장을 빼보는 데서 시작하겠습니다. "오늘까지 구매하면 30퍼센트 할인"과 같은 문장이요. 그런 문장을 빼고도 이 상세 페이지가 설득력 있는지 살펴보겠습니다. 30퍼센트 할인할 때만 구매할 고객이라면 사업은 장기적으로 지속될 수 없으니까요.

## ↳ 싱싱함과 슴슴함에 있어 당부하고 싶은 것

피드백에 싱싱함과 슴슴함을 넣는 것도 결국 글을 적는 과정입니다. 이때 싱싱함과 슴슴함을 넣어야지, 하고 접근하면 피드백을 적는 행위가 어렵게 느껴질 수도 있습니다. 피드백은 글을 보고 바로 떠오르는 것에 대한 의견을 우선 적되, 내 피드백에 싱싱함과 슴슴함이 있는지 사후에 확인하는 것만으로 충분합니다. 여러 번 연습하다 보면, 자연스럽게 이를 염두에 둔 피드백을 작성할 수 있게 됩니다.

판매 글도 마찬가지입니다. 여러 번 반복해서 강조했지만, 글을 적을 때 이 모든 싱싱함과 슴슴함의 요소를 고려하면서 글을 쓰기는 어렵습니다. 제가 작성한 상세 페이지를 어떤 플랫폼에서 멋지게 해석해 주셨을 때 저는 실소를 금치 못했습니다. 꿈보다 해몽이라는 말이 딱 들어맞았거든요. 제가 글을 쓸 때는 이 모든 요소를 고려하며 작성하지 않습니다. 경쟁사를 분석하지도, 어떤 틀에 맞춰서 쓰지도 않았습니다.

좋은 글은 무아지경 상태에서 만들어집니다. 춤을 출 때도 이 박자에 왼발을 앞으로 내밀고 저 박자에 손을 올린다고 생각하면 엉성한 춤이 됩니다. 글도 마찬가지입니다. 어떤 분석이나 틀 안에서 쓴 글은 그 안에서 생명력을 잃습니다. 싱싱함과 슴슴함의 시선은 무아지경 속에서 태어난 글의 가장 마지막 단계에 바라보는 일입니다. 이를 부디 당부드리고 싶습니다.

# [D] 유쾌하게 사과하는 연습

D 구조에서는 Delight(기쁨 주기)를 떠올리고 운영자의 시선도 생각해 봤습니다. 기쁨과는 사뭇 거리가 느껴지지만, 사실 기쁨의 영역 안에 속한 사과에 대해서 말하고자 합니다. 연봉을 성장시키는 데 기여했던 기억을 떠올려보면 저는 제가 기꺼이 사과를 건네는 순간이 떠오릅니다. 꼭 제 잘못이 아닌 일이라고 할지라도요. 저는 여러 상황에서 사과를 어려워하는 팀원들을 봤고, 저 또한 사회생활 초기에는 사과가 어려웠던 기억이 있습니다.

## └→ 사과가 어려운 이유

사과가 어려운 이유는 사과를 하는 이유에 내가 잘못했음을 상정하기 때문입니다. 하지만 업무 중 사고가 생길 때는 보통 내 잘못이라기보다 유관부서의 오해, 내가 이끄는 팀원의 잘못, 그 누구도 저지를 수 있는 실수, 그리고 불가피한 외부적 환경이 원인일 때가 많습니다. 실제 원인이 따로 있으니 대체 왜 내가 사과를 해야 하는지 거부감부터 드는 것이지요. 그리고 사과를 하는 순간 사고의 원인이 모두 내 탓임을 인정하게 되는 것이 무섭기도 합니다.

하지만, 사과를 하는 이유가 내 잘못과는 별개로 내 책임이라고 생각하면 사과를 바라보는 시선이 조금 달라질 수 있습니다. 오히려 사과를 유쾌하게도 할 수도 있습니다.

잘못이나 책임이나 같은 말이 아니던가요? 예를 들어, 아이가 장난을 치다가 카페 소유의 아이패드를 망가트렸다고 가정합시다. 잘못은 아이가 했지만, 책임은 부모가 집니다. 회사에서도 마찬가지입니다. 팀원이 실수해도 책임은 팀원을 이끄는 리더의 몫입니다. 불량품을 만든 공장이 잘못했어도 제품을 교환해 주고 고객에게 사과하는 책임은 판매자가 집니다. 잘잘못의 정확한 원인을 파악해, 부모가 아이를 훈계하고, 리더가 팀원에게 당부하고, 공장에서 판매자에게 배상하는 문제는 사후에 따질 일입니다. 당장의 책임은 부모, 리더, 그리고 판매자가 집니다.

이 사례를 보면 사과하는 주체의 특징을 알 수 있습니다. 바로 사과하는 주체는 사과를 받는 사람에게 최적화된 사람이라는 점입니다. 카페 주인은 아이에게 사과를 기대하지 않습니다. 카페 주인에게 사과하고 배상을 책임져야 하는, 그에 최적화된 사람은 아이의 부모입니다. 사과할 때 잘못과 책임을 분리해 생각할 필요가 있습니다. 꼭 잘못한 사람이 사과를 하는 건 아니라는 것입니다.

'아, 사과를 받는 사람으로부터 사과를 하고 책임을 지는 데 최적화된 사람이 나구나?' 내 잘못이 아니더라도 내가 사과해야 하고, 그 사과를 건네는 시기는 지금이며 잘잘못은 사과 이후에 파악해 봐야겠다고 생각하면 됩니다. "최적화된 인간이 다른 사람도 아니고 나라니." 사과가 유쾌해지는 순간입니다.

## ↳ 운영자의 사과

운영자의 관점에서 봐도 고객과의 대화에서 상당히 많은 부분이 사과로 채워진다는 점을 부정할 수 없습니다. 배송이 왜 늦는지, 왜 나만 불량 제품을 받는 건지, 왜 내가 주문한 두 개의 아이템 중 한 개의 아이템이 누락된 건지 같은 문의에 대해서 말입니다.

고객이 아주 만족할 때는 오히려 문의가 없습니다. 매우 드물게 제품 사용 후 간증에 가까운 후기를 건네주시는 분들도 계시지만, 보통의 경우 운영자는 고객의 문제를 접수해 그 문제를 풀어주는 역할을 합니다. 문제를 풀어주는 것을 넘어 기쁨을 안겨줘야 하지요. 이때도 운영자가 고객 입장에서 사과를 건네받기에 가장 최적의 사람이기 때문에 사과하게 됩니다.

배송이 늦어진 문제로 배송 업체 대표나 회사 디자이너가 나서서 사과하기에는 비효율적이기 때문입니다. 물론 배송이 늦어진 것이 운영자의 잘못이 아니라는 건 고객도, 운영자도, 그리고 저도 압니다. 하지만 운영자는 배송 문제에 책임을 지고 고객에게 사과를 하지요. 이 과정에서 발생한 비용을 누가 부담할지는 사과의 주체와는 별개로 따져봐야 하는 문제입니다. 회사 내에서 사과하는 일은 누가 최적의 인물인지가 문제인 것입니다.


## ⤷ 유쾌함을 떠올리는 방법

사과하는 이유가 단순히 최적의 인물이 누구인지에 대한 문제고, 내가 무려 책임을 질 수 있는 사람임을 자각한다면 사과에 부정적인 감정을 엮을 필요가 없습니다. 오히려 사과에 유쾌함을 엮을 수도 있습니다. 사과하는 상황 자체가 유쾌할 순 없지만, 내 스스로 내가 최적임자인 것에 대해 유쾌해하는 것입니다.

그렇게 사과의 글을 쓰기 전에 유쾌함을 떠올리는 것만으로 충분합니다. 사과하는 잘못과 책임을 분리한 뒤 내가 사과에 있어 최적임자임을 이해하고서 올라오는 감정을 느껴봅니다. 그 감정이 저는 유쾌함이었는데요. 자신만의 고유한 감정을 느껴보세요.

그 감정을 떠올린 후 회사에서 제대로 사과하는 방법에 대해 나눠보고자 합니다. 방법론은 간단합니다. 사고에 대한 명확한 설명, 해결 방법, 사고가 발생한 배경, 추후 사고 재발 방지법을 담아 사과하는 것입니다. 이때 사과를 받는 주체가 중요하게 생각하는 요소를 염두하고, 이에 대한 확인 사항을 해결 항목에 명확하게 표기하는 것이 중요합니다. 제가 용기 라벨의 분리배출 표기 오기재에 대해 상사에게 사과를 했던 예시를 들어볼게요.

1. 문제: 5월 3일, 용기 라벨의 분리배출 표기 오기재를 발견해 수정이 필요합니다.

   (1) 오기재 표기: 비닐, PP

   (2) 수정 필요 표기: 무색 페트, PP

2. 해결: 오기재 표기 위에 스티커 작업 진행하겠습니다. 스티커 비용 30만 원 발생되나, 제조사에서도 QC 때 발견하지 못했던 터라 스티커 부착 작업 비용은 제조사 부담으로 무상 진행 예정입니다. 제품 출시 일정에는 문제 없습니다.

3. 배경: 용기 라벨 소재가 비닐이라 분리배출에도 비닐로 기재된 부분에 대해 문제를 인지하지 못했습니다. 라벨이 아닌 용기 소재인

무색 페트로 기입해야 하는 점, 더불어 부자재 업체의 표기 사항에 대해 재확인을 진행하지 못했습니다.

4. 계획: 용기 발주 시 분리배출을 표기하는 부자재 업체와 더블 체크하는 과정이 누락되지 않도록 발주 프로세스에 추가하도록 하겠습니다. 죄송합니다.


화장품 용기의 분리배출 표기를 잘못한 사고가 발생했습니다. 이 사고에 대해 제조사, 부자재 업체, 디자이너, 기획자 모두가 실수 또는 잘못을 했지만 이 상황을 종합해서 상사에게 전해야 하는 책임자가 저였으므로 제가 사과했습니다.

하지만 사과의 글을 쓰기 전에 유쾌함을 떠올렸기 때문에 사고에 대해 지나치게 감정을 쓰지 않고도 문제의 배경을 파악하고, 해결책을 강구할 수 있었습니다. 여기서 중요한 부분은 상사에게 중요한 요소가 무엇인지 파악하고, 이를 해결에 포함하는 것입니다. 상사 입장에서는 용기에 스티커를 덧붙이는 것이 얼마나 용기 디자인을 해치는지는 크게 중요하지 않습니다. 이는 오히려 디자이너가 괴로워할 부분입니다. 상사 입장에서는 이 사고로 인해 비용이 발생하는지, 그리고 이로 인해 론칭 스케줄에 차질이 없는지가 중요합니다. 이 부분을 반드시 확인해 해결 부분에 포함해야 합니다.

# 6장

# 글을 당장
# 업그레이드할 쓰기의 기술

# 쓰는 행위보다
# 세계관이 더 중요하다

내 글을 당장 업그레이드할 쓰기의 기술이라니? 대단한 기술을 기대하셨다면 아쉬운 소리로 시작해야겠습니다. 단호히 말하지만 글쓰기에 있어 대단한 기술은 없습니다.

내 글을 당장 업그레이드할 쓰기의 기술이 있다면, 쓰는 행위보다 쓰는 마음이 더 중요함을 몸소 이해하는 것입니다. 우선 행위를 짚어봅시다. 쓰기에 대한 기준 없이 계속 글을 쓰는 건 글쓰기 실력 향상과 무관한 일입니다. 체력만 소모되는 일이지요. 수영을 하는 방법을 배우지 않은 채 매일 수영을 한다고 해도 수영 실력은 늘지 않는 것과 같습니다.

이 책의 마지막 장까지 오면서 우리는 팔리는 글을 쓰는 기준을 단단히 쌓아 올렸습니다. 지금 모든 디테일을 다 기억하지 못했다고 괴로워하지 않아도 됩니다. ABCD 구조만 기억하면 됩니다. 세포에 저장된 디테일한 지식은 필요한 시점에 힘을 발휘할 테니까요. 이렇게 기준을 세웠다면 오히려 글을 쓰는 행위가 더 중요한 시점인지도 모르겠습니다.

하지만 이 행위보다 앞서 강조하고 싶은 것은 쓰는 마음입니다. 쓸 것도 없는데 쓰는 행위에 꽂혀 주제를 짜내는 일을 방지하고 싶습니다. 이 마음은 '내가 배운 기준에 맞게 글을 써야지' 또는 '글을 잘 써야지'와 같은 마음도 아닙니다. 이 마음은 세계관을 쌓는 마음입니다. 세계관의 등장은 조금 뜬금없이 느껴질 수도 있습니다. 하지만 이번 이야기를 끝까지 읽으면 비로소 이해할 수 있을 겁니다.

## ↳ 어떻게 하면 글을 잘 쓸 수 있나요?

글을 잘 쓴다는 것에 대한 얘기를 먼저 해보겠습니다. 어떻게 하면 글을 잘 쓸 수 있냐는 질문을 숱하게 듣습니다. 그들의 질문을 가만히 듣고 있으면, 마치 어떻게 하면 교정 교열자의 일을 잘할 수 있냐는 질문과 유사하다는 인상을 받습니다. 작가가 일차적으로 글을 쓰면 이후에는 편집자와 그 글을 함께 고쳐나가고, 마지막에는 교정 교열자의 도움을 받습니다.

편집자는 일반적으로 글의 내용과 구조 및 전반적인 품질을 개선한다고 하면, 교정자는 글의 문법, 구두점, 철자법 및 형식의 오류를 식별하는 기술적 오류를 수정하는 데 중점을 둡니다. 더 자세히 풀어보자면요. 교정자는 주어와 동사의 일치 문제처럼 문장 구조 문제, 시제 불일치 등의 문법 오류를 식별하고 교정합니다. 텍스트의 명확성과 일관성을 보장하기 위해 문장와 단락을 검토하고 더 나은 이해를 위해 문장을 바꾸거나 재구성할 것을 제안하기도 합니다.

자신의 글을 잘 쓰고 싶다는 질문과 배우고자 하는 욕구를 한번 잘 살펴보세요. 시처럼 아름다운 문장을 적고 싶은 것이거나 깔끔하게 정돈된 완성도 있는 글을 쓰고 싶은 것은 아닌지요. 전자의 욕구는 이 책에서 들어드릴 수 없음을 서문에서 밝혔습니다. 깔끔하게 정돈된 완성도 있는 글은 교정 교열자에게 배우는 게 더 적합합니다. 하지만 이 책을 집어 든 우리가 진짜 잘하고 싶은 건 힘 있는 글을 쓰는 것입니다. 이 힘을 누군가를 설득하는 데, 그래서 판매까지 성공시키는 데 사용하고 싶은 것입니다. 다시 한번 내 목적을 상기시켜 보세요. 우리가 팔리는 글쓰기를 배운다는 목적하에 기획, 글쓰기, 마케팅, 그리고 운영까지 모두 건드리고 나니 내 초점이 다시 흐려졌을지도 모릅니다. 우리의 목적은 결국 힘이 있는 글쓰기, 진짜 판매까지 되는 글쓰기였습니다.

팔리는 글은 나만 꺼낼 수 있는 메시지가 담긴 글입니다. 그 메시지는 우리가 오늘 한두 시간 집중해서 툭 하고 나오는 것이 아닙니다. 내 인생 전체에서 나오는 것입니다. 몇십 년간 먼지 쌓듯 쌓아 올린 세계관이 낳아주는 것입니다. 정현종 시인의 〈방문객〉이라는 시에 따르면 사람이 온다는 건 실은 어마어마한 일이라 합니다. 그는 그의 과거와 현재와 그의 미래와 함께 오기 때문입니다.


## ⟶ 어떤 세계관을 담는 일

제가 생각하는 힘 있는 글은 쓰는 이의 과거, 현재 그리고 미래가 함께 담겨 있는 글입니다. 단순히 그의 인생이 담겨 있기에 힘이 있는 게 아니라요. 그의 인생을 형성한 어떤 세계관이 담겨 있기에 힘이 있는 것입니다. 어떤 세계관이 형성됐다는 것은 어떤 한 분야에 대한 지속적인 고민이 담겨 있다는 것과 같은 말입니다.

우리가 특정 유튜버에 열광하는 것도 비슷한 맥락입니다. 한 유튜버가 조회수가 터지는 영상 하나 올렸다고 해서 그 유튜버에 열광하는 일은 잘 없습니다. 그 유튜버가 똑같은 주제로 오랜 시간 그의 세계관을 쌓아왔을 때 우리는 거기에 열광합니다. 예로 오직 청소 노하우만 14년째 파고드는 청소 유튜버에게 기꺼이 청소 도구를 살 수 있고, 생소한 비박(텐트를 사용하지 않고 지형지물을 이용해 하룻밤을 지새우는 노숙 캠핑)으로 2000만 뷰를 쌓아온 한 유튜버에게서 기꺼이 아웃도어 제품을 살 수 있는 것처럼요.

'덕후'라 말할 수 있는 이들의 글을 읽으면 이 사람이 어떤 과거의 고민을 쌓아와 현재 이 글을 썼으며, 내가 구매 버튼을 눌렀을 때의 미래는 어떤 것일지 단숨에 그려지는 것이지요. 물론 과거와 현재, 미래를 의식하며 단계적으로 그림을 그리진 않습니다. 우리가 구매라는 버튼을 누르는 그 순간까지 무의식 안에서 신속하게 일어나는 과정입니다.

세계관이 팔리는 글과 무슨 소용이 있을까 싶지만, 제가 팔았던 모든 글은 제 세계관이 묻어 있습니다. 제 세계관에 공명한 사람들이 구매 버튼을 누른 것이지요. 그런 이유로 저는 남을 대신해 팔리는 글을 적어줄 수가 없습니다. 시도해 본 적은 있습니다. 하지만 저는 중도 하차를 선언해야 했습니다. 대신 적어준 글에 어떤 세계관이 담길 수 있을지 모르겠습니다. 남의 세계관을 제 세계관인 양 투영해 적는 건 제 역량 밖이라는 생각입니다. 제품을 판매하는 데 꽂혀야 하는 모든 글, 적어도 중요한 글에는 판매자의 세계관이 담겨야 합니다. 그것은 판매자가 글을 얼마나 유려하게, 완성도 있게 쓰냐와는 동떨어진 얘기입니다. "내가 판매하는 것은 내 세계관이 담겼나?" 쓰기라는 행위보다 앞서야 할 질문입니다. 다른 말로 "내가 충분한 고민을 오랜 시간 쌓아온 것인가?"를 물어야 합니다.

# ⤷ 뽕짝 전문가

뽕짝 전문가 이야기로 이번 글을 마무리해야 한다는 사명감을 느낍니다. 8년 동안 뽕을 찾아 떠난 뽕짝 전문가가 있다면 믿을 수 있나요? 뉴진스의 메인 프로듀서이자 한국대중음악상 6개 부문을 휩쓸고 수상소감에 네 번이나 불린 화제의 한국 대중음악 작곡가, 250입니다. 부디 유튜브에서 250의 〈춤을 추어요(feat.나운도)〉라는 노래를 듣고 오길 바랍니다. 나운도씨가 표현하는 끈적하고 어딘가 애잔한 이 사운드는 슬픈 가운데에도 춤추고 싶게 만듭니다.

250는 원래 있었던 뽕의 가락와 의식적으로 멋있으니까 흉내 내고 싶었던 것 사이에서 고민합니다. 결국 노래를 만드는 순간에는 이 노래를 아무도 안 들어도 나는 들을 거고, 내가 듣고 내가 좋으면 그만이라 생각합니다. 물론 《뽕》을 작업하며 이건 아닌 것 같다는 생각을 매일 했다고 하지만요. 그도 불안했던 것입니다.

모든 노래 모든 구간에서 항상 '이래도 되나'라는 생각을 하면서 만들었어요. 이게 음악적으로 말이 되나 하고요. '이게 너무 뽕짝인가' 아니면 '전혀 뽕짝이 아닌가' 하는 느낌이 동시에 느껴지게 하는 비율도 고민이 됐고 모든 수록곡에도 다 각자의 고민이 있었죠. 너무 조악하면 안 될 것 같기도 했고 너무 멋있는 척만 하려고 하면 이건 전혀 뽕짝이 아닌 엉뚱한 음악이 되어 있는 거고요.

한대음상 6개를 휩쓸고 나서야 불안했던 순간들이 틀리지 않았구나, 음악을 앞으로 좀 더 개인적으로, 맘대로, 멋대로 만들어도 되겠다는 자부심을 가졌다는 것입니다. 저는 250을 아끼게 됐습니다. 그의 세계관으로 뽕의 전문가가 된 사람. 그 안에서 불안을 250답게 품었던 사람. 그는 '뽕'을 판 사람이 아니라 '뽕이라는 세계관'을 판 것입니다. 이에 저는 기꺼이 구매 버튼을 누를 것입니다.

뚜렷한 세계관 안에서 사는 사람은 '덕질'을 합니다. 음악을 덕질하거나, 연기를 덕질하거나, 아트를 덕질하거나, 덕질을 덕질하거나. 몇 년의 시간을 쌓아가면 어느 분야의 전문가라 불릴 덕질을 합니다. 저는 그런 류의 사람을 아낍니다. 더 정확히는 본인의 세계관이 있는 사람. 그 세계관으로 어떤 분야의 전문가가 될 사람. 그 전문가를 위해 글을 쓰고 싶다는 소망을 되뇝니다.

2016년의 마지막 날, 홍대 클럽 '더 헨즈'에서 열린 송년 파티에서 250은 훗날 자신의 첫 정규앨범으로 불릴 《뽕》의 발매를 예고했다고 합니다. 저는 2023년 3월에 전 세계 전문가가 아끼는 K-작가가 될 것을 예고했습니다. '이딴 글을 누가 읽어?' 하는 불안감에도 토해내는 그 과정에서 내가 좋고, 다듬어가는 과정에서 내가 좋고, 다시 읽는 과정에서 내가 좋은 글을 써야지요. 아무도 안 읽어도 나는 읽을, 내가 읽고 내가 좋으면 그만인 글을 써야지요. 내가 좋아하지 못하면 그 누가 좋아할 수 있겠냐는 마음으로요.

# 글쓰기 인턴을
# 고용하는 가이드라인

이 글을 적는 당시 저는 돈을 벌지 않는 백수 생활 중이었기에, 제 글을 같이 봐주고 피드백을 나눌 사람을 고용하기 어려웠습니다. 운명의 장난일까요 그 시점에 대화형 인공지능(AI) 챗봇이 무서운 속도로 떠오르기 시작했습니다. 예상하셨겠지만 무료로 고용한 글쓰기 인턴은 챗GPT입니다.

저는 글쓰기를 위한 AI 도구로 기본적으로 챗GPT, 구글 바드, 그리고 한국어 버전인 뤼튼을 사용하고 있습니다. 이 서비스는 일차적으로 자료 조사를 도와줄 뿐만 아니라 글을 작성할 때 일부러 반대 입장을 취하기도 합니다. 토론자의 역할을 해주는 것이죠. 어느 한쪽으로만 시선이 치우치지 않고 다양한 시선을 도입함으로써, 글의 논리력을 높여갈 수 있습니다. 이들이 글을 다듬는 퇴고 시점에서 최고의 파트너가 되어주는 건 언급할 필요도 없겠습니다.

인공지능 챗봇을 자료 조사, 토론, 퇴고와 같이 세 가지 액션을 위해 사용한다고 봅시다. 저는 자료 조사를 위해서 각 서비스에 동일한 프롬프트prompt를 입력해, 다양한 아이디어를 선별해 글을 쓰기도 하고요. 퇴고할 때는 한국어에 특화된 뤼튼만 사용하기도 합니다. 제 기준에서 자료 검색과 토론에는 확실히 챗GPT, 퇴고는 뤼튼이 작업물 결과가 좋았는데요. 반면 바드는 글의 개요를 보다 간결하고 깔끔하게 정리해 준다는 인상을 받았어요.

이 책이 출판될 즈음에는 수도 없이 많은 서비스가 나왔을 것입니다. 그래서 각 서비스의 사용법이나 장단점을 논하는 건 크게 유의미하지 않을 것입니다. 구글, 빙, 네이버, 다음과 같은 검색 서비스 또한 격변기가 있었지만 우리는 지금 언제 어디서나, 그리고 누구나 인터넷으로 정보를 검색하는 것처럼요. 글쓰기를 위해 대화형 인공지능 챗봇을 활용하게 된 큰 맥락은 시간을 흘러서도 비슷할 것이라 예상합니다.

제가 추천하는 방법은 이 책을 읽는 시점에 나와 있는 서비스를 모두 사용해 보고 검색, 토론, 퇴고와 같은 각 목적에 더 적합한 서비스를 개인적으로 정리해 보는 것입니다. 제가 검색에는 A 서비스고, 퇴고에는 B 서비스가 최고라고 단정할 수 없는 건, 너무도 빠른 속도로 각 서비스가 진화하고 있기도 하고요. 어떤 주제냐에 따라서도 플랫폼마다 다른 결과물을 가져다주는 경우도 있거든요. 예를 들어 똑같은 자료 검색 작업일지라도 주제가 다르다면 각 플랫폼마다 결과물의 질이 다를 수도 있다는 거죠.

## └→ 챗GPT 기본 가이드

실제로 이 챗GPT가 내가 고용한 글쓰기 인턴이라고 가정해 봅시다. 이때 제가 공통으로 사용하는 프롬프트의 이용 가이드가 있습니다. 우리는 밑도 끝도 없이 글쓰기 인턴에게 '글쓰기에 활용할 수 있는 챗GPT 사용법'에 대해 자료를 요구하지 않을 겁니다. 리서치를 행하는 주제는 인턴에게 당연하게 주어야 할 기본 정보에 불과합니다. 우리가 정말 괜찮은 상사라면, 인턴에게 무작정 기본 정보를 주기 전에 어떤 맥락인지를 먼저 설명해 줄 것입니다. 예를 들어 인턴의 역할이 뭔지, 우리의 공동 목표가 무엇인지 설명하고 결과물의 형식은 물론 톤 앤 매너까지 지정해 줄 수 있습니다.

### 1. 역할

챗GPT에 자료 검색 도우미, 토론자, 또는 에디터와 같은 역할을 부여해줍니다. 역할을 부여했을 때와 부여하지 않았을 때의 결과물 차이가 큽니다. 다짜고짜 질문하지 않고 인턴의 역할을 반드시 부여해 줍니다. "너는 내가 쓰는 글에 논리적으로 반대 의견을 제시하는 토론자야" 이런 식으로요.

## 2. 목표

결과물로 결국 어떤 목표를 달성하고자 하는지 알려줍니다. 큰 그림을 알려주는 것입니다. 우리가 속으로만 알고 있을 뻔했던 목표를 인턴에게 미리 알려주면 그것은 강력한 힘으로 작용합니다. 우리가 일을 하는 이유가 결국 어떤 정보를 알기 위해서인지, 독자를 설득하기 위해서인지, 아니면 특정 문장이나 단락을 다듬기 위해서인지를 알려줘야 합니다. 자료 조사라면 검색의 결과물을 가지고 어떤 주제의 글을 적으려고 하는지를 알려줄 수도 있겠지요.

## 3. 포맷

응답이 A4용지 기준 몇 장짜리 에세이여야 하는지, 항목별로 정리해야 하는지, 개요만 잡아주면 되는지, 아니면 대화 형식으로 보여줘야 할지 알려줍니다. 대제목, 소제목, 그리고 목차 형식의 본문까지 요청하면 글이 더 체계적이고 정돈된 모습으로 나타날 것입니다.

## 4. 톤 앤 매너

응답의 톤과 매너를 정합니다. 공식적인 톤인지, 아니면 캐쥬얼한 톤이어도 되는지, 창의성이 묻어난 문체였으면 좋겠는지, 문학성이 돋보였으면 좋겠는지 등을요. 글을 표현하는 스타일은 직설적이었으면 하는지, 상세한 묘사를 중시했으면 하는지도 포함해서요.

기본적으로 이 네 가지 가이드는 반드시 포함해 첫 번째 프롬프트를 만듭니다. 프롬프트는 최대한 구체적으로 작성합니다. 예를 들어 효과적인 의사소통을 위한 몇 가지 팁을 알려달라고 하기보다, 병원 환경에서 의사와 환자 간의 의사소통을 개선할 수 있는 세 가지 실용적인 팁을 알려달라고 말입니다. 자료 조사라면 인용구의 스타일을, 퇴고라면 글자수의 제한이나 꼭 들어가는 키워드를 지정해줄 수도 있습니다.

예를 들어 글의 퇴고를 원할 때 다음과 같이 첫 프롬프트를 설정한 후 퇴고를 원하는 글을 보내줄 수 있습니다. 이 가이드라인을 지켜서 프롬프트를 시작했을 때와 무작정 퇴고해 달라고 글을 보냈을 때의 결과물은 차이가 있을 것입니다.

## 1. 역할
### 에세이 에디터

2. 목표

(1) 글 가독성 향상, 흐름 개선 (2) 문법 및 맞춤법 오류 수정

3. 포맷

(1) 에세이 형식 (2) 요약하지 않고 직접 수정 (3) 글자 수를 비슷하게 유지

4. 톤 앤 매너

(1) 내가 쓰는 톤 유지 (2) 존댓말 (3) 이해하기 쉬운 단어와 구조화된 문장 스타일 사용

## ↳ 질문이 아닌 대화문

우리는 챗GPT가 결국 대화형 인공지능 챗봇이라는 점에 주목할 필요가 있습니다. 그냥 인공지능이 아니라 대화형 인공지능인것입니다. 우리가 챗GPT에서 입력하는 첫 번째 값이 단순히 "질문"이 아닌 "프롬프트", 즉 대화문이라는 것만 봐도 분명해집니다. 보통 질문은 내가 묻고 상대의 답변을 받으면 끝이 납니다. 하지만 대화는 내가 말하고, 상대가 말하고, 내가 또 말하는 핑퐁이 오갑니다. 내가 한번 챗GPT에게 프롬프트를 요청한 후 그 응답이 시원치 않더라도 좌절하지 말자는 겁니다.

아무리 가이드에 맞게 글쓰기 도움을 요청했더라도 내가 원하

는 방향과 맞지 않게 응답을 받을 수 있습니다. 이때 우리는 챗GPT가 인턴 사원임을 기억합시다. 우리는 반복적인 대화를 통해서 이 인턴의 능력을 향상시킬 수 있습니다. 내가 생각했던 것보다 더 자세히 알려줘야 한다는 겁니다.

### 2-1. 특정 오류 수정

챗GPT의 응답에서 특정 오류나 부정확성을 발견하면 직접 지적하고 올바른 정보 제공을 요청할 수 있습니다. 예를 들어 모델이 잘못된 날짜나 통계를 제공하는 경우 "언급한 날짜와 통계가 정확하지 않습니다. 재확인 후 수정하고 출처를 밝혀주세요"라고 말할 수 있습니다.

### 2-2. 설명 또는 확장 요청

챗GPT의 응답이 명확하지 않거나 추가 설명이 필요한 경우 추가 정보나 설명을 요청할 수 있습니다. 예를 들어 "특정 측면에 대한 자세한 내용을 제공해 주시겠습니까?"라고 말할 수 있습니다. 또는 "주제에 대한 요점을 확장해서 설명해 줄 수 있습니까?"라고 요청할 수도 있습니다.

### 2-3. 톤 앤 매너 수정

챗GPT에게 일정한 톤 앤 매너를 맞춰 달라고 요청하는 것도 가능합니다. 예를 들어 "독자의 관심을 끌 수 있도록 이 단락에 서 좀 더 캐주얼한 톤을 사용하세요"라고 하거나 "문장을 좀 더 격식 있게, 전문적으로 바꿔줄 수 있나요?"라고 할 수 있습니다.

### 2-4. 대안적 관점 제공

대안적 관점이나 반론이 필요한 경우에도 챗GPT에게 그러한 관점을 알려달라고 요청할 수 있습니다. 예를 들어 "X에 대한 대안을 살펴보는 관점을 제안해 주세요"라고 말할 수 있습니다.

### 2-5. 상황별 지침 제공

챗GPT가 특정 맥락을 고려하거나 논리적 진행을 따르도록 하려면 그에 따라 안내할 수 있습니다. 예를 들어 "다음 단락이 이전 단락에서 논의된 아이디어를 바탕으로 작성되도록 수정해 주세요" 또는 "이 개념을 특정 주제의 더 넓은 범위에 연결할 수 있습니까?" 라고 말할 수 있습니다.

## 2-6. 올바른 대응 강화

챗GPT가 정확하고 적절한 응답을 제공할 때 긍정적인 피드백을 제공하는 것도 중요합니다. 챗GPT가 인턴임을 잊지 말아야 할 것입니다. 인턴에게 못했다고만 피드백을 줄 것이 아니라 잘했다고도 피드백을 줘야 합니다. "훌륭한 설명입니다! 두 번째 문단은 핵심 개념을 완벽하게 포착합니다" 또는 "상황에 대한 통찰력 있는 분석을 잘 제공했습니다"라고 말함으로써 그러한 사례를 인정하고 강화할 수 있습니다.

물론 지금까지 설명한 내용이 챗GPT의 전부가 아닙니다. 챗GPT 활용법에 대해 말하려면 책 한 권이 필요합니다. 실제로 이런 책들이 즐비합니다. 필요하다면 전문 서적을 한번 읽어보는 것도 프롬프트를 다양하게 활용하는 데 적절한 나침반이 되어줄 것입니다.

하지만 더 중요한 것은 나라는 주체가 어떤 질문을 할 수 있느냐, 그 질문을 어떻게 프롬프트로 이끌어서 최적의 결괏값을 찾느냐입니다. 나아가 특정 응답을 채택할 것이냐 말 것이냐, 또는 응답에 어떤 피드백을 줄 것이냐에 대한 안목을 만드는 것이 챗GPT 활용법의 가장 중요한 키포인트입니다.

## ↳ 글쓰기 인턴으로서 챗GPT의 가능성

챗GPT의 가능성은 놀랍지만, 우리는 이 가능성을 과연 어디까지 확장하고 활용할 수 있을까요? 그건 오직 우리의 상상력에 달렸다고 해도 과언이 아닐 겁니다.

예를 들어 초고를 전달하고 글에 대한 점수를 매겨 달라고 할 수도 있습니다. 문법, 정확성, 스타일, 독창성 등 일정 기준으로 점수를 매겨 달라고 더 자세히 요청할 수도 있고요. 만약 챗GPT가 80점 같은 소리를 하면, 내 글을 100점으로 만들기 위해 조언을 요청할 수도 있습니다. 그 조언 중 어떤 조언만 받아들이겠다고 말한 후 아예 100점짜리 글을 써달라고 할 수도 있지요.

더 나아가 내가 쓴 글 중 두세 번째 단락 중간에 논리적 흐름에 맞게 한 단락을 추가하여 작성해 달라고 하는 것도 가능하고요. 내 글을 항목별로 요약해 달라고 요청하는 것도 가능합니다. 퇴고한 결과물을 받은 뒤 '이 텍스트를 보다 논리적이고 일관되게 재구성하려면 어떻게 해야 할까요?'라고 물어볼 수도 있습니다.

챗GPT의 글쓰기 인턴으로서의 가능성에 마음껏 노출되어 보셨길 바랍니다. 노출로 끝나면 안 되지요. 자기만의 프롬프트를 상상해 보고 또 적용하는 것까지를 목표로 삼아 직접 활용해 보길 바랍니다.

# 쓴 글을
# 대충 읽어야 하는 이유

저는 퇴고 시점에 대충 읽는 시선으로 글을 읽어봅니다. 대충 읽을 때의 집중 영역은 없습니다. 대충 읽기 때문입니다. 이 글에 특별한 관심도 없고요. 수많은 텍스트 중 이 글을 어쩌다 우연히 만나게 됐고 스치듯 마주하게 되는 상황을 가정하는 겁니다. 특별히 이 글을 읽어야 할 필요도 없는 상황입니다. 읽는다는 행위는 꽤 많은 집중력과 에너지를 요하기 때문입니다.

이 퇴고를 하는 가장 적절한 시점은 두 가지로 꼽을 수 있습니다. 첫 번째는 초안을 쓰고 적어도 하루라는 시간을 둔 이후입니다. 내가 글에서 떨어져 나와 글을 관찰자 시점에서 볼 수 있어야 합니다. 두 번째는 세부 사항에 집중하는 퇴고를 모두 마친 최종 시점입니다. 이 시기는 하도 글을 많이 읽어서 글을 또 읽기 귀찮은 시점까지 온 거라 의도하지 않아도 대충 읽게 됩니다. 다시 말해, 퇴고라는 활동을 하는 처음과 마지막에 '대충'이라는 시선을 적용하는 것입니다.

### └→ 대충에서 자세히까지

대충 읽어야 하는 이유는 예상하였듯이 보통의 독자가 내 글을 대충 읽기 때문입니다. 독자가 글을 자세히, 꼼꼼하게 읽는 것까지 기대하지 않습니다. 대충 보고도 독자의 기억에 남는 문장이 있다면 일차적으로 승리한 것입니다. 정확한 표현이 아니어도 좋습니다. 그 문장의 맥락만 남아도 됩니다.

언젠가 제가 받은 러브레터에서는 본인이 가장 부자도, 가장 로맨틱한 사람도 될 수는 없겠지만, 나를 가장 사랑하는 사람이 되겠다는 문장이 있었습니다. 그 뒤에도, 그 외에도 무슨 지리멸렬한 말들이 놓여 있었습니다. 하지만 제가 기억하는 문맥은 "비록 X일지라도 나를 가장 사랑하겠다는 다짐"이었습니다. 저를 잘 알고 있는 러브레터조차 대충 읽히는 것입니다.

나태주 시인의 시 〈풀꽃〉에 따르면 자세히 보아야 예쁘고, 오래 보아야 사랑스럽다는데요. 대충 쓱 봐도 예쁜 것들이 천지인 세상에 살고 있는 우리는, 어떤 특별한 글에도 자세히 오래 보는 시선을 두기 어렵습니다. 그렇다면 대충 봐도 예쁜 것이 유리합니다. 옳고 그름의 문제라기보다 편의성의 영역인 것입니다. 물론 글을 예쁘게 만들자는 말은 아닙니다.

생각보다 타인이 내게 관심이 없다는 건 진작에 알고 있었지만, 내 글에 관심이 없음을 깨닫기까지 더 오랜 시간이 걸렸습니다. 글을 인스타그램에서 카드뉴스 형식으로 만들어 배포할 때도요. 제 눈에는 선명하게 보이는 오탈자가 독자로부터는 결코 발견된 적 없다는 경험을 여러 번 하고서야 깨달았습니다.

우리는 대충 읽어도 읽히지 않으면, 자세히도 읽히지 않는다는 점을 반드시 기억해야 합니다. 대충 읽었을 때 잘 읽히지 않는다면 이미 논리의 맥이 끊어져 있을 확률이 높기 때문입니다. 애초에 논리의 맥이 없는 글은 자세히 읽어도 이해하기 어렵습니다.

우리가 이 책에서 다루는 글은 여유를 갖고 대하는 문학적 글도 아니고, 시험을 대비해야 하는 교과서의 글도 아닙니다. 최종적으로 판매를 목적으로 하고 있는 글임을 상기한다면 그렇습니다. 만약 우리가 어떤 글에 집중적으로 시선을 두고 있다면 그것은 그 글을 마주하는 첫 시점이라기 보다, 이미 그 글을 쓴 저자에 대한 애정이 있는 시점이거나 글을 한 번이라도 대충 읽은 직후의 시점일 것입니다. 대충 읽었는데도 나를 어떤 형태로든 먼저 건드렸기에, 그 진동을 잡고 다시 한번 각을 잡아 그 글을 읽어나가는 것일 겁니다.

## ⟶ 그렇다면, 어떻게 대충 읽는가

대충 읽는 방법에 대해 보다 기술적인 측면 세 가지에 대해 나누자면, 첫째로 상위에 배치된 글에서 끌림이 있는지 살펴볼 수 있습니다. 예를 들어 5초 타이머를 재놓고, 5초 동안 글을 읽으면서 끌림이 있는지 살펴보는 것입니다. 상사에게 보고하는 글을 쓸 때의 시선에서 보면요. 상사도 긴 보고서 행간의 고민을 자세히 읽어볼 시간과 여유가 없습니다. 대충 읽거나, 더 정확히는 첫 몇 문장만 읽을 확률이 높습니다. 따라서 가장 중요한 내용을 상위에 배치하는 것이 유리할 것입니다.

둘째, 글의 주요 부분에 밑줄을 치고 강조한 부분만 읽는 방법이 있습니다. 보통 판매를 목적으로 하는 글이라면 명조체, 11pt, 줄간격 1.5, 검은색 폰트의 글을 쭉 나열하지 않을 것입니다. 중간중간 폰트 크기를 크게 하기도 하고, 색상을 바꾸기도 하며, 노란색 하이라이트 밑줄을 긋기도 합니다.

일차적으로는 간단하게 한 가지 색으로 밑줄 치는 방법을 씁니다. 문장을 굵게 강조 처리하는 것도 하나의 방법입니다. 그리고 강조된 문장만 슥슥 읽어보는 것입니다. 이 문장의 묶음만 보고도 대충 어떤 것을 전달하고자 하는 것인지 알 수 있어야 합니다.

마지막으로 보통 독자는 PC가 아닌 모바일에서 글을 읽을 확률이 높기 때문에, 모바일 환경에서 손끝으로 스크롤을 슥슥 넘기며 빠르게 읽는 것도 방법입니다.

저는 어떤 글을 쓰기 전에 이 글을 다 읽고, 더 정확히는 대충 읽고 독자가 어떤 문장으로 이 글을 기억할지 가늠해 봅니다. 예를 들어 독자가 이번 내용을 쭉 읽고는 "대충 읽어도 이해될 때까지 고치래" 정도로 이해한다면 성공입니다. 이 한 문장을 전달하기 위해 몇 페이지의 글을 쓰게 되는 겁니다. 대충 읽는다는 것은 곧 한 줄만 읽는 것과 비슷합니다.

## ↳ 한 줄이 읽혀야 전체를 읽을지를 결정한다

그렇다면 이런 의문을 품을 수 있겠습니다. 결국 한 문장을 전달하기 위해서라면 그냥 한 문장을 건네면 되지, 왜 피곤하게 몇 페이지의 글을 쓰고 읽어야 하는지에 대해서 말입니다.

이 의문에 대한 답을 하기 전에 책을 예시로 들어보겠습니다. 책으로 치면요. 쓴 글을 대충 읽는 것은 목차를 읽는 것과 비슷하기도 합니다. 큰 흐름만 읽는 것입니다. 더 나아가면 제목만 읽는 것과 비슷합니다. 독자의 관점에서 보면 제목도 모른 채 펼친 책을 본문부터 자세히 읽기란 어렵습니다. 제목에서 끌림이 있어야 책을 펼치고요. 펼친 책에서 목차 중에 끌림이 있는 목차가 하나라도 있어야 합니다.

그제야 독자는 책을 읽기 시작합니다. 다른 말로는 결국 독자는 제목을 보고, 목차를 보고 본인의 집중력을 투입할 것인지 말 것인지 결정한다는 것입니다. 하지만 그 누구도 제목을 보고 책의 내용을 이해하지 않습니다. 그 누구도 목차만 보고 책을 이해하지 않습니다. 제목과 목차를 보고 책을 읽었지만, 비로소 책을 다 읽고 나서야 목차와 제목을 이해하게 됩니다.

판매하는 글도 마찬가지입니다. 판매하는 글의 상위에 위치한 글, 그리고 강조한 부분만 가지고도 독자를 유혹할 수 있어야 하지만요. 결국 이 독자가 관심을 가지고 전체 글을 다시 보았을 때는 지리멸렬한 말들이 확실한 서포트 역할을 해주어야 합니다. 글과 글의 강조 포인트가 유기적으로 연결되어 있어야 한다는 말입니다.

이 글은 소명을 다해갑니다. 우리가 쓴 글을 대충 읽는 시선을 가지고도, 쓴 글을 자세히 퇴고할 이유를 가지게 되었다면요.


## ↳ 대충 읽은 후 퇴고를 마무리하는 노하우

자세히 퇴고하는 방법론에 대해서도 정리가 필요하겠습니다.

자세한 퇴고라 함은 더하기에만 집중하는 퇴고, 빼기에만 집중하는 퇴고와 접속사나 맞춤법 등 세부사항에 집중하는 퇴고를 포함합니다. 이때 두 가지 노하우를 명심하면 좋습니다.

첫 번째는 퇴고 한 번에 한 놈만 파는 겁니다. 퇴고 시 전체적인 흐름이며 접속사며 맞춤법까지 한꺼번에 다 고치겠다고 덤비지 않습니다. 예를 들어, 첫 퇴고 시에는 더하기에만 집중합니다. 전체적인 흐름을 보면서 빠진 부분에 부가 설명을 더하는 것입니다. 두 번째 퇴고 시, 빼기에만 집중합니다. 특정 단어나 문장을 빼고도 글이 읽힌다면 과감히 삭제합니다. 세 번째 퇴고 시, 접속사만 자연스러운지 봅니다. 다음 퇴고에는 맞춤법만 팝니다. 이와 같이 퇴고 1회당 한 개의 목적만 집중해 봐야 합니다. 다 한꺼번에 잡겠다고 덤비면, 단 한 마리의 생선도 잡지 못합니다.

퇴고 1회당 한 가지 목적에만 집중해서 보면, 내가 쓴 이 글이 지루해 견딜 수 없을 것만 같은 시점이 오기 마련입니다. 이때 저는 "글쓰기는 아무것도 아니다. 타자기 앞에 앉아서 피를 흘리는 것이 전부다"라고 말한 소설가 헤밍웨이의 말을 기억합니다. 그는 《무기여 잘 있거라》라는 책이 완벽해질 때까지 50번 이상 다시 썼다고도 알려져 있지요.

두 번째는 타인의 눈을 빌리는 방법입니다. 진짜 어처구니없는 게, 내 눈에는 절대로 안 보이던 오탈자나 비문이 동생한테는 보입니다. 주변에 내 글을 읽어주는 이들이 있다면 글을 읽어달라고 부탁한 후, 마지막에는 전문가의 힘을 빌리는 것도 좋습니다.

크몽이나 숨고와 같은 플랫폼에서 '교정 교열'을 검색하면 전문가를 찾을 수 있습니다. 전문가는 전문가입니다. 판매를 목표로 하는 중요한 글이라면 전문가에게 맡기는 것도 좋습니다.

퇴고본을 받으면 그대로 적용하지 말고 반드시 직접 검토합니다. 내가 쓴 의도와 벗어나게 수정된 부분도 있을 겁니다. 그럼 '이건 내가 의도한 바랑 다른데' 하고 반영하지 않는 게 아니라, '아 내가 의도한 바가 제대로 전달이 안 됐구나' 하고 다시 고쳐야 합니다.

자, 여기까지 왔다면 이번 이야기는 진정 소명을 다했습니다. 우리의 퇴고 여정도 마무리가 됐고요. 마무리 전에 마지막으로 한 문장만 더 쓰겠습니다. 자신의 글을 마지막으로 한 번만 더 대충 읽어 보세요.

# 내 글이 의심될 때
# 분리로 대처하자

이 책의 거의 마지막에 온 지금에도 이 글을 모두 다 뒤엎고, 이 쓰는 시간이 다 없던 시간인 양 살아가고 싶다는 생각이 듭니다. 이렇게 내 글이, 더 정확히는 내 쓰는 능력이 의심될 때는 여러 가지 방법을 동원합니다. 첫째, 글을 쓰는 사람은 어제의 한심한 나를 매번 마주하는 사람이라는 어떤 작가의 문장을 기억합니다. 이 한심한 자신을 미래의 제가 마주하기 위해 기꺼이 오늘 글을 쓰는 거라 자위합니다. 그렇게 쓰기를 시작합니다.

둘째, 야심차게 시작했다면 끝까지 씁니다. 아이가 걷기까지 최소 1000번은 넘게 넘어지고, "엄마"라고 말하기까지 2000번은 옹알

이한다고 합니다. 제가 아이였을 때는 1000번도 더 넘어져서 걷기에 성공했는데, 성인이 된 저는 몇 번 해보고는 금방 '어, 쉽지 않네? 안 되네?' 합니다. 사실 잘하고 싶은 게 아니라, 거저로 잘되고 싶어 하는 나를 봅니다. 글 몇 편 적고 '이 글이 터져서 세계적인 작가가 되어야 하는 거 아니야?' 하는 말도 안 되는 심보를 봅니다. 그럴 때마다 생각합니다. 나는 고작 약 30개의 글을 썼다고. 1000개도 안 쓰고 뭘 잘할 수 있길 기대하냐고. 1000개를 쓰고도 내 글이 별로면 그때 의심해도 괜찮을 것 같습니다.

셋째, 어떻게든 꾸준히 하고 있는데 실패할까 두려워진 마음을 바라봐 줍니다. 실패할까 봐 두려워 총력을 기울이지 않는 저를 봐 줍니다. 별게 다 증후군인 세상이 되었습니다. 가면 증후군이란 것도 있습니다. 자신의 성공이 노력이 아니라 순전히 운으로 얻었다 생각하고, 지금껏 주변 사람들을 속여왔다고 생각하면서 불안해하는 심리입니다. 저도 이 심리로부터 자유롭지 않습니다. '작가가 아닌 내 친구가 나보다 글을 더 잘 쓰는데, 내가 뭐라고 세계적인 작가가 돼?' '내가 세계적인 작가가 됐는데, 나를 미워하는 사람이 나를 끌어내리려고 하면 어떡해?' 나를 의심하는 버릇이 환경이나 타인이 아닌 스스로에게서 비롯된 건 아닌지 물어볼 일입니다.

내가 나 자신을 그 누구보다 먼저, 더 진하게 인정해 주려 부단히 노력합니다. '내가 아니면 누가 돼? 어떻게 나를 미워해?' 하고요. 거의 대부분의 사람이 시작하지 않고, 야심차게 시작했지만 그

만듭니다. 꾸준히 잘하고 있으면서도 스스로 자기를 의심과 실패로 이끌지요. 거꾸로 생각하면, 끝까지만 하면 된다는 얘기입니다. 끝이 저 멀리서 애달프게 느껴진다면 이번 주만, 한 달만, 1000번만, 그리고 될 때까지만 해보면 됩니다. 그 과정에서 우리는 피드백을 받습니다. 이번에는 건강하게 피드백을 받는 방법에 대해서 공유해 보고 싶습니다.

제게 수요일은 상사의 중간 피드백을 확인하는 날이었습니다. 깊게 숨을 들이마시며, 피드백을 조심스럽게 살펴봅니다. 뒤통수가 뜨겁게 달아오릅니다. 숨 막히는 긴장감… 속… 정적. "상사 씨, 본인이 그렇게 잘할 것 같으면 직접 하시지요. 왜 저를 시키셨죠?"

이런 상황은 왜 벌어질까요? 거꾸로 나는 정당한 피드백을 줬는데, 상대의 반응에 눈치를 살피게 될 때도 있습니다. 내 글에 대한 의심과 두려움 없이 피드백을 대하는 세 가지 '분리'의 자세에 대해 생각해 봅니다. 가혹한 피드백도 눈 깜짝 않고 품위 있게 받아들이기 위해서요.

## └→ ① 작업물과 나를 분리하라

많은 경우 작업물과 내가 잘 분리되지 않아서, 피드백 미팅에서 감정선이 요동치게 됩니다. 제가 화장품을 처음 판매했을 때 후기

하나하나에 얼마나 가슴 졸였는지 모릅니다. 내가 만든 제품은 곧 자식이고, 자식은 곧 나니까요.

제품은 단지 물건으로 여길 법하지만 글은 좀 다른데요. 글은 분리가 정말 어렵습니다. 글은 곧 제 생각이고 생각은 곧 나니까요. 하지만 자식도, 생각도 내가 아닙니다.

저는 의식적으로 공동육아의 개념을 떠올렸습니다. '내가 작업물을 낳았고, 작업물은 이제 독립된 개체다. 피드백을 주는 사람과 함께 작업물을 길러가자'라고 생각했습니다. 작업물을 낳은 저와 피드백을 주는 사람의 목표는 이 작업물을 잘 키우고 싶은 것으로 동일합니다. 그러면 긍정적이든 비판적이든, 공동육아로 함께 돌봐주는 이를 믿고 수정할 수 있습니다.

## ⮑ ② 취향과 의견을 분리하라

"이 폰트, 별로인데?"는 취향이고요. "이 폰트, 모바일에서는 잘 안 보이는데?"는 의견입니다. "이 목차, 안 궁금한데?"는 취향이고요. "이 목차, 무슨 말인지 이해가 안 돼"는 의견입니다. 취향도 경우에 따라 대중의 것을 취해야 할 때도 있지만요. 결국 이 제품 또는 글을 만드는 자 또는 책임자의 취향을 맞추는 게 정석입니다. 하지만 의견은 몇 번이고 귀 기울여야 해요.

저도 제가 제품을 책임질 때, 취향과 의견을 분리해 피드백을 전달하려 노력했습니다. "X는 제 취향이니 그냥 맞춰주실래요? 동시에 Y는 제 의견이니 다른 사람의 의견도 듣고 종합적으로 판단해주시고요"라고요. 그러면 작업하는 사람도 대체 어느 장단에 맞춰야 하는지 기준이 생깁니다.

### ↳ ③ 초안과 개선안을 분리하라

초안은 쓰레기지만, 초안만큼 만드는 이의 개성을 잘 안고 있는 안이 없습니다. 따라서 초안은 항상 분리해 보관합니다. 모든 개선안을 따로 저장해 둘 필요는 없지만, 주요한 변화가 있을 때 버전 관리는 필수입니다. 최종본이 가까워지면 초안과 개선안을 다시 짚어보며 '이전 버전이 더 좋았던 부분이 있는가?'를 점검해 보기도 합니다.

저는 피드백에 상처도 받지 않고 두렵지도 않습니다. 제 글에 뜨끈한 피드백을 주신 모든 공동육아 선생님께 감사하다는 마음을 소리 높여 전하고 싶습니다.

---

# 결국, 글쓰기가 향해야 할
# 갸륵함에 대해

상상 속 독자를 가만히 떠올려봅니다. 무언가를 파는 사람이지 않을까요. 회사 내에서 글쓰기 능력의 필요성을 느끼는 사람, 회사에 다니면서 제2의 삶의 방식을 설계하고 있는 사람, 경력 단절 후 다시 일을 시작해 보려 고개를 내미는 사람, 오랜 숙성 후 내 마음속에 피어난 글을 꺼내보고 싶은 사람이지 않을까요.

어떤 결의 사람이건 글쓰기라는 강력한 도구가 필요했기에 우리가 공통 영역에서 만났을 것입니다. 이 책을 흔한 글쓰기 안내서에 기획자 한 방울, 크리에이터 한 방울, 마케터 한 방울, 그리고 운영자 한 방울을 섞은 책이라 봐주셔도 좋습니다. 결국 그것이 제가 이 책을 통해서 말하고자 했던 ABCD 구조니까요. 이 구조만 아셔도 '내가 글을 엄청 잘 쓰는데 왜 안 팔리지'에 대한 고민을 덜 수 있으리라 생각합니다. 반대로 '내가 글을 못 쓰는데 잘 팔 수 있을까'에 대한 고민도 덜 수 있을 것이라고요. 지식의 구조를 알면 엄청난 힘이 생깁니다.

하지만 이 지식이 지식으로 머물지 않았으면 합니다. 이 책을 마쳤을 즈음 전두엽을 자극하는 원리도, 글을 쓰는 근육에 대한 이해도도 제법 올라갔을 거라 기대합니다. 이 지식이 실제로 써보는 경험, 그리고 실제로 팔아보는 경험과 합쳐져 내 몸에서 자연스럽게 나오는 지혜가 되길 바랍니다.

글쓰기 능력이 지혜가 되면 빈 종이에 ABCD 구조를 적어보고, 매번 글을 쓸 때마다 책을 들춰보고 ABCD의 구조를 상기하지 않아도요. 이 모든 요소가 글에 자연스럽게 묻어나오게 됩니다. 자연스럽게 묻어나온 글을 독자는 편하게, 자연스럽게 받아들입니다.

그렇게 글이라는 매개를 통해서 독자와 연결되는 순간, 글은 비로소 글이 아닌 어떤 다른 것으로 변환될 수 있습니다. 그것이 돈일 수도 있고요. 관계일 수 있으며, 어떤 변화의 시작점일 수도 있습니다. 이 책에서는 가장 매력적인 변화의 결과물로써 돈이라는 개념을 심었지만요.

돈이 아닌 자기 고유한 것으로 설정할 만한 목적지가 없는지 되돌아봤으면 하는 것이 제 작은 소망입니다. 물론 목적지가 돈이어도 좋습니다. 쓰기의 현실에 앞서 본인만의 설계도를 만드셨으면 합니다. 저는 ABCD 구조만 되풀이했지만, 이 구조 밖에서도 생각해 보시길 바랍니다. 결국 우리가 이 책 초반에서 설정했던 목적지는 저라는 인간의 경로를 보면서 본인의 경로를 만드는 것이니까요. 어디까지나 제 짧은 지식이 참고가, 그리고 용기가 되었으면 합니다. 결국 글을 쓰는 행위가 향해야 하는 지점은 무언가를 귀하고 장하게 여기는 갸륵함이니까요.

저는 박준 시인에 따르면 반서정적인 사람입니다. 어린아이에게 눈물을 훔치는 손을 거두고 왜 우냐고 물어보는 사람입니다. 울지 말라고 합니다. 그러나 서정적인 사람은 우는 이유를 다 아는 듯 옆에서 가만히 같이 있어주지요. 반서정적인 사람에게 서정적인 도구가 글쓰기입니다. 이 글쓰기가 회사에서 저를 먹여 살리기도 하고, 회사 밖에서도 그럭저럭 살아가게 하네요. 감사한 일입니다. 글쓰기에 빚을 진 사람으로서, 글쓰기에 빚을 질 사람에게 용기가 되어주어야 하는 건 지당한 일입니다.

저는 글을 쓰면서 돈인 줄 알았던 제 목적지가 사실 돈이라는 가면을 쓴 느슨한 연대였음을 깨달았습니다. 한국 사회에서 좀 별난 1인분의 삶을 살 때, 자주 숨이 막히는 한국을 훌훌 떠날 수 없어 망설였을 때, 엄청난 관심도 두렵지만 혼자 산에 들어가서 살 순 없다는 이중적인 마음이 들 때, 현실 앞에 한없이 비현실적으로 될 때,

그럼에도 현실감이 너무 크게만 다가올 때, 내 마음의 고요함이 금은보화보다 소중할 때, 그럼에도 시끄러운 사회로 제 발로 걸어나갈 때, 그때 저는 글을 보고 글을 씁니다.

글은 연대, 특히 느슨한 연대에서 단단한 매개의 역할을 해주는 것이 분명합니다. 저와 비슷한 주파수에 있는 사람이 제 삶에 나타납니다. 자주 그를 먼발치에서 바라보고 싶습니다. 그러다 우리는 아주 가끔 새벽이 온 줄도 모르고 코끝 찡한 대화를 할 것입니다.

제 삶에는 그런 느슨한 연대를 넘어, 있는 듯 없는 듯 늘 안전지대에 있어주는 친구가 있습니다. 그 안전지대에 가면 자꾸 글을 보고, 쓰고만 싶어집니다. 제게 아래 시를 헌정한 친구에게 고마움을 전하며, 이 시를 이 세상 모든 쓰는 사람, 파는 사람, 그리고 만드는 사람에게 바칩니다.

## 〈만드는 사람〉

만드는 사람은 자아내는 사람

만드는 사람은 세상 것 받아내는 사람

깜깜한 숲 마루 아래 포개 살기도

바위 틈 이끼에 엮여 살기도

그도 아니면 세상의 끊어진 줄 위에 엉성히 누워 살기도

그래도 결국은 주는 쪽에 산다

그들은 다시 울지 않는다고 했던 사람이다

내가 줍지 못했던 봄의 기억을 차곡히 보태어 내는 사람이다

어떤 기다림처럼 멀리 있기도 늦게 오기도 하지만

결국은 걸음마다 새 삶을 사는 만년의 하루살이다

혼잣말하는 여름의 언덕과 같이 살아도

기쁨 모른 채 허공에 몸 맡긴 먹구름 같이 살아도

달뜬 몸으로 매일을 나서고야 마는 사람

# 참고 문헌

1  리사 이오띠, 이소영 옮김, 《8초 인류》, 미래의창, 2022.

2  Lindgaard G., Fernandes G., Dudek C., Browñ J. (2006). Attention web designers: You have 50 milliseconds to make a good first impression!. Behaviour & Information Technology, Vol. 25.

3  Jakob Nielsen, "F-Shaped Pattern For Reading Web Content," original study, April 16, 2006.

4  앙투안 드 생텍쥐페리, 김미정 옮김, 《초판본 인간의 대지-바람과 모래와 별들》, 더스토리, 2023.

5  John Dewey, Art as Experience, Tarcherperigee, 2005.

6  Hamann, S., & Canli, T. (2004). Individual differences in emotion processing. Current Opinion in Neurobiology, 14(2) , 233-238. doi: 10.1016/j.conb.2004.03.010.

7  Kensinger, E. A., & Corkin, S. (2004). Two routes to emotional memory: distinct neural processes for valence and arousal. Proceedings of the National Academy of Sciences, 101(9), 3310-3315. doi: 10.1073/pnas.0306408101.

8  Pew Research Center. (2019). Video: 10 Facts About Americans and YouTube.

9  아리스토텔레스, 박문재 옮김, 《아리스토텔레스 수사학》, 현대지성, 2020.

10 짐 밴더하이·마이크 앨런·로이 슈워츠, 윤신영·김수지 옮김, 《스마트 브레비티》, 생각의힘, 2023.

11 Iyengar, S. S., & Lepper, M. R. (2000). When choice is demotivating: Can one desire too much of a good thing? Journal of personality and social psychology, 79(6), 995-1006.

# 무기가 되는 글쓰기

즉시 판매로 연결되는 마케터의 실전 작문법

**초판 1쇄 발행** 2024년 1월 10일
**초판 3쇄 발행** 2024년 3월 5일

**지은이** 배작가
**펴낸이** 김선식

**부사장** 김은영
**콘텐츠사업2본부장** 박현미
**책임편집** 최현지 **디자인** 마가림 **책임마케터** 문서희
**콘텐츠사업5팀장** 김현아 **콘텐츠사업5팀** 마가림, 남궁은, 최현지, 여소연
**마케팅본부장** 권장규 **마케팅1팀** 최혜령, 오서영, 문서희 **채널1팀** 박태준
**미디어홍보본부장** 정명찬 **브랜드관리팀** 안지혜, 오수미, 김은지, 이소영
**뉴미디어팀** 김민정, 이지은, 홍수경, 서가을, 문윤정, 이예주
**크리에이티브팀** 임유나, 박지수, 변승주, 김화정, 장세진, 박장미, 박주현
**지식교양팀** 이수인, 염아라, 석찬미, 김혜원, 백지은
**편집관리팀** 조세현, 김호주, 백설희 **저작권팀** 한승빈, 이슬, 윤제희
**재무관리팀** 하미선, 윤이경, 김재경, 이보람, 임혜정
**인사총무팀** 강미숙, 지석배, 김혜진, 황종원
**제작관리팀** 이소현, 김소영, 김진경, 최완규, 이지우, 박예찬
**물류관리팀** 김형기, 김선민, 주정훈, 김선진, 한유현, 전태연, 양문현, 이민운
**외주스태프** 내지조판 이재원

**펴낸곳** 다산북스 **출판등록** 2005년 12월 23일 제313-2005-00277호
**주소** 경기도 파주시 회동길 490 다산북스 파주사옥
**전화** 02-704-1724 **팩스** 02-703-2219 **이메일** dasanbooks@dasanbooks.com
**홈페이지** www.dasan.group **블로그** blog.naver.com/dasan_books
**종이** 스마일몬스터 **인쇄** 한영문화사 **코팅·후가공** 제이오엘앤피 **제본** 한영문화사

ISBN 979-11-306-5005-0 (03320)

다산북스(DASANBOOKS)는 독자 여러분의 책에 관한 아이디어와 원고 투고를 기쁜 마음으로 기다리고 있습니다.
책 출간을 원하는 아이디어가 있으신 분은 다산북스 홈페이지 '투고원고'란으로 간단한 개요와 취지, 연락처 등을
보내주세요. 머뭇거리지 말고 문을 두드리세요.